ちくま学芸文庫

江戸はこうして造られた

鈴木理生

筑摩書房

目次

はじめに……9
第一章　都市の記憶……13
1　江戸の位置　15
2　中世の江戸湊　30
3　関東平野の開発　50
4　太田道灌の江戸　74
5　円覚寺領江戸前島　87

第二章　奪われた江戸前島……105
1　家康の江戸入り　107
2　徳川の江戸建設　116
3　天下普請の時代　132
4　天下普請の影響　161
第三章　日光造営の深慮遠謀……177
1　利根川から見た江戸　179
2　江戸と日光　188
第四章　「寛永図」の世界……205
1　三都物語　207
2　「寛永図」の江戸　217

3　江戸の寺町　238

第五章　大江戸の成立……263
1　明暦大火と復旧　265
2　江東地区の市街化　274
3　大建設の終幕　284
4　異質空間都市江戸　296
5　大江戸の条件　315

あとがき……335
文庫版あとがき……338
解　説（野口武彦）……341

江戸はこうして造られた——幻の百年を復原する

はじめに

なぜ幻か

歴史といえば権力または権力者の盛衰を描くことだとされた時代が長らく続いた。その反省で今度は歴史は民衆を主人公にしなければならないという命題も生まれ、国史に対する地方史、または地域史といった概念も普及して、約半世紀近くを経てきた。

このような状況の中で、近世以来、日本最大の都市になった江戸・東京の〝地方史〟をみると、依然といおうか案外にもというべきかはともかく、欠落した部分が多いことを発見できる。

それが本書の主題の一つである、鎌倉円覚寺の荘園だった時代の江戸の歴史である。文書の上で確認できる限りで円覚寺の江戸領有時代は約二七六年間におよぶ。徳川時代の二七八年間とほぼ同じ期間なのである。

もちろん機械的に円覚寺と徳川幕府との領有期間を比較しても始まらない。また中世の江戸の範囲と、家康の江戸入り後、将軍の代にして四代、実年数で七〇年かかって建設された江戸の範囲と性格は、全く別物であることはいうまでもない。

それを承知でいえば、これまでの「江戸史」には小田原の北条氏が領有していたことは明記されていても、江戸の最も「江戸」らしい部分、つまり円覚寺領「江戸前島」をまともに取り上げた形跡はほとんどない。まさに幻の存在なのである。

この幻の江戸前島に注目するのには、それなりの理由がある。第一は、本文中に述べるように、家康の江戸経営の第一歩は円覚寺領江戸前島の〝横領〟で始められたということ。第二は、幕府がその〝横領〟の事実をかくすために、徹底した〝言論統制〟をしいたこと。

第三は、その〝統制〟の結果が「地誌の時代」でもあった江戸時代全期を通じて、強い影響を与えたこと。以上のような事柄があったためである。

さらにいうならば、その円覚寺領江戸前島の存在が、明治以降敗戦まで、さらに戦後から現在に至るまでの間の厖大な江戸関係の書物の中で、依然として幻のまま続いたことである。

これは「江戸史」研究の主流が、依然権力者である武家の興亡を中心にしたものであったことを物語る。したがって武家社会の枠外の寺社やその荘園領については、関心の外に置かれていたのである。

いま江戸・東京に関する情報は、巷にあふれかえっているといってもよい状況にある。それらを大別すると、いわゆる「事実」や「史実」そのものを紹介するもの、さらにそれらに「考証」を加え「論評」をするもの、などがある。さらにそうした成果をとり入れて「文芸」作品にまで昇華させた成果も数多くある。

このような、いわば〝古典的順序〟によるもののほかに、最近とくに著しい傾向として、たまたま江戸・東京の断片的事実に題材を得ながら、ほとんど〝私小説的〟手法で、その心象風景を景観論として描くことが、科学として通用すると考えている例もまた多々ある。四世紀前の〝言論統制〟が幻を演出したように、その統制を統制と認識しない夢幻の境地に遊んだ習性が、いまも際限もなく幻をつくりあげている。この幻をどのように現実に戻すか――野暮な役割は承知の上でひとつの作業をくりひろげてみることにする。

武家領と寺社領――浅草寺を別格として、都内で古い寺として五指のうちに入るものに麻布山善福寺(浄土真宗本願寺派、港区元麻布一―六―二)がある。この寺には永禄九年(一五六六)に北条氏が一向宗(浄土真宗)に対して政策の転換をした旨を通知した朱印状がある。つまりそれまで反領主的なこの寺に対して強圧策をとっていた北条氏が、上杉謙信への対抗上、善福寺と妥協をするという内容のものである。

また善福寺には、元亀~天正(一五七〇~九二)にかけて九年間も織田信長と死闘を続けていた大坂石山の本願寺に援軍を送ったり、兵糧を補給したりしたことを物語る、本願寺の顕如やその子の教如からの書状などもある。

戦国大名の草分けといわれる北条氏の領内で、古代以来の寺社の荘園領のあり方とは全く異なる形の——一向宗の善福寺がいわば俗世の領主の意向にさからえたり、無視できた——「事実」の背景も、これまた幻のひとつだが、江戸には円覚寺領のほかにもこうした例があったのである。

第一章　都市の記憶

1　江戸の位置

都市は〝いちば〟

「千年の都」京都で代表される古代以来の「王城の地」は別格として、現存するわが国の多くの都市の中で、少なくとも中世以来現在まで通して、その都市的状況が記録され続けた場所は、例外的といってよいほどに少ない。そしてこの例外的な存在の一つに江戸がある。

直接、その江戸にふれる前に、ここでいう「都市的状況」について整理をしておこう。まず都市とは「情報を含めた人と物の交流の場」、つまり〝いちば〟だと考えた場合、「都市的状況」とは〝いちば〟そのものの状況だといってよかろう。

先の「王城の地」に例をとれば、それが政治都市を意味することばである以上、政治的情報を含めた人と物の交流の場所以外の何ものでもないことがわかる。

あえて別格だとして区別した平城・平安、または難波などの都市の場合でも、権力の所在地＝政治都市という前提のもとに、そこには当然、政治的情報と状況、つまり人の活動、物の動きの〝いちば〟が成立していただろうと推定することは許されるだろう。

先に述べた〝都市の定義〟は例示した政治都市以外にも、時代・地域を超えて世界の都市の状況にもあてはまるものである。

しかし「都市的状況」を問題にする以上、できるだけ具体的な事実による〝いちば〟の有様を再現する必要があるわけで、くり返すがその意味では江戸は、実に豊富な〝いちば〟の記憶を持った場所だった。

入江の戸

ここで家康の「江戸入り」（天正十八年・一五九〇）までの江戸の範囲と、各時代の江戸の支配者について簡単に整理をしてみよう。

江戸という地名自体は、むかしから「入江の戸」、つまり海が陸地に入りこんだ場所である「江」に面した場所を意味するといわれてきた。

その解釈どおりだと、日本の大小の河川の河口のほとんどは入江をもっているから、「江戸」という地名は広く分布していたとしてもおかしくはないが、実際には東京の前身の江戸と茨城県の江戸崎くらいの例しかない（ただしこの江戸崎は、この場合問題にしている「江戸」とは意味が違う）。

「入江の戸」＝江戸という、いわば一般的な状態を示す表現が、具体的にどの地点を特定したのかということを、改めて考えてみると、おおよそ次のような事情が展開する。

第一は、東京湾の最奥部の、現在の地形学上の呼称でいえば、皇居のある武蔵野台地東端と、千葉県側の下総台地にいたる約一四キロメートルの幅をもつ東京下町低地と呼ばれる沖積地が、かつての入江の名残である。

この沖積地は広い意味での利根川が形成したもので、現在も東京側からいえば隅田川・荒川・中川・江戸川の四本の川の河口地帯をなしている。この東京下町低地がむかしの利根川水系による最大規模の「江」にほかならない。この巨大な「江」に面した場所といえば、武蔵野台地側はもちろん、下総台地側の国府台や市川、船橋などが「江戸」と呼ばれたとしても不思議ではなかったが、現実にはそれらは江戸とは呼ばれなかった。ただし「江戸」のバリエーションである杉戸（埼玉県）、松戸（千葉県）、奥戸・青戸（共に葛飾区）、花川戸（台東区）などの「戸」があったことは注意されてよい。

またのちに改めて取り上げるように、武蔵野台地側の近世都市江戸の発達につれて、この巨大な入江地帯が江戸の一部に繰り込まれていったのは、当時の水運事情によって「江の戸」という原地形が、再確認された結果だったともいえる。

第二は、広い意味での利根川水系の最も西側にある隅田川と江戸との関係である。現在の隅田川河流は、寛永六年（一六二九）に徳川幕府が、秩父地方から大宮台地の中を流れて埼玉平野を経て東京湾に流れていた荒川を、熊谷市東南部の佐谷田付近で入間川水系に変流させた結果できあがった川である（詳細は第三章参照）。以後それまでの荒川は〝頭をたち切られて〟「元荒川」と呼ばれて埼玉平野を流れ、ある時期には古隅田川、ある時期には古利根川（中川）に合流して東京湾に注いだ。

この入間川河口の金竜山浅草寺の「寺伝」によれば、浅草観音は「推古天皇三十六年（六二八）、土師真中知《はじのまなかち》と檜前浜成《ひのくまはまなり》・竹成《たけなり》兄弟の三人が宮戸川（浅草寺に面した入間川の部分の古名）で打った網に、一寸八分（約六センチ）の黄金の聖観音像がかかり、これを奉安したのがはじまり」ということになっている。

多くの地形・地質調査の結果からいえば、浅草寺を中心とする一帯は、武蔵野台地東縁部が川と海の浸蝕からわずかに残った微高地であり、浅草寺の北東の待乳山《まつちやま》は「真土山《まつち》」、すなわち人工の盛土による山ではなく、自然の地層である真土《まつち》による山であることも知られている。

そして浅草寺は隅田川の古名である宮戸川＝入間川の江の戸にほかならず、浅草寺の本尊発見の前後には、海岸づたいにこの入江にたどりついた渡来人たちの多くのグループが、この「江の戸」から武蔵国の内陸部に進出していったこともまたよく知られている。

そしてこの場所が、江戸時代に近世都市江戸に包み込まれるまで「浅草」または「浅草湊《みなと》」として、独自の存在であったことは、『吾妻鏡《あずまかがみ》』や『寄題江戸城静勝軒詩序《じょうしょうけん》』などの文献で明らかである。つまり地形的には入間川の「江の戸」そのものだったのにもかかわらず、ついにここも江戸とは呼ばれなかった。

江戸前島

第三は、**図1**の「江戸の原型」のとおり、図中央の本郷台地（その南端が駿河台）の南方に続く低地「江戸前島」の場合である。

この江戸前島は地形学上は日本橋台地と呼ばれる波蝕台地である。つまり本郷台地の延長部が海や川の浸蝕で平らに削り残された微高地であり、その範囲を現在の地名で結ぶと千代田区大手町・丸の内・有楽町・内幸町、中央区の日本橋・宝町・銀座を含む地域である。

図1にもどって江戸前島の西側、現在の千代田区側には日比谷入江（現在の皇居外苑・日比谷公園・内幸町・港区西新橋・新橋・芝大門・浜松町の範囲）があり、その最北部に〝江戸の川〟である平川（現在の日本橋川と神田川の原型の川）が流入していた。

日比谷入江の西側、すなわち武蔵野台地側が、これから述べる江戸氏の居館、太田道灌の江戸城、小田原北条氏の支城としての江戸城、そして徳川の江戸城、さらに明治以来の天皇の城としての東京城─皇城─宮城─皇居の地である。

この陸地深く入り込んだ入江の沿岸こそ「江の戸」にふさわしい場所なのだが、江戸前島の東側にもまたもう一つの入江があった。

いまの石神井川《しゃくじい》は、小金井市北端のゴルフ場付近を源流として、田無市を経て富士見池（練馬区関町）—三宝寺池（同区石神井公園）—石神井池（同区石神井五丁目）から板橋区南部を流れ、北区滝野川に入ってからは台地の川のあり方としては例外的な渓谷状の河流となり、JR王子駅の下を流れて隅田川に注ぐ全長二五・二キロの河川である。いまは滝野川の部分を中心に大改修が行なわれ、つい四〇年前まであった緑深い渓谷状の河流の面影は全く姿を消した。

それはともかく、滝野川—王子間、とくに飛鳥山付近の地形を調べると、本来の石神井川は飛鳥山西麓から、昭和三十年代初めまで残っていた谷田川という河流の線を千駄木—根津—不忍池へと流れ、不忍池から池ノ端—湯島—須田町—神田〔お玉が池〕—日本橋堀留に至る河流として、江戸前島東岸の海に注いでいた。

このように図**1**に見るように、江戸前島という海上に突き出した半島状の低地は、そのつけ根の両側に河口部＝入江を持つという、特徴的な地形の場所だった。まさに「江の戸」＝江戸という表現にピッタリの場所であり、少なくとも東京湾内の海岸にはこのような地形を持つ場所は他に見当らない。

このように見てくると「江の戸」＝江戸の場所は、おのずから局限されてくる。江戸とは江戸前島そのものであり、また西岸の日比谷入江と、東岸の旧石神井川河口沿岸を含む

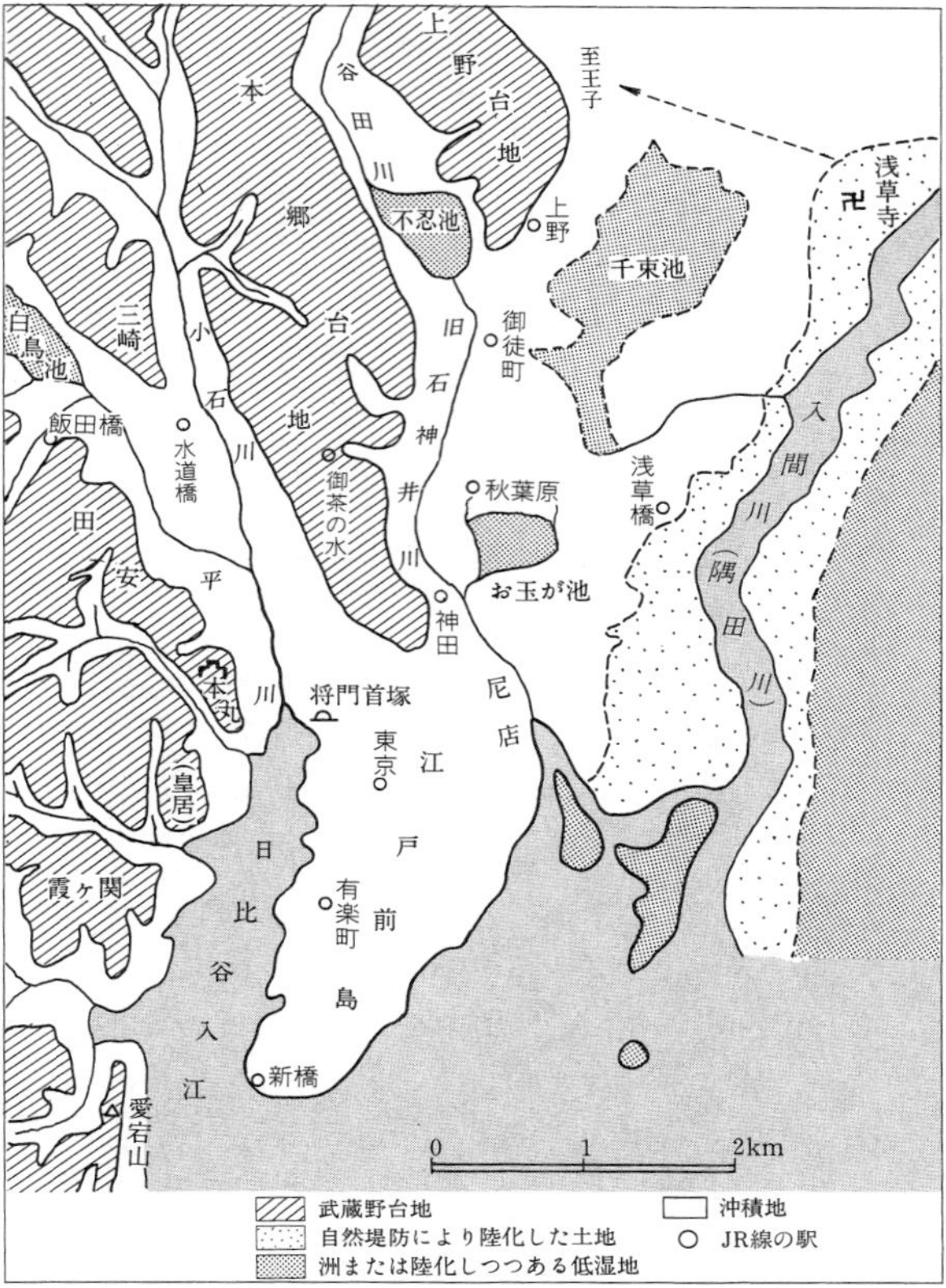

図1　江戸の原型———東京の都心部の本来の地形。本書の主題である江戸前島とは本郷台地の南に続く日本橋台地のことである。近世都市江戸はこの台地の周囲を大幅に埋め立てながら、いわゆる大江戸を形成させていった。

範囲を指すものだった。

この場合、もう一つの条件を考慮に入れなければならない。それは、入間川河口の浅草湊や、中川河口（中川とは埼玉県を流れる古利根川または古隅田川の下流部の別称――このことも第三章を参照されたい）の青戸・奥戸や、渡良瀬川沿岸でもあった現在の江戸川の松戸のように、直接大河に面する場所の湊は、常襲的な洪水と後背地の狭さのためにあまり発達せず、せいぜいその地域の主要な湊町（都市）を形成するだけで終っているということである。

港湾都市の立地

中世から近代までの都市の大部分が、水運を利用する形で立地し発達してきたが、その水運利用のあり方は、河川の治水能力や船舶・港湾事情などを支える技術的限界の範囲でしか成立しなかったことはいうまでもない。

したがって近世になるまで、「広い意味での利根川」に含まれるような大河の沿岸は、その意味では河が大きすぎて恒久的な水運施設と、それにつらなる都市の建設の適地ではなかった。**図1**に見るように、大河利根川河口の一郭に中小河川の河口部を二つも持つ江戸前島のような場所は、〞有史以来〟の湊＝都市成立の適地であり、広く関東を超えて東国――〞みちのく〟――の最南端の湊としての役割が果せる場所にほかならなかった。

また視野を移すと、浅草・江戸と並んで東京区部内で、古くから史料でその存在が確認された都市として、品川湊がある。品川湊は目黒川河口に成立した湊だったが、その河口には入江がなく、入江に代るものとして目黒川が堆積させて発達した洲があった。

この洲は防波場にも舟付場にもなり得るものだったが、洲の発達とは同時に湊が埋まることでもあったため、その点で品川湊の機能の限界があったのである。これも後にふれるが、品川湊は〝紀州財閥〟の鈴木氏が都市化した。太田道灌ははじめこの品川湊の傭兵隊長であり、やがて江戸に移るのだが、道灌の江戸移転はこの品川湊の限界が一つの原因だったとも考えられる。

またこれも後節で取り上げることだが、江戸前島と同時に円覚寺領になった「丸子保内《まるこのほのうち》平間郷《ひらまごう》半分」という場所も、現在川崎大師で有名な金剛山平間寺《へいけん》があることでもわかるように、大河である多摩川河口の沖積地の一郭だった。当時の多摩川河口部を図1のように復元する資料はないが、「丸子」といい「平間」といい、その後の地名のあり方などを調べると、「丸子保内　平間郷」もまた直接多摩川河口に面して湊をつくったのではなく、広大な沖積地〝大師河原〟の一郭の、いわば二次的な河口に成立した荘園だったことが推察される。

湊とは

ここで湊《みなと》をはじめ、これから展開するそれぞれの場面で出てくる〝海岸線〟に関連した用語の意味を整理しておこう。

戦前までは芝居や講釈の、とくに仇討の場面などで、「普天の下、率土の浜、津々浦々」などといういいまわしが用いられた。意味としては「あまねく天の下、地のつきる浜辺の海岸線を全部まわって……」やっと仇に巡り会えたという表現だった。

同じ海岸線でもたんなる岸（水辺が切り立っている場所）に始まり、地形的な特徴を示すものとして、浜（水辺がなだらかな場所＝砂浜）、磯（砂ではなく岩石のある海岸）、潟・洲……と漢字は多様にその状況を展開させる。

このほかに浦・湾といった分類もある。浦は海岸がゆるく陸に入っている形、弓をひき絞った形に彎曲して入っていれば湾。湾には必ず川が流れ込むが、それが入江となる。

こうした自然的状況に対して人間が関係すると、津《つ》・渡《わたり》・泊《とまり》・湊という分類が生じる。漢字の意味としては、津は「渡し口、対岸に渡るための渡り場」のことで、津と渡はほぼ同意語だが、渡の方が少し小規模のものを指すようでもある。

泊とは帆船航海時代特有の風待ち港を意味する（親泊・寺泊・小泊……）。

最後の湊という漢字は、川の水が海に注ぐように「集まる」という状況を示す〝動詞的〟なことばである。人馬輻湊といえば混み合ってゴッタがえす状況。これに対して港という文字は、たんに舟着き場、舟をつける施設、桟橋・埠頭を意味する〝名詞的〟な表現である。

これを改めて整理すると、湊は人や物が集まる状況、にぎやかな状態を意味するもので、より具体的には、湾や浦に一つ以上の入江を持つ場所の河口付近ということになろう。つまり海と川＝陸の接点を意味し、都市的状況を物語る表現だったのである。

そして津・渡・泊・湊の系列のことばは、必ず対岸に渡るという目的を持つ表現として使われた。

その対岸とは何か。近世以前の代表的例でいえば「日本の三津」が思い出される。つまり薩摩の坊の津は中国江南地方への渡り口。那の津＝博多津は朝鮮半島への渡り口。伊勢湾の安濃《あのう》の津は京都政権の東国に向けた渡り口（仁徳天皇三年に定められた）だとする説と、中国の明の時代に成立した『武備志』に記載されているように、中国に対するいわゆる「倭寇」の渡り口だとする二説があるが、いずれにしても「渡り口」の役割としては差異はない。

これが近世になると「天下の三箇津《さんがのつ》」、すなわち京（伏見）、大坂、江戸が現在でいう内航航路の代表的「渡り口」となり、外洋航路が主流だった日本海沿岸は、「鎖国」時代を反映して、表むきは代表的な「津」を持たないままに推移した（なおこのことに関しては第二章3「天下普請の時代」一三二ページを参照されたい）。

石神井川の変遷

ここで前項で見た石神井川について、とくにその流路の変遷について補足をしておこう。図2にみるとおり、本来の石神井川は滝野川渓谷の東端、つまり飛鳥山の北端から南に向きを変えて流れ、不忍池に出てから前述のような経路で、現在の日本橋川の江戸橋付近で海に注いだ。これが現在のように飛鳥山からJR王子駅を経て、直接隅田川に流れるようになった時点は、残念ながらいまは確定できない。しかしその原因が自然的または人為的のいずれにせよ、石神井川が流路を変えたことは確実なことだった。

以下その証拠となる事実を述べる。JR板橋駅北方の線路と石神井川の河流の交点を規準にして、石神井川が武蔵野台地上を流れる距離を計ると、王子駅に落ちる現在の河流の長さは、改修以前の蛇行の激しかった当時で約二・三キロ（改修後の現在は約一・八キロ）あった。

ところがそこから本来の石神井川は、谷田川の線を流れて不忍池に通じていたのだが、この間の距離は約七・七キロある。つまり本来の石神井川の台地上の流路は、何らかの原因で七・七キロ短縮したのである。このショート・カットの結果は、石神井川の勾配を急にしたことになり、その結果川床を掘り下げる力、いわゆる下方浸蝕力が増したことが、「滝野川」渓谷といくつかの滝をつくり出した原因となった。広大な武蔵野台地の表面を

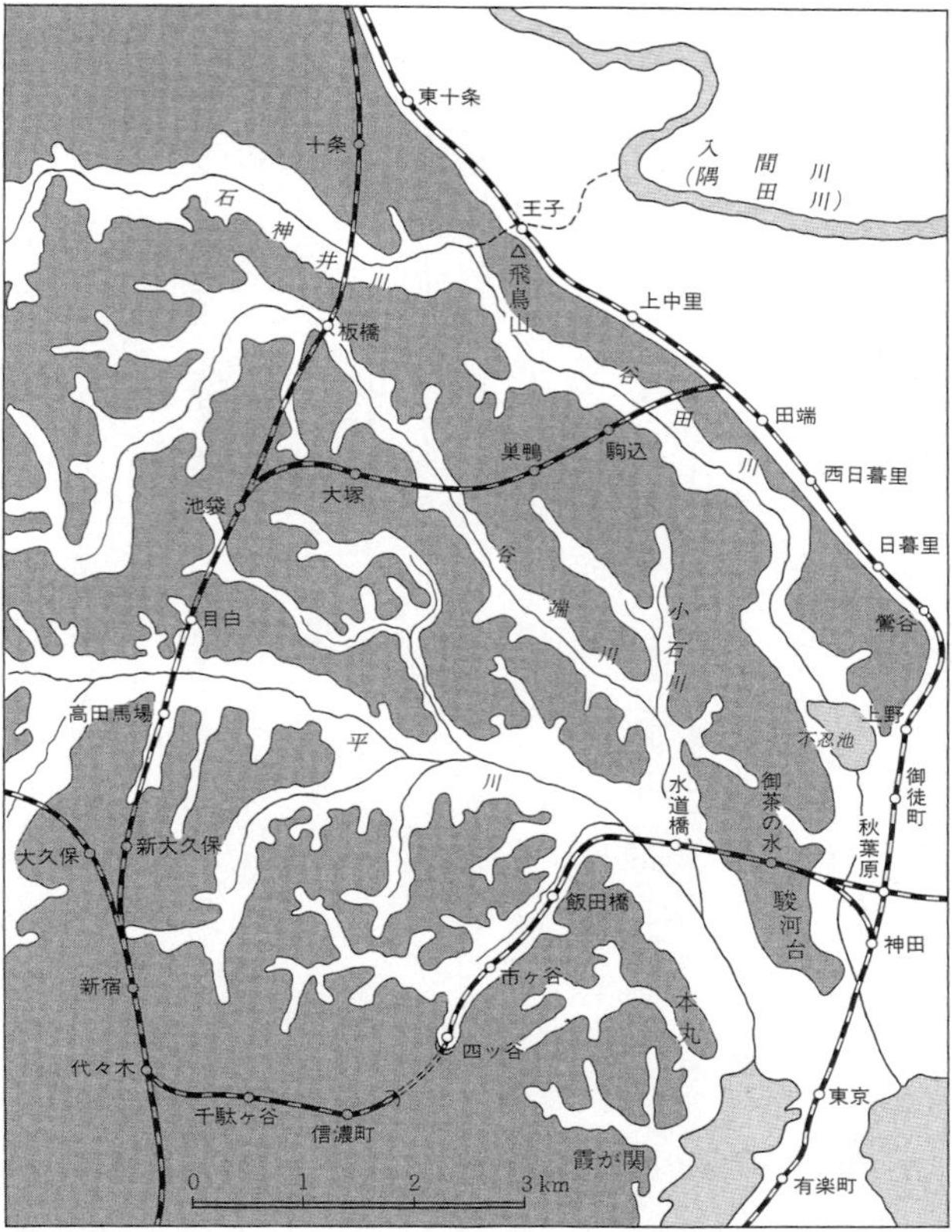

図2　石神井川の付け替え――石神井川の流路変更を点線で示した。図上灰色の部分は台地状の地形である。すなわち、上野台地の非常に狭くなったところを150メートルほど掘り割って隅田川へと流れを替えたのである。

流れる多くの中小河川のうち、このような渓谷と滝のある場所は、石神井川の「滝野川」の部分と、世田谷区の用賀付近を水源とする矢沢川がつくり出した「等々力《とどろき》渓谷」だけである。

これまでいわばマクロ的な視野で江戸を見てきたのが、一転してミクロ的に江戸湊に注いだ中小河川のひとつである石神井川の話になった理由は、この流路変更が江戸前島を考える場合に見落せないものを含むからである。

それはのちに「歴史と物語」(五五ページ)の項で再論するが、正史の『吾妻鏡』には頼朝が武蔵野台地に取りついた地点である「滝野川」の地名はなく、それより一世紀以上たった時点で成立した『源平盛衰記《げんぺいじょうすいき》』にはじめてその地名が現われるという事実である。このことから石神井川のショート・カットは、『吾妻鏡』が記録された時期と『源平盛衰記』成立の中間で起きた現象で、しかもそれは人為的なものだと推定できる。

変流の結果、現在のJR王子駅から入間川(隅田川)間の沖積地に安定した灌漑水源が確保できたこと、江戸前島東岸にいたる流路の水量を減らし、石神井川の土砂による江戸湊の埋没を防ぐこと、また水量が減ったため不忍池から河口までの沖積地の開拓が容易になったことなど、いくつかの利点が挙げられる。

しかもこの変流に要する工事量は、せいぜい一五〇メートルも掘り割れば簡単に実現するほどの規模であり、石神井川流域の小豪族の力で十分だったのである。

等々力渓谷――この「渓谷」の成因もまた矢沢川のショート・カットの結果である。矢沢川は本来は九《く》品仏《ほんぶつ》川（呑《のみ》川の上流部）の最上流の河流だったが、江戸時代になって直接六郷用水に流れるように流路を変えられたために、勾配が急になり下方浸蝕力を強めた結果だった。

2　中世の江戸湊

江戸氏の登場と消滅

ここで改めて江戸前島がどのような経過で円覚寺領になったかを簡単に見ることにする。江戸前島を拠点とする江戸湊の支配者の名が正史に登場するのは、『吾妻鏡』（巻第一）の治承四年（一一八〇）八月二十六日を待たなければならなかった。

その具体的な名は、秩父流平氏の一族として江戸湊を支配していた江戸太郎重長である。彼の居館は現在の皇居東御苑（旧江戸城本丸）にあったと推定されている。

江戸重長は「東国」平氏の主流であった秩父流平氏の一支族であった。同族の秩父・河越氏はいずれも荒川と入間川の流域にそって勢力をもっていた集団である。八月二十六日の時点での江戸重長は、反頼朝軍の武将として登場する。以下、『吾妻鏡』の記事を中心に、頼朝と江戸重長の関係をみていこう。

頼朝は石橋山合戦に敗れ、いったん安房に逃げる。だが安房に入ってから、たちまち勢力を盛り返し、伊豆から〝逃亡〟して約二〇日後の九月十七日には、下総国府（現、市川市）に、一万余の大軍を擁して武蔵進出の機会をねらうまでになった。

この間のくわしい事情は省略するが、ひとつの伏線として頼朝の経路を改めて追ってみよう。伊豆の石橋山で敗けた頼朝が命からがら三浦半島経由房総半島に上陸する。この上陸地点は外房では仁右衛門島、内房では現在の鋸南《きょなん》町の竜島（猟島）などが挙げられている。仁右衛門島の方はさておき鋸南町竜島にいたるコースは、その約四世紀あまり後の江戸城大建設の際の石垣用石材の大輸送コースにほかならないことである。〝海上の路〟もまたいったん確定してしまうと、容易に消滅することのない「路」であることが痛感させられる。

それはさておき、頼朝の房総上陸後は、彼をめぐる政治的情勢は一変して、関東一円から彼のもとに多数の軍勢が集結し始め、「精兵三万余騎」を称する大軍団を形成する。

しかしこの日の出の勢いの頼朝方の進軍をはばんだものは、下総・武蔵間の広義の利根川（東から現在の名称でいうと江戸川・中川・隅田川〈入間川〉の三本の川が流れていた）河口の制河権の大半を握り、「坂東八カ国の大福長者」といわれた江戸重長だった。

頼朝は重長との武力戦を極力避けて妥協をはかるため、市川に九月十七日から十月二日まで足止めを余儀なくされた。そうした中でも頼朝方を支持する勢力はますます増えていった。この状況を憂えた江戸氏の支族の、今もこの河口地帯の地名に名残をとどめる豊島清光・葛西清重らの必死の調停により、重長は頼朝に降伏の形をとることで双方の妥協が成立した。

しかし頼朝は初めの上陸予定地の江戸湊には寄らず、下総の千葉氏一族の「舟楫《しゅうしゅう》」を利用して太日《ふとひ》・利根（現在の中川）の二本の川を渡り、隅田宿（現在の墨田区内）で一泊したのち、入間川の「長井渡」を経て王子付近から武蔵野台地に取りつき、武蔵府中に進軍した。

この時の双方の妥協の内容を、広義の利根川河口の制河権の再配分と考えることは、さして荒唐無稽なことではない。

頼朝は降伏後の重長を、いったんは武蔵の在庁職（武蔵国衙の事務員）に任じたが、幕府の成立後はこの実力者を重用せず、かえって重長の居館の江戸館《やかた》の目と鼻の近さにある江戸前島を取り上げた。

その一方では、さきに重長との間の〝あっせん〟に尽力した葛西清重には、〝敵前上陸〟が成功した直後ともいえる十一月十日に、「武蔵国丸子庄」（多摩川河口）を恩賞として与えている（『吾妻鏡』）。

職能集団江戸氏

江戸湊の主《あるじ》だった江戸氏は、鎌倉幕府成立後少なくとも『吾妻鏡』を見る限りでは、急速にその姿を消していった。幕府所在地になった鎌倉にとっては、江戸湊は重要な後背地となったわけで、そこに創業時の最大の敵だった江戸氏を、いつまでもそのまま配置しておくはずはなかった。

江戸氏が〝一般的な武士〟であったら、守護・地頭として全国各地に〝転勤〟させる形で再配置することは可能だった。しかし「大福長者」的機能を持つ、いわば商人的集団の処遇はかなりむずかしいものがあった。

つまり江戸氏を一挙に滅亡させたり、再配置した場合、そのあとの江戸湊の運営の実務者の確保が事実上できないという、職能における特殊性があったからである。

ここでいう江戸湊の運営とは、〝模式図〟的な説明をすれば、広大な利根川水系の上流部における山林・鉱山の経営、中流部での穀倉地帯の開発と維持、および採鉱された原料の冶金や加工、そして河口部における水田耕作地帯の開発などの、それぞれを結ぶ役割としての舟運業務と、鎌倉をはじめ他の地域とを結ぶ海運業務を含んだものであった。

それだからこそ江戸湊の主は「八カ国の大福長者」だったのである。そして河口江戸はいつの時代でも利根川流域と他地域の間に立つ〝いちば〟にほかならず、その運営は多分に専門的なものであった。

そのため、現在の皇居東御苑に本拠を置いた江戸宗家を中心に、ほぼ現在の東京二十三区部全域にひろがった支族・庶流の名は、『吾妻鏡』のような正史には現われないものの現在でもつぎのように東京の地名にその名を残している。

A〔十三世紀半ばの時期──推定一二五〇年前後〕

江戸重盛（江戸太郎……千代田区千代田）

氏家（木田見次郎……世田谷区喜多見）

家重（丸子三郎……大田区・川崎市丸子）

冬重（六郷四郎……大田区六郷）

重宗（柴崎五郎……千代田区大手町）

秀重（飯倉六郎……港区飯倉）

元重（渋谷七郎……渋谷区渋谷）

B〔十五世紀（応永二十七年・一四二〇）当時の江戸一族の分布〕

六郷殿（大田区）、渋谷殿（渋谷区）、丸子殿（大田区）、中野殿（中野区）、阿佐谷殿（杉並区）、板倉殿（板橋か）、桜田殿（千代田または港区）、石浜殿（台東区）、牛島殿（墨田区）、大殿（江戸本家／千代田区）、国府方《こうかた》（千代田区麴町）、芝崎殿（千代田区大手町）、鵜木殿（大田区）、けんとう院（不明）、金杉殿（港、文京、台東、荒川区のいずれか）、小日向殿（文京区）……

Ａは鎌倉幕府の実体が源家から北条家に移り、〝執権〟の権力が安定した時期に当る。この時期の江戸氏の拡散は、次・三・四男の三人までが多摩川流域に移り、六・七男の二人は現在の古川流域――その上流の一つが渋谷川――に移り、五男だけが本家と目と鼻の先の柴崎に居をおいている。

Ｂの時期つまり太田道灌の父親道真の活躍期に当る時代には、前記のとおり隅田川を越えた牛島にも一族が散っている状況がある。

これらの地名の一つ一つについて、その立地条件やその後の変化について述べることはここでは省略する。

それではなぜこのような地名を並べたのかというと、Ａはさておき Ｂは紀伊の熊野三山の一つの那智神社廊之房《ろうのぼう》に保存された文書の一部の紹介だったのである。

江戸氏と熊野信仰

熊野三山（本宮・新宮・那智）は、もともと山岳信仰の聖域だったが、早くから仏教の影響を受けて、いわゆる神仏習合の霊地として特異な信仰を集めてきたところである。十世紀初頭から上は上皇・法皇、下は武家・衆庶、性別を問わずその尊崇を受けた。しかしＢの文書の時期とほぼ同じころから、徐々に伊勢参宮の流行が起り、約四世紀の間続いた熊野信仰全盛期は終りを告げた。

熊野信仰の特徴は紀伊の三山だけを対象とする信仰ではなく、全国的に海岸地帯に多くの末社が分布するという形で普及したという点である。それは源平の戦い、南北朝時代、そして戦国時代まで、勇名で知られた熊野衆と呼ばれた強力な水軍の存在と表裏一体の関係をもった信仰だった。

その普及の方式は、熊野側は御師《おし》・先達《せんだち》制度を形成して、各地の信者と結びつくとともに、同じく熊野に中心を持つ修験道の山伏姿での海陸両面からの伝道活動であった。御師・先達の多くは、おもに各地の豪族＝在地武士を相手に「旦那《だんな》」を求めた。「旦那（檀那）」となった人々はその地にきた熊野衆を保護し、その活動を保証した。その代償として祈禱を受けたり、自分の熊野詣りの際はその御師・先達の属している宿坊に宿泊するなど、信仰上の事柄について〝契約関係〟を結んだ。しかもこの〝契約関係〟はもっと現実的なものを含んでいた。

熊野を中心として海陸を通じて広範囲に地域から地域に伝道キャラバンをしていた御師たちは、意識するとしないとにかかわらず、地域相互間のコミュニケーションの媒体としての役割と、同時に商業活動の要素をあわせもった存在として、全国の信者の前に立ちあらわれた。

一方、御師制度の内部の問題として、個々の御師が各地方の旦那と契約関係を結んだ事実は、「旦那《だんな》職《しき》」と称する権利として、御師相互間にその権利を認め合う、御師の地盤協定が制度として確立していた。このため御師は旦那職の譲渡・売買・相伝（相続）などをした場合、必ず証拠書類を作るのが例であった。

Bの地名表はそのうちの一例であり、正式の文書名が応永二十七年五月九日付「那智神社廊之房江戸の苗字書立」と呼ばれるものから抜き書きしたものである。

頼朝が隅田宿から長井渡を経て、武蔵野台地に上陸した地点の、現在の王子神社＝熊野権現をはじめ、東京都内に限っても水辺にある神社の多くが熊野神社であったことから、江戸の「苗字書立」の地名にみるように、紀伊と東国武蔵の交流、さらにはその武蔵の中の江戸を中心とした地域が熊野との間にかなりの広範囲の流通圏を形成していたことが察せられる。新宿副都心の都庁新庁舎のすぐ西側の熊野神社は、「江戸の川」平川を溯った御師たちが先の「苗字書立」中の中野殿か阿佐谷殿と〝いちば〟を開いた場所と見ると、全国各地の熊野神社の役割が明瞭になってくる。つまり市庭《いちば》の多くは社寺境内に成立し、それが恒常的な市場になった段階で小規模な中世都市が成立しているからである。

こうした江戸と熊野の交流を物語る恐らく最終期の史料として、天文十七年（一五四八）の「那智山実報院檀那帳」（紀州米良文書）における「としま名字のかき立」がある。ここでは前出のA・Bのような地名表は省略するが、江戸氏と同様「としま」氏の分布がわかる史料である。

この「としま」氏は頼朝と江戸重長の間を調停した豊島清光の後裔であることはいうま

でもない。

こうして江戸氏とその傍流の小豪族が頼朝挙兵以後、応永年間（一三九四〜一四二八）まで約二五〇年も、細々ながら江戸を中心に存続できたということは、平川河口の江戸湊の商業・通運機能がいかに彼らにとって有利な条件を持っていたかを物語る。

都内（二十三区部）の熊野神社——東京の二十三区部に限ってみても、現在の皇居の場所に本拠を置いた江戸氏とその支族の豊島・葛西氏などの一族は、本家の江戸氏からつぎつぎに分家する形で広範囲に分布していった。このことは、これまでに紹介した紀州熊野の御師文書の「苗字書立」によって明らかである。

しかし本家筋の江戸氏は鎌倉幕府ににらまれて、江戸にはいられなくなって歴史の上から消えていったし、その支族の豊島氏などの場合は、新興勢力の太田道灌に〝みな殺し〟といった有様で滅ぼされてしまった（葛西氏の場合はうまく時流に乗り、頼朝から奥州総奉行を命じられ、以後平泉を中心に栄えた）。

そうした直接的な現世勢力の興亡とは別の次元で、神信心にも流行があり、また地域性もあったわけで、先にふれたように熊野信仰の次は伊勢の大神宮信仰が流行し始めた。また時代をいっきょに江戸時代にとばしてみると、江戸では徳川氏の遠祖は「八幡太郎義家」だというところから、源氏の守神としての八幡が武家を中心に流行する。さらに武家・町人を問わず屋敷神としての稲荷信仰と、商売・商人の神としての稲荷信仰が合同して、やがて近世の江戸に多いものの代表的なものとして、「伊勢屋　稲荷に犬の糞」といわれるような一大普及をみせるようにさえなる。「伊勢屋」については後にふれるが、神信心のあり方の一端が、このように表現される点に、ある程度その真相が察せられると思う。

表1　23区内の熊野神社

区　名	神　社　名　*は参考
千代田	——
中　央	——
港	熊野神社（麻布台）、熊野神社（青山）
新　宿	熊野神社（西新宿、旧十二社）　*紀州「鈴木九郎」の名が残る
文　京	——
台　東	——
墨　田	——
江　東	——
品　川	滝王子稲荷神社（大井）　*妙国寺に紀州「鈴木道胤」の名が残る
目　黒	熊野神社（自由が丘）
大　田	熊野神社（南馬込）、熊野神社（山王）、熊野神社（仲六郷）、熊野神社（西蒲田）
世田谷	勝利八幡（桜上水）の末社、玉川神社（等々力）、神明神社（上祖師谷）、神明神社（下祖師谷）
渋　谷	熊野神社（神宮前）…隠田神社に合祀
中　野	*「中野長者、紀州鈴木九郎」の名が残る
杉　並	天沼熊野神社（天沼）、尾崎熊野神社（成田西）、和泉熊野神社（和泉）、堀ノ内熊野神社（堀ノ内）
豊　島	——
北	王子神社（王子）、熊野神社（志茂）、紀州神社（豊島）
荒　川	熊野神社（北千住）　*「熊野前、熊野ノ渡（尾久）」の地名が残る
板　橋	熊野神社（熊野町、志村）、西熊野神社（前野町）、東熊野神社（前野町）
練　馬	——
足　立	熊野神社（本木南町）　*区内109社中熊野神社は1社
葛　飾	熊野神社（立石）
江戸川	熊野神社（江戸川5丁目）　*「おくまんだし」の地名が残る

資料：「二十三区シリーズ」（名著出版）の各巻より

さらに江戸時代の神社のほとんどは、幕府の宗教政策＝寺社支配によって、独立的に存立するものはむしろ特殊な例で、大部分が別当寺の支配下にあった。

これが明治維新の廃仏棄釈・国家神道の採用により寺社が転倒して社寺政策がとられるようになったが、その時に国家神道にそぐわない神々は〝人事異動〟ならぬ大幅な〝神事異動〟によって整理されたり、祭神が入れかわったりしている。そして人間社会の序列と同様に神社にも厳重な格付けが行なわれ、官・国幣の大中小社、県・郷・村社という〝地位〟が定められた。東京の多くの熊野神社などもこの時に廃止・合祀されたものが多い。

前ページの**表1**は「東京ふる里文庫」（二十三区シリーズ、名著出版）の各冊末尾にある「寺社表」に記載されている熊野神社を抜き出したものである。しかし東京最大の熊野神社の現在名が王子神社となっている例に見るように、表中の神社名の中には熊野神社という名称以外の神社もあるが、実質は同じものであることはいうまでもない。これは二三人の書き手によるシリーズで、その内容は必ずしも統一的ではないが、とりあえずその限りで熊野神社の分布をみると、都心の千代田・中央・台東各区はゼロであり、隅田川以東では墨田・江東二区も皆無である。

そして前出の豊島氏の名にちなむ豊島区とその周辺の文京・練馬の三区もまた一社もないことになっている。いかに道灌の豊島氏攻撃が徹底したものだったかという見方もあるし、前述のように歴代の神社政策で吸収合併されたものが、この地区に特に多かったということもできようが、ともあれこのような分布上の特徴が見られる。

第二は新宿十二社《じゅうにそう》（現、西新宿）の熊野神社の縁起に紀州出身の鈴木九郎の名が出る。そして隣接の中野区にも、鈴木九郎が中野長者として登場し、有名な淀橋伝説の主人公にもなっていて、中野成願寺がその菩提寺として存続する。

これを足立・葛飾・江戸川三区、すなわち広義の利根川河口地域で見ると、足立では表のとおり同区内一〇九社中、ただ一社の熊野神社だが、その対岸（南側）に北区の王子権現があり、荒川区の二つの熊野という地名配置のあり方とともに無視できない分布があり、葛飾区立石の熊野神社は立石という地名を中心に葛飾区内の集落が発達したことを考えると、これまた興味ある立地点だということができる。江戸川区の例では今井橋の西側、つまり江戸川河口の最後の大蛇行部の護岸施設である「おくまんだし」（御熊野様前の出し杭の意味）の基部にある熊野神社である。

熊野神社の分布

身近に利用できる目ぼしい国史・歴史事典や、百科事典などで簡単に見ることのできる紀州の熊野三山はじめ熊野信仰に関する項目と、その叙述は非常に豊富である。このことは「熊野」がいかに中世の日本人の生活と深くかかわりを持っていたかを、雄弁に物語るものである。

現在のところ熊野信仰に関する最も古い時期の記録が見出せる史料は、鎌倉幕府の成立期に摂政となった九条兼実《かねざね》の日記『玉葉《ぎょくよう》』である。この日記は長寛二～正治二年（一一六四～一二〇〇）の三六年間のもので、同時期の『吾妻鏡』と並んで、もっとも信頼される史料とされているものである。

この『玉葉』の文治四年（一一八八）九月十五日の条に「熊野」が初出する。この年の前後の政治的状況は、文治元年三月には壇ノ浦で平家が滅亡し、十一月には頼朝が諸国に守護・地頭職を設置した。文治三年には源義経が陸奥にのがれ、翌々五年には頼朝は平泉を攻めて、藤原一族と義経を殺して奥州平定をはたした。

こうした情勢の中で摂政の兼実が、その日記の中に「熊野」に関する事柄を書き込んだのは、決して偶然なことではなかった。

頼朝が正式に征夷大将軍となり鎌倉幕府を開いたのは建久三年（一一九二）のことで、文治四年よりなお四年後のことだが、いわゆる源平争乱という時期が到来したということは、それだけ人々が広範囲に移動できる時代を迎えたことを意味したし、幕府という新組織を必要とするに至った社会的条件も、人と物の移動が増大した結果だったともいえる。

その移動の実態は、陸上では「金売り吉次」で代表される騎馬の隊商であり、または歌舞伎の「勧進帳」の山伏姿に近い風態の、ある程度の戦闘力を持った集団によるものだった。

弁慶が〝ソラ読み〟いわゆる〝弁慶読み〟をした勧進帳の文句は東大寺再建の勧進の文言だったが、実際にはここで取り上げている熊野をはじめ、名だたる大社大寺の名をかかげた伝道キャラバンが、日本国中をそれぞれの御師・先達の先導のもとに通行していた。

海路の場合は源平争乱の各場面で、各地の水軍が登場した。中でも熊野水軍が決定的な役割を果したことからも察せられるように、熊野を中心に日本列島の沿岸は、非常に広範囲に熊野信仰の拠点がつくられ、それを中心に伝道と商行為が継続的に行なわれるような、社会的〝成熟〟がみられた。

ここではこれ以上、個別・具体的な事実を並べる余裕がないので、誤解を恐れずにひとつの展望だけを述べると、熊野信仰およびその名の下の流通行為は、鎌倉幕府成立と同時に制度的定着をみて盛大になった。

やがて足利尊氏が建武式目を制定した建武三年（一三三六）の、室町幕府の発足をひとつの契機として、熊野に代り伊勢大神宮の御師・先達の伝道行為が主流をなすようになる。

これを単なる「神信心」の流行の変化とみるか、はたまた〝さい果て〟を意味する「クマ」の国の湊を中心とした海運事情が、日本三津の一つの伊勢安濃の津、つまり伊勢湾を中心とした海運網へ再編成されたことの象徴的な変化とみるか……。

いずれにせよ物流・流通を問わず、ここでは人と物と情報の移動は、政治的・軍事的中立性を建て前とする寺社の名を借りなければ、一切の〝動き〟が不可能だった時代の特質があったことを再確認しておきたい。

移動の軌跡

このことに関連させて「信心」のあり方と社寺の地域的分布のあり方をみると、古代から人々の集団は、必ず自分たちの神仏を奉じて移動した。そこで定着してある程度の領域が確保できると、本拠地の神仏の末社末寺を建てて祀る。そしてさらに次の新天地を求めて成功すると、そこにも末社末寺を建てる。

こうした末社末寺の系譜ごとの分布を確認していくと、人々の集団の移動状況をかなり正確に把握することができる（ただし大正期以来のいわゆる郷土史の手法や、視野が行政区画内に限られる地方史の手法では、この方法は全く成立し得ない。なお社寺の分布については、後出の「埼玉平野の神々」一六〇ページ、「市場の祭文」六八ページ、および第四章3節「江戸の寺町」二三八ページの各項と関連するので参照されたい）。

これを場所本位で観察すると、ある地域にちょうど波が打ち寄せるように、系譜の違った集団が渡来し、それぞれの神仏を祀る。その結果、狭い場所に末社末寺がまるで地層のように堆積し、歴然とその前後関係を物語ってくれる場合もある。

こうした〝一般性〟の中で、とくに目立つのが末社としての熊野神社の分布である。関東・東北では特に海岸に多く分布しているといわれるが、例えば『神社辞典』（白井永二・土岐昌訓編、東京堂出版刊）には、昭和十年（一九三五）頃の調査結果として、つぎのような数字が挙げられている。

全国に散在する熊野系神社二九八四社

北海道三、青森六七、秋田五六、宮城六七、山形一四二、岩手六五、福島一一三、東京四七、神奈川四〇、埼玉五〇、群馬二九、栃木一八二、茨城九九、千葉二六八、静岡六二、山梨七八、長野六五、新潟一四三、富山七一、福井五一、石川一九、岐阜九一、愛知二〇九、滋賀一一、京都五一、奈良一四、三重四九、大阪四、和歌山八七、兵庫一〇七、岡山五六、広島三八、山口二九、島根四四、鳥取六、徳島一〇、香川二〇、愛媛二六、高知七二、福岡一〇二、佐賀四四、長崎一九、大分六九、熊本五七、宮崎九、鹿児島二八、沖縄七

というもので、多い県をみると千葉の二六八を筆頭に、愛知、栃木、新潟、山形、福島、兵庫、福岡が一〇〇社以上、少ない県では大阪、鳥取、沖縄、宮崎、徳島が一〇社以下である。

そして関東地方に限ってみても千葉の二六八に対し隣接の神奈川四〇、東京四七、埼玉五〇、茨城九九という、〝断絶〟があるが、栃木、福島がこれらの隣接県よりかえって多いという現象もある。

そしてこの約三〇〇〇社の全部が十二世紀末に成立したとは言えないし、県別だけではなくもっと具体的な立地点——例えば東京の場合のように海岸に多いとか、あるいは山の頂上に多いとかいう立地上の特徴——も考慮しなければならないが、ともあれこの県別分布も多年にわたる人間集団の移動の軌跡とみることができる。

品川湊と道胤

ここで当時の目黒川河口にあった品川湊に注目しよう。品川という地名は江戸と同じように頼朝の文書にもあり、ここに品川氏という武士がいたことが知られる。これを「円覚寺文書」で見ると、永和四年（一三七八）に品川湊などの帆別銭《ほべちせん》（現在の入港料）の三年分を円覚寺仏日庵《ぶつにちあん》の造営費にあてるむねの文書が残る。

また「金沢文庫文書」の中の、明徳三年（一三九二）の「品川湊船帳」には、同年の正月から八月までに品川に寄港した船が三〇艘——もちろん他国からの大型船——あり、湊には三軒の問丸《といまる》＝廻船問屋があったことが書かれている。

この問丸の経営者はのちの鈴木・宇田川・鳥海《ちょうかい》などのような商人である。とくにそのうちの一人の、紀州出身の鈴木道胤は、武士中心の歴史ではこれまた正当な取り扱いをされていないが、先の熊野の御師たちと同じ経路で東京湾に渡来して、品川湊を中心に豪商となり発展した。道胤は文安元年（一四四四）に、現在も品川にある日蓮宗の妙国寺の大檀那となり、一五年がかりで長禄三年（一四五九）に同寺の七堂伽藍を完成させていることでもわかるように、並たいていの財力ではなかった。

また道胤は京都からこれも紀州出身の十住心院心敬を招いて『品川千句』という連歌を興行したことでも知られる。心敬は文明六年（一四七四）には江戸城にいた道灌にも招かれて『江戸歌合』を興行している。こうした文学活動とその作品は、現在まで伝えられたものも多く、『群書類従』はじめ、『国書総目録』ではその所在までが明らかである。

このほか太田氏関係の『川越千句』などの作品もあって、太田氏は武士の歴史の上ではなく、文学史上で有名だった面もある。道胤や道灌が京都から有名な歌人を招いて、歌会が開けたということは、招いた側の財力を反映している。当時の品川湊の道胤の、そして江戸湊の道灌の経済的な実力がうかがい知れるのが、これらの文学活動だった。

この鈴木道胤と**表1**の新宿区・中野区の鈴木九郎との関係は明らかではないが、同族あるいは同一人物と見てもさして無理な推定とはいえないだろう。

見方を変えると、少なくとも十四、五世紀の間の江戸は、経済的にも宗教的にも紀州勢力と相当深い関係にあったこと――表現は適当ではないが紀州勢力の〝植民地〟的役割を果していたともいえる。

江戸氏の一族が分家をくり返して、拡がっていったことは、江戸氏だけの特殊事情ではなく、十四~十六世紀にかけてほぼ日本全国にみられた現象だった。この時期の分家とは生産力の増加にともなう、本家からの分裂・独立だった。江戸氏の分家現象は全国的な「争乱期の時代」の、一つの見本だったといってよい。

関東地方に限ってみても十四世紀半ばから関東は激しい武士の闘争の時代を迎えている。この争乱期の個々の記録は大変多いが、大きく整理するとつぎの三期にわけることができる。

一期……室町幕府からの関東管領（鎌倉公方）勢力の独立期（貞和五年・一三四九～永享十年・一四三八の八九年間）

二期……関東管領（鎌倉公方）勢力の分裂期から古河公方の独立まで（永享十一年・一四三九～明応四年・一四九五の五六年間）

三期……鎌倉公方側の再分裂および後北条氏による鎌倉勢力の駆逐期（明応五年・一四九六～大永四年・一五二四の二八年間）

という具合である。

この争乱期の一期に先だって、二度の〝蒙古来襲〟があり、建武元年（一三三四）の建武中興によって鎌倉幕府が倒れ、わずかな天皇親政期間ののち室町幕府が開かれた時期がある。

争乱期に並行して明徳三年（一三九二）に南北朝合一が行なわれ、応仁元年（一四六七）から文明九年（一四七七）までの応仁・文明の乱などの国史上の事件があいついでいる。

つまりこの時期は関東に限らず、全国的に〝限りなき分裂〟、いいかえれば独立闘争が続けられた。これは天皇や幕府といった規模だけでなく、江戸氏のような小豪族の場合でも分家がくり返し行なわれているように、全体的な現象だった。ということは、この時期には全国的に開発が進行し、生産力も大きくなっていき、それにともなって商品流通＝貨幣経済が普及したことを物語る。これまで武士は「一族郎党」といった結束で生きていたのが、一族から分家ができ、郎党＝家来もまた主人から独立して生活できるような社会的な余裕が生じてきたのである。

関東の支配機構の場合でみると、一期は室町幕府が関東管領を置かなければならなくなった時期であり、二期はその関東管領が分裂して鎌倉公方と古河公方にわかれた時期であり、三期はそうして分裂したそれぞれの機構の混乱に乗じて、家来筋の実質的な武力をもった層が、それまでの権威を倒して〝独立国〟を形成しだした時期である。これがいわゆる戦国時代と呼ばれる時期の幕開けである。

3　関東平野の開発

埼玉平野の原型

広義の利根川の中流部から下流部の流域を、現在の地形学では埼玉平野と呼ぶ。この平野が海に接する長さ——つまり広義の利根川河口の幅——は、地形図を読めば一目で明らかなのだが、なお補足すると武蔵国側（東京側）の西郷隆盛の銅像のある〃上野の山〃から、下総国側（千葉側）の国府台間の約一六キロメートル。奥行は小名木川《おなぎ》—長島—行徳《ぎょうとく》を結ぶ本来の海岸線から計って栗橋までの約六〇キロメートルの範囲の規模である。

この低地は約一万年前から八〇〇〇年前までは、入り海だったことが多くの遺物によって知られている。その後の海退期に歩調をあわせて、この埼玉平野および周囲には、縄文・弥生・古墳時代の遺跡・遺物が分布することも知られ、かつての入り海が埼玉平野という形に陸地化していった過程と、〃歴史時代〃に入ってからの開拓——水田化の営み——は、ほとんど一致する形で進行した。

水田化の様相を簡単に描写してみよう。入り海およびその跡に多数の川が流れ込み、洪水・乱流をくり返すことによって、この低湿地帯のいたるところに、無数の自然堤防とそれに取り囲まれた湖沼群をつくり出していった。その有様は、たとえていえば南太平洋に多く見られるサンゴ礁でかこまれた、海抜高度の低い平らな島々の環《わ》の群れ——多島海的風景——に非常によく似た風景だったといってよい。

サンゴ礁の多島海とちがう点は、人々は自然堤防の上を住居に定め、それを足場に周囲の湿地の排水を行なって水稲栽培をすすめた点である。埼玉平野の陸地化の歴史は、ここに住む人々の水田耕作の歴史でもある。

いまはまったく都市化してしまった埼玉平野だが、つい最近までこの平野の自然堤防上に存在したほとんどの農家には、洪水時に使う舟が備えつけられていた。さらに時期を溯ると、舟は洪水の時だけではなく、この低地における普段の主要な交通手段として広く用いられていた。

それは、現在埼玉平野の景観からは想像もつかないくらいの「水郷風景」であり、人々は大河と大河にはさまれたわずかの居住空間を根城に、広大な水田地帯を相手どってその生活をくりひろげていた。

仁和寺の日本図

図3は前に述べたように八〇〇〇〜一万二〇〇〇年くらい前の海進期（海が内陸部に深く進入していた時期）に、その海岸に沿って成立した貝塚の分布状況を示すものである。当時の海の範囲が現在の埼玉平野の範囲であることはいうまでもない。

この低湿地を、例えば武蔵野台地の上から下総台地の方に進むのには、非常な困難があった。つまり水陸両用車両もホバークラフトもなかった当時、徒歩や馬では低湿地や湖沼群、そして大河の渡河はできない。何回も渡し舟を乗り継がなければ、対岸には行かれなかった。そのため最初の律令制度の東海道は相模から武蔵を通らず、三浦半島から東京湾を渡って安房に至り、安房から上総・下総・常陸へと向うコースだった。国名の上・下は「上」の方が「下」より京都に近いことを示している点に留意されたい（前・中・後も同じ意味。例えば備前・越前、備中・越中、備後・越後）。

そして陸上交通における埼玉平野の不便さが、ある程度克服されるようになった宝亀二年（七七一）に、東山道（現在の中山道に相当）の終点だった武蔵は東海道に改編されている。

平成元年（一九八九）三月、東京国立博物館で「仁和寺名宝展」が開かれた。その会場の出口近くに図4にみるような地図が、〝最古の日本図〟と銘うって展示されていた。解説では嘉元三年（一三〇五）当時のものとあった。

3
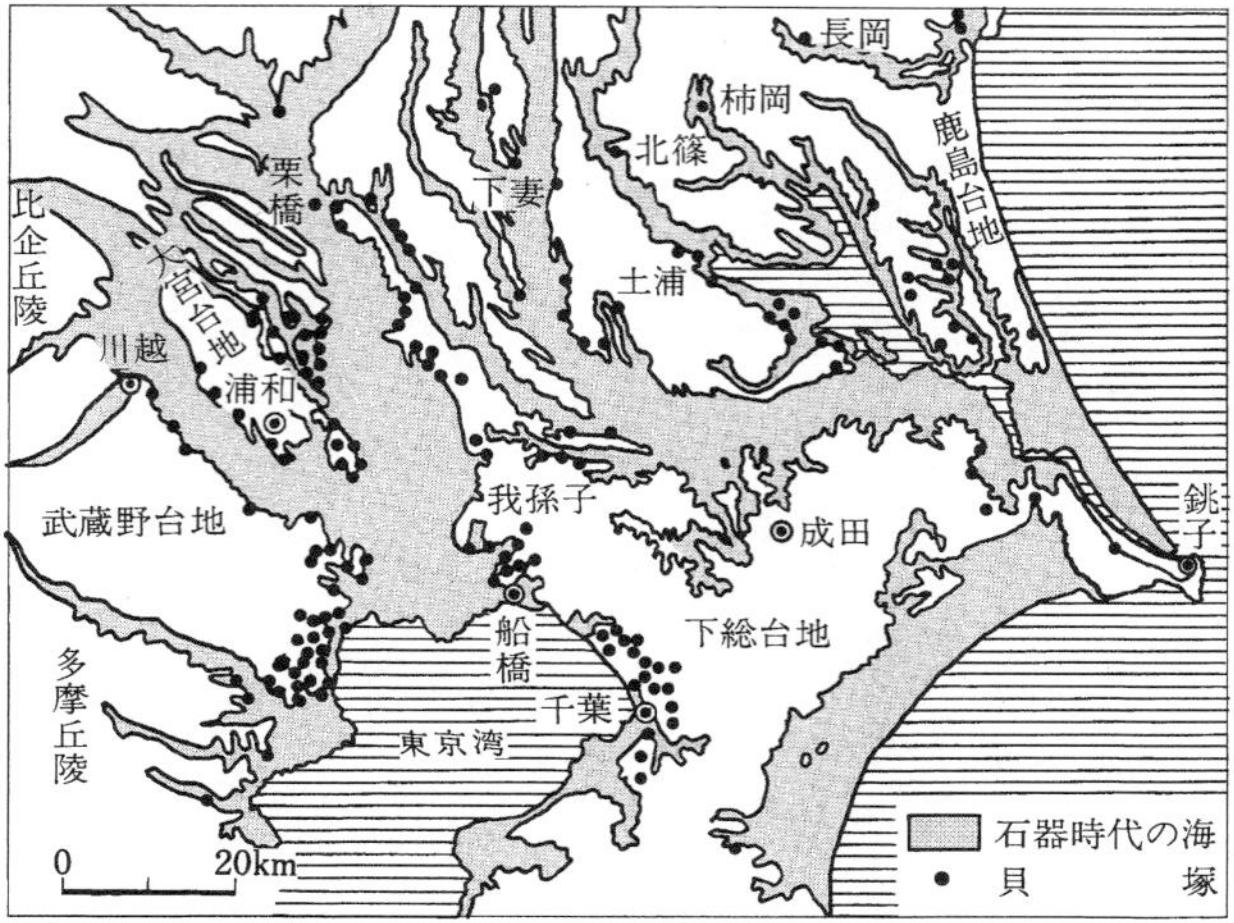

4
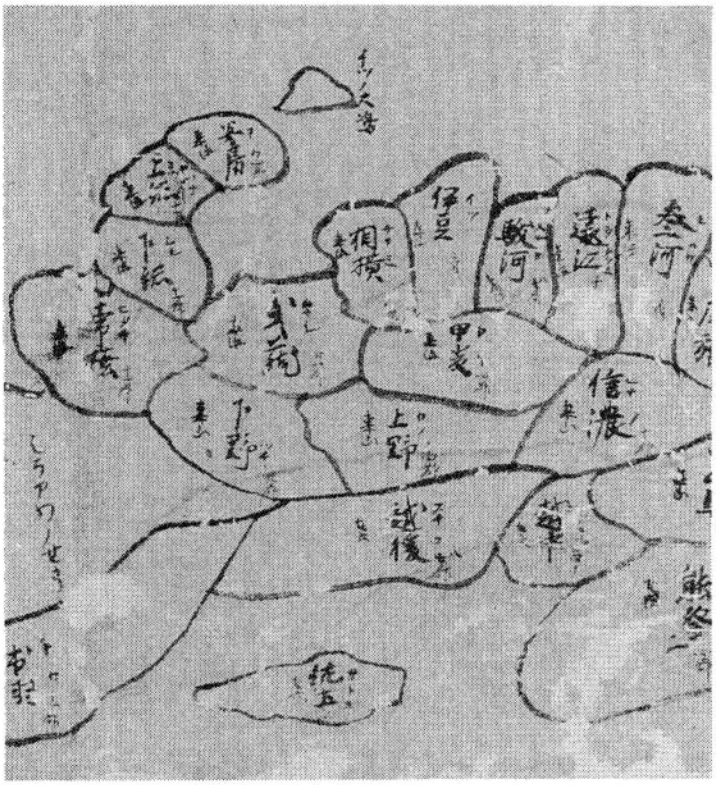

図3　海進期の関東平野———縄文時代の初期の地形。海岸線に分布する貝塚の中に、暖海性の貝が含まれている。現在の利根川流域の大部分が、暖かい海だった時代があったことを示す（図は小出博著『利根川と淀川』中公新書より）。

図4　嘉元日本図（部分）———この14世紀初頭の地図の利根川河口部は、深い入江状に描かれている。つまり埼玉平野が海だった時期の「記憶」をまだ強く残していたことを思わせる表現の図である。

この日本図には多くの点でいろいろな見所があるのだが、本題の埼玉平野に直接関係することだけに限ると、武蔵と下総の間――つまり埼玉平野の部分――が著しい入り海の形に描かれていることである。

これは十四世紀初頭になってもまだ**図3**の海進期の関東地方の原形の記憶が失われていなかったとも、前項で述べたような「多島海」的状態は入江の形でしか表現できなかったともいえるもので、この「嘉元日本図」はその意味でこの部分の原地形に非常に忠実な図だということができる。

最古の日本図（仁和寺蔵、この場合の「最古」とは現在確認された限りの「最古」）――平成元年三月、上野の東京国立博物館で「仁和寺名宝展」が開かれた。会場の出口近くにこの**図4**が展示されていて、解説をみると嘉元三年（一三〇五）当時のものとあった。帰りがけに図録を買ってこの図の詳細を見ようとして、見本を見るとモノクロの図版で、しかも見開きで割れているのでガッカリしてふと脇を見ると、この「日本図」だけが一枚のポスター状に印刷されているのが目に入った。自分としてはかえってこの方が都合がいいので、渡りに舟とばかりに買ってきたのがこの図である。

以下この図の左半分に書かれた文字を紹介する。

「日本八道　五畿五カ国　東海道（トウカイタウ）十五カ国　東山道（トウセンタウ）八カ国　北陸道七カ国　山陰道（セムオムタウ）八カ国　山陽道八カ国　南海道（ナムカイタウ）六カ国　西海道十一カ国　已上六十八カ国　行基菩薩御作

東西　二千八百七十里　南北　五百三十七里
郡数　五百七十八　郷(強)数三千七百七十里
人数　六十九億一万九千六百五十二人
嘉元三年大品□実凡写之所□□
東海道――山城・伊賀・志摩・伊勢・尾張・参河・遠江・駿河・甲斐・伊豆・相模・武蔵・安房・上総・下総・常陸
東山道――山城・近江・美濃・飛驒・信濃・上野・下野・出羽・陸奥
北陸道――山城・若狭・越前・加賀・能登・越中・越後・佐渡
山陰道――山城・丹波・丹後・但馬・因幡・伯耆・出雲・隠岐・石見
山陽道――山城・河内・和泉・摂津・播磨・美作・備前・備中・備後・安芸・周防・長門
南海道――山城・大和・紀伊・淡路・阿波・讃岐・土佐・伊予
西海道――筑前・筑後・壱岐・対馬・肥前・肥後・薩摩・豊前・豊後・日向・大隅」

歴史と物語

こうした風景を念頭において、多少時代は前後するけれども、ふたたび頼朝の〝敵前渡河〟の状況を、正史『吾妻鏡』ではなく、二つの物語で〝読んで〟みよう。

まず十三世紀後半に成立したといわれる『源平盛衰記』（第二三巻）でみると、頼朝の市川滞陣中の情勢について、頼朝は、江戸・葛西の一類は衣笠（三浦）で敵対したものであり味方として信頼できないから、一両日のあいだ市川で上野・下野からの軍勢を待った上で、「渡瀬をめぐりてうちのぼらん」と主張したが、彼の幕僚はその時間的余裕のないことを進言し、江戸・葛西の両氏に浮橋をつくらせ、早急に渡河することを主張する。そして「在家をこぼちて浮橋をよの常に渡し」「武蔵国豊島の上、滝野河、松橋」に上陸したとある。

次に十五世紀前半ころ成立したといわれる『義経記《ぎけいき》』（巻第三）では、「此河の水上は上野国刀根庄（中略）末に下りては在五中将の墨田河とぞ名付けたる。海より潮さしあげて、水上には雨降り、洪水岸を浸して流れたり」と隅田川（利根川）を形容し、頼朝はその陣に投降した重長に対して、「江戸太郎八ケ国の大福長者と聞くに、頼朝が勢、武蔵国王子板橋に附けよ」と命じた。

重長は千葉氏と葛西氏の助力を受けて、彼らの知行所（今井・栗川・亀無・牛島）から、

海人《あま》の釣舟を数千艘上《あげ》て、石浜と申すところは江戸太郎が知行所なり。折節西国船の著きたるを数千艘取寄せ、三日がうちに浮橋を組んで、江戸太郎に合力す。（中略）さてこそ太日《ふとひ》、墨田《すんだ》打越えて、板橋に著き給ひけり。（傍点引用者）

という経過を記している。

『源平盛衰記』の記事の中で注目すべき点は二つある。一つは、頼朝が〝敵前渡河〟をするための舟がないならば「渡瀬をめぐりて」——つまり自然堤防の上を、飛び石づたいに——進軍しようと主張した点であり、広義の利根川に限らず大河の河口部の一般的状態を、非常にみごとに描写していることである。

第二は、彼の幕僚の進言によれば、この大河の河口部の「在家」(民家)の数はすでに相当数あって、それをこわして浮橋をつくれば「精兵三万余騎」が通過できるほどだったという点である。この場合の浮橋は、「よ(世)の常に渡し」とあるから、一種の舟橋とも考えられるが、その構造がはっきりしないことを考慮に入れても、この〝多島海〟地域にはかなりの人々が住んでいたことが推察される。

『義経記』の場合はさらにショッキングな内容を持っている。それは第一に、江戸重長を「八ケ国の大福長者」と形容している点である。武家勢力の強大さについて「大福長者」と表現したのは、おそらくわが国の現存する文献では唯一の例と考えられる。

つまり頼朝が当面した最大の敵は武家ではなく、広義の利根川河口の舟運を一手に握った通運ないしは流通業の親分と見てよい。それゆえに頼朝は重長に対して、一般の武家の扱いとは違う妥協が必要だったのである。

そして第二は、この多島海的地域には「海人の釣舟数千艘」があり、さらに「西国船の著きたるを数千艘」利用して浮橋=舟橋をつくったとある。この二つの「数千艘」という表現には、多分に〃白髪三千丈〃的誇張もあるが、読み方によっては頼朝の〃敵前渡河〃から約二〇〇年たった時点で、この地域には多数の「西国船」が出入りしていたことを物語るものともいえる。『義経記』成立の時期は、後に取り上げる太田道灌時代、いいかえると国際的には日明貿易の盛んな時代であり、東京湾内の多数の「西国船」の存在の記述は、かなりリアルな描写だったともいえよう。

鎌倉幕府の正史と異なり、民間に流布することで生命を保った多くのいわゆる物語文学は、それぞれの成立時代の状況に忠実でなければ、人々に広く深く支持されなかっただろう。

それだけにこの成立期を異にする二つの物語における共通性――江戸の特質、つまり〃いちば〃としての存在の反映――には見逃がせないものがある。

西国――江戸時代の江戸における「西国」の概念は現在の中国・九州地方を指したものだった。十五世紀の「西国」も恐らくは山陽道・西海道を指す概念だったろう。

埼玉平野の開発

武蔵の〃敵前上陸〃に成功してから一二年後の建久三年(一一九二)、頼朝は正式に鎌倉幕府を開いて、武家政治を軌道にのせた。それと歩調を合わせるように全国的に耕地の開発が始められるが、とくに関東地方では幕府の直轄領が多いため、精力的に開発が行なわれだした。

これを『吾妻鏡』でみていくと、〝鎌倉幕府開発年表〟ができてしまうが、ここでは本書のテーマに直接関係する埼玉平野に絞って、その経過をみることにする。

幕府の成立後に、最初に出された埼玉平野の開発令は、建久五年（一一九四）の武蔵国太田庄の堤防工事で、これが沖積低地開発の第一歩だった。

太田庄は、現在の春日部市と鷲宮《わしみや》町間にあった渡良瀬川と荒川（江戸期以後は元荒川）にはさまれた地域で、一大沼沢地帯といっても誇張ではない場所だった。ここに堤防を築くということは、たんに鷲宮付近の自然堤防の後背湿地の干拓を目指したものではなく、埼玉平野全体の開発を視野に入れたものだった。

なぜこの地点が選ばれたかというと、この広義の利根川中流部は、現在の鬼怒川水系の河川とも水路が通じていた場所であって、舟運の中心地だったことと、鷲宮の線から陸地化を始めると、鷲宮以南の利根川流域の陸地化が非常に容易になるという理由によるものだった。

『吾妻鏡』でみる埼玉平野開発の順序は、まず「水便荒野」の改善から始まる。「水便荒野」とは前述の自然堤防の周囲に拡がる一面の〝後背湿地〟のことであり、その湿地を排水・干拓工事で〝荒地〟にすることだった。

つぎに水抜きされた〝荒地〟に対して、改めて「荒地開墾令」が出される。これは灌漑水路と同時に、その排水路を作ることが中心だった（江戸時代はこの排水路のことを悪水排《あくすい》水のための水路＝用水と呼んだ）。

この二段階に及ぶ工事ではじめて低湿地は水田の形をとるのである。

そしてこの水田に入植する者を選び、ある程度安定的な収穫が得られるようになった段階で「新開地検注」（近世の検地に当る）を行なって、正式な耕地の範囲や貢租の責任者を確定している。

こうした順序が個々の開発地ごとに記録されているのは、くり返すように、この地域からの米が鎌倉幕府の直接的な〝収入〟になったからである。

埼玉平野の神々

図5は『古代祭祀と文学』（西角井正慶著）の一三五ページの図を引用したものである。図を概観すると中央の利根川（**図5**では江戸川）の河流から東は鬼怒川流域までを含めた広大な地域に、香取神社が分布する。そして図の左側つまり利根川右岸の大宮台地・武蔵野台地部には氷川神社が分布する。この香取・氷川二大分布地帯にはさまれた元荒川の流域を中心に久伊豆《ひさいず》神社が分布する。

前節の「江戸氏と熊野信仰」（三五ページ）の項でも述べたように、この図の三系統の神

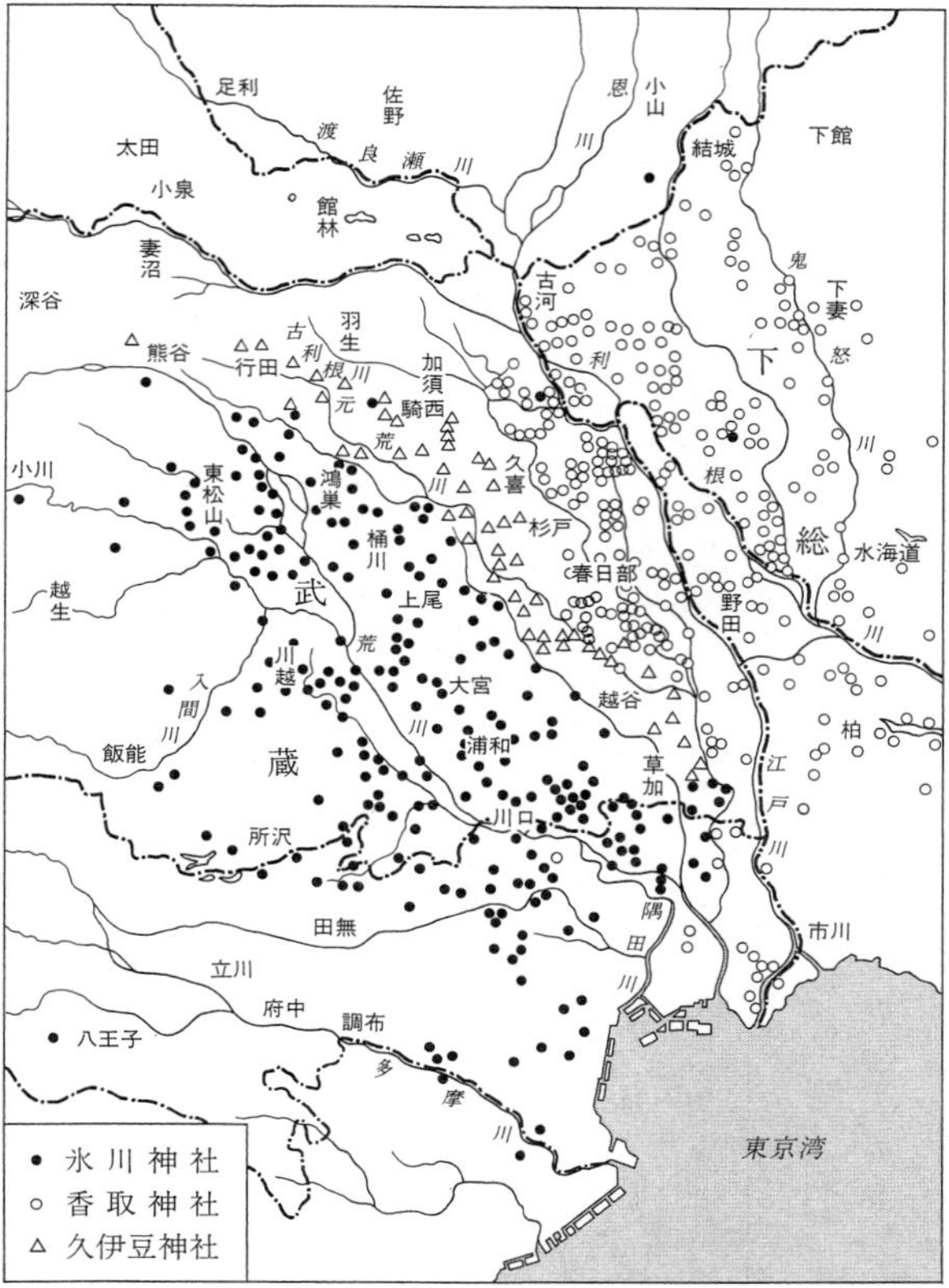

図5　氷川・久伊豆・香取神社の分布――この3社の分布図は『古代祭祀と文学』（西角井正慶著）より引用した。3社の分布は現在までほぼ残っている。その分布の上に、中世・近世のそれぞれ特有な神社の分布が重なっているのである。

社の成立がすべて同時代だと仮定した場合には、川筋によって特定の神社が集中するというのは、人々の集団ごとにその移動の方向性があったからとも考えられる。しかし実際は逆で、それぞれの領主（武家・荘園領主）の支配範囲ごとに、領主の奉じる神が祀られた状態を示すのが、この**図5**だといえる。

さらにこの図の範囲には八幡社、神明社、天祖社、第六天社、稲荷社、山王社も入りまじる。その上、広い意味の利根川流域の自然堤防上には、以上の神社と並んで必ず寺院がある。寺院の場合は寺院名だけでは宗旨がわからないが、くわしく調べれば神社の場合と同じように、ある傾向が浮かんでこよう。

それはさておき**図5**の香取神社は千葉県佐原市内の香取神宮の神領の範囲を示す神祠群にほかならない。そして香取神宮は円覚寺の場合と同じく、歴世の権力者から所領の寄進や安堵を受けた大荘園領主でもあった。香取は楫取《かんとり》の神、つまり舟の楫《かじ》取りの神＝舟乗りの神として、東関東の広大な水郷地帯の人々の信仰の中心でもあった。この香取神宮に残る文和元年（一三五二）の「長者宣」という文書では、関白二条良基が香取社神主大中臣実林に対して「下総国猿俣関務」（現在の東京都葛飾区水元猿町付近）の支配を認めている。

当時の香取神宮は鬼怒川・小貝川流域にあり、それが全く水系の異なる利根川流域まで進出して荘園化していたのだが、この時代にすでに後出の「内川廻し」の原形が、相当はっきりした形で形成されていたことを推察させる（久伊豆神社・氷川神社圏については省略する）。

鎌倉への道

広義の利根川の上・中流域を南限とする東北地方は、古代以来絶えず西南日本の勢力からねらわれ続けた。東北侵攻の関係者の名や事件名だけ挙げても坂上田村麻呂、平将門事件、源頼義・義家父子、頼朝の平泉征伐——そして秀吉の奥州征伐という有様だった。この絶え間ない侵攻の最大の目的は、豊富な金属資源であり、その採鉱冶金技術者の獲得にあったといってよかろう。

この鉱産物の産地と流通の一例について、東北地方ではなく関東地方の〝利根川〟流域に限ってみても、平将門の勢力の源泉の一つは、その本拠地の岩井にほど近い尾崎《おさき》前山（茨城県八千代町）から産出する鉄だったことが、この地の製鉄遺跡の発掘によって確認されている。また栃木県佐野市には、これも古い起源を持つ「天明《てんみょう》の鋳物」が知られ、また同じ市内の台元寺には鉄造の百観音がある。

正確には尾崎前山は鬼怒川、佐野は日光山地からの砂鉄を冶金したところであり、佐野の西に続く足利・太田、そして後に述べる世良田に至る足尾山地南麓には時代を超えた形で製鉄遺跡と遺物が数多く残っている。

足利は『太平記』の主人公の足利尊氏の本貫の地だが、その経済的基盤は鉄をはじめとする鉱産物産出地帯の支配によるものだったことは、近世にこの付近一帯に発達した織物産業の事績の陰にかくされて、忘れ去られてしまった傾向が強い。

そもそも尊氏の始めた天竜寺船による日元貿易、その孫の義満の日明貿易の確立などの〝足利氏〟としての発想は、本拠である足利地方の鉱産物の採鉱・冶金・製品搬送などの一連の取扱いについての、伝統的な経験の反映だったとみることができる。

これは日明貿易の最大の輸出品目が終始日本刀と硫黄だったことからも窺える。輸入側にとって日本刀は武器としてではなく良質の鋼材獲得の手段であり、上州の吾妻郡から大量に産出した硫黄は火薬の原料だったことはいうまでもない。

十五世紀になるが、足利家の執事の上杉憲実が創設した足利学校でも、その工房で大量の日本刀が作られ輸出されている。そしてその見返りが、現在も保存されている宋版五経をはじめとする中国の古典籍だった。

こうした輸出入品は利根川舟運と「江戸」を経て、当時の首都である鎌倉などには寄らずに、直接西国に運ばれていた。

しかし新開地の埼玉平野からの米は、直接鎌倉に運ぶ必要があるため、利根川舟運の船がそのまま東京湾の富津岬《ふっつ》以北の湾岸の湊に、ちょうど多角形の対角線を思わせるような、縦横の湾内航路を発達させながら航行するようになった。

それに輪をかけたのは仁治二年（一二四一）に開発された、東京湾沿岸の六浦《むつら》（横浜市金沢区）から鎌倉にいたる「朝夷奈《あさいな》の切通し」だった。この切通しの完成によって、それまで東京湾から鎌倉に連絡する航路は、三浦半島を約六〇キロメートルも迂回しなければならなかったのが、いっきょに短縮される結果となった。

仁治二年という時点は、最初に太田庄の堤防工事が発令されてから四七年目に当る。そして寛喜二年（一二三〇）に太田庄に開発の第二段階の工事である「荒地開墾令」が出されてから一一年目に当る。

これは最も難工事だった太田庄の〝荒地〟化に三六年かかり、その水田化は一一年で済んだという状況が察せられる。鷲宮以南の低湿地の水田化は、最上流の太田庄の堤防工事の完成後、著しくその開発速度が早められたことはいうまでもない。

つまり埼玉平野開発の基盤整備事業には、約半世紀を要し、その進行に見合った時期に朝夷奈の切通しという、運河そのものといっても差し支えない施設を完成させ、東京湾内と鎌倉を結ぶようになったのである。

時間との闘い

十二世紀末から十三世紀にかけての土木工事力や技術力では、利根川のような大河流域の沖積地、つまり埼玉平野の陸地化は、気の遠くなるような年月が必要だった。

これを言い換えると、工事完成の条件が成熟するまでの〝待ち〟の時間が必要だった。

そして土木工事だけではなく、こうした開墾地に入植した人々が、どうにか喰えるようになるには、おおむね二〇年前後の年月を要している。というのは『吾妻鏡』の「水便荒野」開墾令が発令された時点と、それによって開発された集落に残る最古の板碑《いたび》の造立年月日との間には、奇妙にも約二〇年という時間の隔りが、埼玉平野をはじめ関東一円に広範囲かつ共通的に見出せるためである。

つまり沖積地に限らず、荒地の開墾に入植して水田耕作に従事した人々が、先祖を憶い死者を偲び、自己の後生を案じるといった精神的余裕と経済的余力が持てるようになるには、約二〇年の歳月を要したということを、それぞれの集落における最古の板碑の造立年月日が物語っているのである。これは現在も、例えば多くの都市の勤労者の住宅ローン返済状況に一脈通じる事柄でもある。

また朝夷奈の切通しの開通前後から、幕府は国の内外の大事件（二回の元寇や何回かの内乱など）ごとに、その直轄領を分轄して寺社に寄進するという形で、領土の支配関係を再編成し始める。それは信仰の〝あかし〟などではなく、各地方の交通の要所を選んで、その地を寺社の名における〝在世的中立地帯〟として「保存」するための手段として行なわれたものだった。

これは後出の円覚寺の荘園分布でも明らかであるが、埼玉平野の場合でいうと、十五世紀の太田道灌の活躍する時代になると、鶴岡八幡宮、伊勢大神宮、香取神社、六浦称名寺などの大寺社の小規模な荘園が、入り混って散在するようになる。

さらにこうした幕府直轄領の荘園化と並んで、小規模な私領の領主もそれぞれの地域に特有な寺社を奉戴し、それを保証するために寺社に土地を寄進した。

こうして武家の所領の「境目」「つなぎ目」のほとんどは、寺社領という中立地帯を形成するようになった。そしてこの中立地帯は、それぞれの孤立的・閉鎖的な農耕共同体社会の共通の「出会い」の場として尊重された。

これが中世における「市庭《いちば》」＝市場の発生にほかならない。そして同じ中立地帯でも大寺社の荘園と私的な寺社領が共存できたのは、荘園は主に鎌倉に〝一極集中〟する形で年貢米を納入するための輸送ルートと手段を組織するのだが、私的な寺社領を中心とする市《いち》庭《ば》は、そうした〝一極集中〟ルートを支える機能を果したからである。

荘園領主である寺社の集中する鎌倉に、多くの荘園が年貢を納入した状況を記録した古文書は、「寺社文書」の形で現在まで比較的まとまった形で多数保存されている。それには輸送経路、輸送費用（船賃・船頭賃・駄賃・輸送要員の給与）、関米＝通関料などから、年貢として集めた銭で米を買ってその米を荘園に納入した経過などが、こと細かに記録されているのが普通である。

そして中世に意外にも広範囲な銭づかい経済がみられ、しかもそれは現在のいわゆる「市場原理」による取引状態だったことを明示しているものも多い。そして銭で年貢米を買って納入するといった場面では、私領の中立地帯の寺社の境内の市庭が、現在の意味での市場の機能を果していた。

板碑――鎌倉時代から近世までの約四〇〇年間に、主に武蔵を中心に関東地方一帯に普及した石製卒塔婆。材料は秩父産の緑泥片岩で青石卒塔婆ともいう。大小さまざま、特定宗旨に限らないという特徴を持つ。

昔からその形状寸法、刻み込まれた種子《しゅじ》・文字・文様などに対する考証は非常に豊富にある。家康の江戸入り以後パッタリと造立されない点もまた大きな特徴である。

市場の祭文

戦前から中世の、とくに関東地方の商業史を扱った著書には、『武州古文書』中に収録の延文六年（一三六一）の年月日の入った「市場之祭文《さいもん》」を紹介しない本はないといってもよいくらいに、有名なものである。ところが案外なことにその全文を紹介したものも、またほとんど見当らない。

この「市場之祭文」は埼玉平野の中央の現在の岩槻市大口の旧大口村の武助という人が所蔵していたもので、主として埼玉平野の各神社の境内で市場が開かれる時に、市を開くことを神とその氏子と他所から集まってきた人々に、市場を運営する人物が開市を宣言して読み上げた祭文である（〝ノリト〟とは神に対してだけ物申す場合のことばであり、このように神と人に物を言う場合は祭文というほかに、言い方がなかったのであろう――後世の芸能化した「祭文かたり」「祭文読み」の原形ともいえる）。

読み上げる人物は、幾つかの開市場を縄張りに巡回して、市場を取りしきることを職能とした、例えば第一章で見たような熊野の御師のような山伏姿、または修験者風の姿を想像してもそう見当ちがいではあるまい。祭文とは寺社境内に出入りしてもその寺社の俗世的中立性をそこなわない風態の人物の宣言文と考えてよかろう。

つぎにその全文（地名の書き継ぎを除く）を紹介するが、読むに当っては、歌舞伎の「勧進帳」の弁慶になったつもりで、メリハリをつけるとよい。

謹請散供再拝々々《きんじやうさんぐさいはいさいはい》、敬白。

夫《それ》市といつは（言っぱ）、私のはかり事にあらす、伊勢天照太神、住吉大明神の御はかり事なり。衆生のたから（宝）に何事かあるへき、市にましたる宝ハあらし。

天竺にハ門前の市、しゆん（舜）の市、たからの市、唐土にハ津問《つどひ》の市、西南の市と名付けたり。

天竺のもんせん（門前）の市を吾朝《わがてう》にうつして、松堂をいはひ守護神をあかめ、十物十、百物百、千物千、種々色々の物を松堂の御まへにそなへたてまつり、境神当国六所大明神、□（金か）の御たけ、安光、高谷、塩舟等七所の権現、殊には此所の鎮守、普天率土の有情非情大小神祇冥道を敬而《うやまひて》言ク。

今南えん浮提、日本国王城のひかし武州庄郡郷村に、市をたて、種々の物けうやく（交易）をしめさんとす。

市ハこれ万物のあつまる所、町ハ財宝けうやくの構《かまへ》なり、国土豊饒のはかり事、人民渡世のたから、なに事かこれにしかんや。依之《これにより》農帝の御代よりはしめて市をたてしよりこのかた、漢土日本諸国諸郡に市をたてぬる、これひとへに国土太平の源なり。然則《しかるに》吾朝に市立はしめし事ハ、昔大和国宇陀郡に三輪の市をたて、いちおり長者此市を立はしめ、此かた住よしの浜に草木の市と名付て、九月十三日に立けり。それより西のはまのゑひすの三郎殿のはまの市とて立、ひたちの国鹿嶋大明神も七月七日に市を立はしめ給ひしより、尾張国あつたの大明神も熱田に市を立たまふ、下野国日光権現も中市を立たまふ、出羽国羽黒権現もたうけ（手向）の市を立たまふ、信濃国諏訪大明神も御さ山の市を立たまふ、武州六所大明神も五月ゑ（会）の市を立たまふ、あたち（足立）の郡氷河大明神も氷河の市とて立たまひて、人民をまもり国々保々庄園郷村里々に市を立つる事、神のめくみより出たり。

神かならす擁護したまはむにおいてハ、国家おたやかに人民ゆたかなり。故に正直のまつり事を鷲《わし》の世といひ、正直の率法を鷲の法と名付けたり、しかるに身のうへの飾、口の中の食も、これいち（市）をもつて躰とし、町をもつて本とす。然則当地頭ならひに在地の貴賤上下、一味同心の議をいたし、はしめて彼所に店屋をこしらへ、あたらしく市をたて、守護神市姫をあかめたてまつる物也。

本地を申せば、往古の大日如来法身のみなもとより出たまひ、和光のちり（塵）にましハり、化土（度）利生のためと、すいしやく（垂迹）とあらはれし給ふ。或ハ月ともあらはれ、日ともなり給ふ、その光たれかいたゝかさらん、或ハ雨となり雲ともなりたまふ、その徳のおそれ誰かかうむらさらん。しかるに飲食衣服金銀珠玉、うる人もかふ人も、ことことく売買の徳利のよろこひをなし、富貴ハ尭舜の御代にことならす、細々の珍事ちうゆふ（偸憂）の難なく、ちかきよりとをきにのそみ、いま此市に立人ハ、百二十年の御命をハたもつへし。此市のはんしやう（繁昌）ハ、天ちくの門前市のことくならん。天長地久御願円満息災延命のため、時にハ七難息滅七福即生、百姓与楽、常に歓喜、万春栄花、千秋繁昌と敬白。

なお、この後に応永二十二年（一四一五）七月二十日づけで、武蔵国の開市場一九カ所の地名と、下総国の三カ所の地名が列記される。さらにその後に「是ヨリ書ツキノ様ミユル」とあって、一一カ所の市祭《いちまつり》の場所が追加されている。以上の地名と現在地との比定などは、ここでは省略する。

市と公共

以下、「祭文」に従って要約してゆくと、「市」は私のはかりごとではなく、神様の公のはかりごとだという宣言で、この場合の神とは「市」を仲介に集《つど》う人々の総意――現在の概念でいう「公共」に近い意味のもの――と解することができる。

集まる意味の集《つど》いの原形が「津問《つどい》」または「津訪《つどい》」であることは、すべてに舟運の水を引くわけではないが、興味ある日本語の変化である。

今、武州の庄・郡・郷村の神社の境内に市《いち》を立て、種々の交易をしようとする。市は万物の集まる所、町は財宝交易の構《かまえ》であると、市の機能とその具体的な「場」である町＝都市の本質をズバリと表現している。

人民を守り国々・保・庄園・郷村・里々に市が立つことは神の恵みであり、神は必ず守ってくれるから、国家は穏やかにして人民は豊かである。故に正直の政事を鶩（和市《わし》）の世といい、正直の商取引を鶩（和市）の法という。

本来の和市＝「公共」が神の名の下に成立させた市場《いちば》が、鳥（取り）の王の鶩に転化し、やがて商売繁昌・開運来福の神の鷲《おおとり》神社となり、それがさらに酉の市の賑いにまで転化するわけだが、領主の介在する「強市《しいし》」に対する和市は、「当地の地頭や在地の貴賤上下の別なく」一体になって市を立てなければ「和市」にはならず、町にも都市にもならないことを強調し、それを神仏に祈って祭文が終る。

この「祭文」についてはたいていの歴史学者は、その出所や文体さらには年号等について、一定の留保を行ない、多くはそのまま取り上げることをしないできた。

しかしそれをあえて紹介したのは、史料取扱いの専門家からみれば、何ら「公的」な裏付けのない疑文書扱いのものだが、虚心に読めば昨今世界的な大問題になった「市場原理」の本質を、この祭文はあますことなく描写し、市庭《いちば》＝市場の原形を非常によく表現している。さらにこの場合の「神」の公共性をそのまま公的なものと理解すれば、これ以上公的な文書はないわけで、それらを含めていま一度、熟読していただくことをおすすめする。

4　太田道灌の江戸

太田道灌の〝意味〟

おとろえた江戸氏を江戸から追放して、江戸館を中世的城郭の江戸城として再構築した太田道灌は、広く世に知られている。東京都の場合、彼は家康とならんで開都の恩人として取り扱われている。ここで彼の持つ意味について、関東の争乱期とからめて概観することにしよう。

道灌は、丹波から移住してきた将軍の家老の上杉氏の執事だった太田資国の六代目の子孫である。道灌が活躍しはじめた頃の関東の情勢を見てみよう。康正元年（一四五五）に本来の関東管領勢力が決定的に分裂し、鎌倉を追われた足利成氏は、下総国古河に移って古河公方を名乗り、利根川水系をはさんで鎌倉公方に対抗した。このことは当時の古河をはじめとする利根川中流部一帯が、〝みちのく〟の最南端の湊として、また硫黄や鉄の集散地だったことを物語ってもいる。

鎌倉公方側は太田道真（資清）・道灌（資長）父子を主力に、当時の荒川（古隅田川）を境として、古河公方に当らせた。父の方は荒川中流の岩付《いわつき》（現、岩槻市）、子はその河口にある江戸にそれぞれ城を築いて、鎌倉公方側の最前線をかためた。

道灌は公方勢力が分裂した康正元年（一四五五）に家督を譲られ、翌年に江戸築城にかかり、その一年後の長禄元年（一四五七）に江戸城を完成させた。以後文明十八年（一四八六）に五五歳で殺されるまでの約三〇年間、この江戸城を中心に活躍した。しかし彼は江戸築城前には品川湊に面した御殿山（港・品川両区区境の台地）にいたというのが、通説になっている。なぜ品川湊から江戸に移ったかというと、現存する文献史料の検討の限りでは、次節で改めて取り上げる江戸前島の領主である円覚寺の傭兵隊長としての役割で〝異動〟したものといえる。別ないい方をすれば強大な円覚寺勢力の了解なしには、道灌は江戸には入れなかったのである。

これを湊の有力者の宗旨の上からみれば、道灌は鈴木道胤の日蓮宗の品川から禅宗（臨済宗）である円覚寺領のある江戸に移ったことになる。道灌のいなくなった品川湊はその後も繁栄をつづけ、約三〇年後の道灌が死んだ翌々年の長享二年（一四八八）には、紀州から数千石の米を積んできた船など数艘が暴風雨で沈んだことなども記載されていて（『梅花無尽蔵』）、品川湊の実態の片鱗が伝えられている。

江戸の史料

いまから約五四〇年前の江戸城と江戸については、非常に良質な史料に恵まれていて、相当具体的に実態がわかる。良質とする理由は、同時代の記録であることと、書き手が京都と鎌倉五山の禅宗の大寺の長老クラスの人々と、有名な詩人であることによる。

それらの史料はいずれも道灌の依頼で江戸城の彼の書斎である静勝軒《じょうしょうけん》に掲げるための詩文であって、二つのグループにわけられる。一つは文明八年（一四七六）につくられた作品で、京都五山と鎌倉五山の長老を歴任した僧侶の手によるものであり、もう一つはその九年後の文明十七年（一四八五）に、道灌に招かれて江戸にきた高名な詩僧の漆桶万里《しっとうばんり》（万里集九《ばんりしゅうく》ともいう）による『静勝軒銘詩並序《めいしならびにじょ》』と、建長寺の住持をした宗猶軒玉隠《そうゆうけんぎょくいん》と易《えき》安軒竺雲《あんけんじくうん》の詩および万里の詩によって構成された作品である。

これらの執筆者は、いずれも当時の宗教的・文学的最高峰とみなされた人々ばかりであり、室町期の代表的な絵画の讃にもよく見かける顔ぶれであって、美術史上でも重要な位置をしめている（昭和六十二年秋に東京国立博物館で開かれた「日本の水墨画」展に展示された当時の作品の讃にも、道灌の関係した人々の墨跡が数多くみられた）。

それにもまして、くり返すが五山の長老たちは、日明外交と貿易の実務責任者として活躍した、いわゆる「経済僧」としての性格を強くもっていた人々であった。そうした人々が武将としては一傭兵隊長にすぎない道灌の求めに応じて詩文を提供していることで、道灌の財力が並々ならなかったことがわかる。とくに第二期作品の場合、「文明・応仁の乱」で京都が戦乱の地になったため、〃文化人〃の地方疎開の結果とみることもできるが、いずれにもせよ江戸湊の経済力は、全国的にみてもかなり魅力的なものがあったといえよう。

静勝軒詩文――この二次にわたる作品の表題と作者名などをつぎに紹介しよう。

第一次作品（文明八年・一四七六）

○『寄題江戸城静勝軒詩序』

序文……蕭庵竜統。詩……村庵霊彦、雪樵景茝《けいし》、黙庵竜沢、補庵（横川）景三。跋文……村庵霊彦

○『左金吾源太夫江亭記』

本文……暮樵得公《ぼしょうとくこう》。詩……暮樵得公、武陵興徳、相陽中栄、河陽東歓

第二次作品（文明十七年・一四八五）

○『静勝軒銘詩並序』

本文……漆桶万里。詩……宗猶軒玉隠、易安軒竺雲、漆桶万里

城と兵の有様

二つの作品の大意は、第一次の詩文では、江戸築城の意味、城の構造、城から見た周囲の状況、静勝（常勝）するための哲学が謳われる。

第二次の詩文では主に〃静勝〃の理念とその戦闘経過、江戸湊・江戸城の景観を描写し、

彼の軍隊の訓練方法にまでふれている。

さらに第一次の詩文の要点を紹介すると、

一　関八州で幕府の勢力下にあるのは三カ国しかなく、江戸はその中心地である。

二　江戸湊の海陸のにぎわい、交通の盛んなことは他に例をみない。

三　江戸城は一方は海に面し、一方は平川で守られた上に、本丸台地のまわりには堀をめぐらせ、城門は鉄で固めてあり、その堅固さは特別である。

四　江戸前島周辺には大小の商船や漁船が群がり、江戸湊は「日々市をなす」。この湊に集散する物資について「房の米、常の茶、信の銅、越の竹箭《ちくぜん》、相の旗旌騎卒《きせいきそつ》、泉の珠犀《しゅさい》異香《いこう》より塩魚、漆枲《しつし》、梔茜《しせい》、筋膠《きんこう》、薬餌《やくじ》」などないものはないほど多種多様な物資が集散している。

五　江戸城周辺の有様については、南方では品川湊と江戸の間には人家が続き「東武の一都会」をなしており、北方に目を転じると「浅草の浜」の観音堂の「巨殿宝坊」の美は「数十里の海に映え」そびえていた。

とある。

ここで江戸湊と品川湊間の「東武の一都会」と、浅草の「巨殿宝坊」にはさまれた江戸湊で、「日々市をな」した物資のあり方をみると、房州からの米をはじめこの時点での常陸からの茶の集荷は注目に値する。

そして房も常もともに古河公方の勢力圏に属する利根川左岸の地であり、「武将の道灌」が当面敵対する地域からの産物である。また信濃からの「銅」の集荷も、これまでに述べた江戸湊の性格の反映とみてよい。

とくに注意したいのは「越の竹箭、相の旗旍騎卒」である。越の竹箭を文字通り矢竹と解釈したとしても、相模からの旗旍騎卒は〝旗や指物《さしもの》を持った騎馬武者と歩兵〟としか読みようがない。これは『太平記』の時代から見られる足軽、つまり傭兵の市場が江戸湊にあったことを物語る。この傭兵の輸出先は多分西南日本各地をへた東シナ海で、「倭寇」要員またはその補充用だったのであろう。

さらに「泉」からの輸入品目をみると、宝石・香木・高貴薬と、中国特産の高級漆や高級麻をはじめ、染料、ニカワなどの多種多様な工芸品の原材料が運ばれていたことがわかる。この場合の「泉」とは和泉《いずみ》（大阪府）からのものだったのか、中国の泉州（福建省）だったのかは「詩文」の限りでは区別できないが、中国の泉州からと考えた方が他の諸例からみて妥当なようである。

十五世紀の江戸湊でも輸入品に見あう輸出品を用意しなければ、貿易船は寄りつかない。江戸湊の場合は硫黄・日本刀は普通のことで、それに加えて信濃の銅や越の国や相模からの傭兵を輸出したのである。
そして第一次「詩文」と第二次のそれを比較すると、わずか一〇年の間に江戸湊の様相が大分ちがったものになっている。ひとくちにいえば湊の活況が衰えてきたことが察せられるのである。それゆえに第二次の「詩文」では〝静勝〟の哲学が長々と述べられ、軍隊の描写が細かく具体的になる。すなわち、

江戸城内には軍隊が常駐し毎日数百人の兵士が様々なやり方で訓練にはげんでいる。怠けた者からは罰金三〇〇片を取り、それを係員が貯めておいて訓練後の茶菓を買う金にする。一カ月のうち「戈《ほこ》を操《と》り鉦《しょう》を撃ちて士卒を閲すること両三回」、その命令ははなはだ厳しいものがある。

といった具合に非常に具体的に傭兵隊を描写している。訓練を怠けた兵士から罰金を取るという貨幣の普及のし方は、約五五〇年前の日本としては非常に異例なことといわなければならないが、同時代の第一級の「文学者」の記録である以上、当時の江戸湊の繁栄のあり方が、どのようなものであったかということを雄弁に物語るものでもある。

早雲との比較

道灌の父の道真が岩付で、道灌が江戸で古河公方に対抗したということは、埼玉平野の開拓が進み、その中心を流れるのちの古利根川や古隅田川に相当する河流の流域と河口の江戸を、父子分業で管理していたと見ることもできる。

しかし、この父子は武家の棟梁の家柄ではなく、「家の子・郎党」を持たない階層である。これは武家一般の序列からすれば〝取るに足りない〟存在だったともいえる。そのため彼の城と軍隊は一次・二次の「詩文」の中で相当具体的に書かれているように、一般的な武士の論理である主従の義や忠義といった結集ではなく、戦技専門の武芸者を金銭契約で雇った軍隊＝傭兵隊だった。

この軍隊は大多数の武家の軍勢が兵農未分離だった時代においては、圧倒的な強さを発揮する常勝の軍隊だった。この道灌が編制した傭兵隊の活躍は、同時代を扱った多くの戦記や歴史書を見る限り、関東全域から遠くは駿河までその戦闘の足跡を残している。しかしその足跡を時間的にも地理的にも、完全にトレースすることは困難で、多くの欠落部分を持っている。

話変って道灌と同い年の、これまた〝流れ者〟として駿河に来てから、やがて英雄といわれた伊勢宗瑞、すなわちのちに関東地方の利根川右岸の大半を制圧し、戦国大名のハシリとされた北条早雲の行動をみると、常勝ではないにしろ、着実に自分が支配を続けられる地域を拡大するための営みを続けて、「北条五代」の基礎を築き上げたことがわかる。

道灌は雇い主の依頼のまま、「点と線」の行動を続け、ついに自己の勢力を「面」に定着させることなく終った。これは江戸重長と同じく、道灌もまた江戸湊を本拠に「関八州の大福長者」的な活躍をしたもので、江戸氏と道灌の〝運命〟の共通性が強く感じられる。一方の早雲が江戸でもなく鎌倉でもなく、小田原に本拠を置いたということは、大福長者的活躍、つまり広域流通活動の場から一歩しりぞいて、一般の武家として農業本位の領国形成の途を選んだことを意味する。

江戸という土地柄は、その交通と流通上の可能性からみると、一種の魔力を持った場所であり、道灌はその都市（江戸前島）の防衛を請負い、活躍しすぎて滅亡し、早雲はそれを敏感にさとって江戸を敬遠したことが、この二人の同年の英雄の運命の明暗をわけた「鍵」だったのかもしれない。

小田原時代

道灌の死から三八年後の大永四年（一五二四）、江戸城は早雲の子の北条氏綱に占領された。それと前後して北条氏は利根川水系の西側一帯の領国化に成功した。それは関東の政治的中心地だった鎌倉の役割が小田原に移ったことを意味する。しかしそれから一二年後の天文五年（一五三六）には北条氏は江戸周辺の検地を行なって、その結果である『小田原衆所領役帳』を残している。この帳面は現在の東京都のほぼ全域にわたって各地域の生産力や北条氏の家臣たちの領分などを記録したもので、江戸時代に入る前の江戸周辺の事情がよくわかる史料になっている。

それによると江戸本城には富永四郎左衛門、二丸には遠山四郎五郎、城内の香月亭には道灌の孫の太田資高《すけたか》を居住させ、以後天正十八年(一五九〇)まで、江戸は小田原北条氏の一支城、つまり地方として取り扱われた。また富永・遠山の子孫は家康が江戸に入るまで江戸城の城主をつとめた。

この時期に江戸湊の円覚寺勢力と北条氏の勢力との関係がどうであったかは、双方に残された史料ではわからない。

ただ両方とも、少なくとも江戸湊に関連しては、まったくこれを「無視」した態度であったことがうかがわれる。北条側の史料には東京湾内の浦々に関する法令類が多く残されているが、江戸湊に関連したものは、いまのところ発見されていない。円覚寺側の分も公刊された史料に限れば、これも対北条関係の史料はみられない。ということは、円覚寺勢力は武士間の争乱の間にあって、ある程度の中立的立場をとっていたことを意味する。

つまり円覚寺に限らず、さきの埼玉平野・東京下町低地の荘園化された寺社領の〝在世的中立性〟は、この時期まで武士たちによって保証されていたことになる。このことは所領争いによる戦争とは別の次元で、流通機能を確立させておく必要が武士側にあったためである。

こうした状況の中で、関東地方には北条氏による戦国時代が到来した。それは、さきの『小田原衆所領役帳』にみるように、家臣の貫高・身分などによる軍役の規準を明らかにして、安定的な戦力の保持をはかり、さらなる拡大に向う方式であった。

そして〝在世的中立地帯〟という武家にとっての異質空間は、経済的には必要なものであるにしても、全体的な領国支配の上からは大きな矛盾となっていった。さりとて長らく実績のある和市の機能を早急に否定することも、関東という後進地帯では実際的に不可能なことであった。

そのかわりに、現存する北条氏関係の文書を見る限りでは、「市場之祭文」に書かれた市場のほとんどに、北条氏の河関が置かれるようになる（この河関については第三章でも改めて取り上げる）。つまり表面的には鎌倉中心の大寺社荘園の中立性は尊重する形をとるが、実際には〝中小零細〟の市庭《いちば》の場所——つまり人も物も舟も津《つ》訪《ど》う場所に河関を置き、大荘園から通行税を取ることで、その〝在世的中立性〟を保証しながら、領国支配の一体性を確保した。

余談だが、その意味で織田信長が叡山を焼打ちして、中世の終末をもたらしたのは画期的だったのだが、それは叡山自体が強力であり過ぎて、自ら〝在世的中立性〟の原則を破ったためだった。戦国大名は多かれ少なかれこのような矛盾した存在を、それなりに処理していかなければならなかった（その一例が巻頭の一一ページ注「武家領と寺社領」の記事にある善福寺の場合である)。

話変って、利根川上・中流、そして埼玉平野を舟運で往来した「富」は、「江戸」で具体的な交換価値を生じて、より広い地域と交流した。

北条氏の興隆の結果、南関東の政治的・経済的中心が小田原に移り、鎌倉は当然〝地盤沈下〟に見舞われた。利根川河口の「江戸」の場合も、鎌倉への中継基地の役割が失われ、直接小田原と接続できるように再編成が行なわれた。これが家康入国直前の江戸の〝寒村的〟景観の原因だった。要するに利根川舟運はあまり東京湾内に寄港することなく、直接小田原に向うようになったのである。

しかしこうした鎌倉や江戸の衰退とは別に、一方ではのちの「伊勢湾と東国」(九七ページ)の項にみるように、北条氏の治世下に円覚寺の例でみても、伊勢湾沿岸の荘園と鎌倉には、まだまだ活発な交流がみられたのである。しかも、それは決して円覚寺の場合だけではなかったのである。

また北条氏の支城江戸城の部隊長の富永氏は伊豆国土肥を本拠とする〝海賊衆〟の筆頭格であった。当時の海賊といまでいう海賊では大分意味がちがっていて、いうならば北条海軍の司令官だったといえばよいだろう。この伊豆半島西岸の海賊に、三浦半島をへだてた東京湾最奥部の江戸城を守らせたということは、当時の海賊の能力とそれを起用した北条氏の海軍に対する感覚がわかって興味深い。

富永氏の系図、所領およびその海賊機能については『小田原衆所領役帳』にくわしい。現在でも土肥の清雲寺に江戸城代富永直勝の墓がある。

北条氏の富永氏の起用は、江戸という場所柄からいえば、実に適材適所の配置であり、北条氏もまた江戸の条件の意味をよく知っていたことがわかる。なおこの富永氏は北条氏時代の江戸城代を約六〇年間つとめた。これは伊豆の海賊と東京湾内の海賊が、一体的だったことを物語ってもいる。江戸に入った家康は当時の当主の政辰を旗本に取りたてようとしたが政辰が辞退したため、子の直則を旗本にしている。これは富永氏の海軍組織をすぐに利用するためであったことはいうまでもない。その後の富永氏の繁栄は『寛政重修諸家譜』にくわしい。

またこの富永氏の伊豆―江戸間の航海術の蓄積が、次章にみる天下普請による伊豆からの石材大輸送に、十二分に活用されたであろうことも想像に難くない。

5　円覚寺領江戸前島

江戸前島の歴史

江戸時代に成立した文献・史料には「江戸前島」なる地名は、ほとんど見られない。例外として間接的ながらその所在をしめすものが『落穂集追加』や『文政町方書上』などに散見できるが、それらにしても正面きって江戸前島という地名ではなく、「豊嶋洲崎」という〝嘉字〟を用いた表現で扱われている。

また江戸時代は「地誌の時代」だったといえるほど、多くの地誌が刊行されているが、それらの地誌にも江戸前島は全く記述されていない。それを受けついだ現在の江戸・東京の地誌が、江戸前島については手薄であることは当然といってよい。

こうした状況の中で、やっと一般的に利用できる形で江戸前島に関する史料が公刊されたのは、昭和三十一年（一九五六）に刊行された『鎌倉市史』の史料篇第二（鎌倉市史編纂委員会編、吉川弘文館刊）に収められた「円覚寺文書」だった。

もっとも明治四十年（一九〇七）にはすでに『大日本地名辞書』（吉田東伍著、冨山房刊）の中に『鎌倉市史』と同じ「円覚寺文書」が丹念にかつ克明に利用されていて、江戸前島はじめ円覚寺の所領だった各地の地名もあげられているが、これを有機的に江戸・東京と関連させる作業は、ついに昭和六十三年（一九八八）まで見ることはできなかった。

こうした中で昭和三十八年（一九六三）に『日本人の骨』（鈴木尚著、岩波新書）が刊行され、江戸前島について、歴史学者ではなく人類学者からの考察が公にされた。

この著書の江戸前島に関する部分だけを要約して紹介する。まず大正二年（一九一三）に江戸城三十六見附の一つだった鍛冶橋門の鍛冶橋（千代田区丸の内三丁目の旧都庁第二庁舎の北東の角《かど》にあった）架け替え工事の時に発見された二三個の中世人の頭骨——うち三個は重症梅毒患者の頭骨——を著者は〝鍛冶橋人〟と呼ぶが、この鍛冶橋人と現代日本人の頭骨の寸法の比較からはじまる。そして鍛冶橋辺一帯は江戸前島の一部であるとして、東京駅を中心にした現代地形図（原図は深田地質研究所作成）を掲げたうえで、江戸前島が記されている古文書をつぎのように並べて紹介している（ここでは各文書の年代と文書名および地名だけを引用して、各文書の内容は省略する）。

○弘長元年（一二六一）「関興寺文書《かんこうじ》」中の平重長より五代右衛門尉あての書状にみえる「武蔵国豊島郡江戸郷之内前島村」

○正和四年（一三一五）「円覚寺文書目録」にある「前島村」
○建武四年（一三三七）「足利直義教書」にある「江戸郷内前島村」
○永和三年（一三七七）「官宣旨」の中の「江戸郷内前島村」
○応永二十六年（一四一九）「足利持氏教書」中の「江戸前島森木村」

などを挙げたうえで、

この前島の名は、なぜか近世には消えてしまった。菊池山哉氏は、この地をもって東京駅付近に当てている（中略）、吉田東伍博士は『地名辞書』の中で（中略）江戸前島は今の茅場町か、通町、四日市辺か、八代洲河岸辺か（中略）、やはり菊池と同意見であることがわかる。

もし、この見解が正しいとすれば、鍛冶橋頭骨が発見された問題の場所は、中世の前島または前島の森木村であったにちがいない。

と述べている。

「円覚寺文書」

江戸前島は東京の川と海にかかわる歴史の中で、もっとも中心的かつ決定的な役割を果した場所だった。江戸前島という地名が史料で最初に確認されるのは、『日本人の骨』の紹介どおり頼朝が武蔵に上陸した年から八一年後の弘長元年（一二六一）十月三日づけの「関興寺文書」である。この文書は平重長から五代右衛門尉にあてた書状で、「武蔵国豊島郡江戸郷之内前島村は先祖の所領に□相伝仕《つかまつり》候《さふらひ》し処に此両三年飢饉之間百姓一人も候はず」——つまり平重長が先祖から相続した江戸前島では、この二、三年来の飢饉で百姓が一人もいなくなったことを、五代右衛門尉に知らせたものである。

この平重長も五代右衛門尉も、いまだかつて江戸の歴史の上には登場しなかった人物であり、重長がいつ前島村を相続したのか、また彼らと関興寺とはどのような関係にあったかなどということは、現在のところ一切が不明である。しかしともあれ「江戸郷之内前島村」（以下、「江戸前島」と呼ぶ）という地名が、この文書で初めて現われた。

その後、五四年間も江戸の歴史には空白期間がつづいたのち、正和四年（一三一五）の時点で、江戸前島が鎌倉の円覚寺の所領になっていたことをしめす文書が、「円覚寺文書目録」（円覚寺第一〇世住持だった東明恵日の編）の中に「前島村」として現われる。

この文書は『鎌倉市史』史料篇第二「円覚寺文書」の第七〇号文書として収録されているものである。そして興味深いことは、この時点でさきに葛西清重に与えられた丸子庄も、円覚寺領になっていることで、武蔵国にある円覚寺領は「円覚寺文書」の記載形式にしたがえば、「武蔵国　江戸郷内　前嶋村、丸子保《まるこのほ》内　平間《ひらま》郷《ごう》半分」の二カ所であり、以後必ずこの二カ所は、ひと組になった形で記載されつづける。平間とは大永年間（一五二一〜二八）に成立したといわれる川崎大師で有名な平間寺《へいけん》のある場所であり、江戸前島と同じく多摩川河口の湊が円覚寺領に編入されていたことがわかる。

円覚寺が北条時宗によって正式に成立したのは、二度目の蒙古来襲のあった翌年の弘安五年（一二八二）のことで、治承四年（一一八〇）の頼朝の旗上げから数えると一〇二年後のことである。この間に江戸前島は平重長—関興寺に属した時期もあり、平間は葛西清重の所領だった時もある。この二カ所がいつ円覚寺領になったかは不明だが、「円覚寺文書」の限りでいえばこの二カ所は正和四年から、徳川家康が江戸入りをした天正十八年（一五九〇）までの二七六年間は円覚寺領だったのである。ただし『国史大辞典』によれば、この二カ所の文書は「応永二十六年以後不見」とある。

前掲の五点の文書のうち最初の「関興寺文書」のほかは、『鎌倉市史』史料篇第二に収められた「円覚寺文書」にあるものばかりである。ここで簡単にこの史料集を説明すると、本寺である円覚寺と、その塔頭《たっちゅう》（子院）である雲頂庵、臥竜庵、帰源院、蔵六庵などのもので、合計四八九通の文書が活字化されている。そしてこれらの文書群の年代は天養元年（一一四四）から慶安元年（一六四八）までの、約五〇〇年間の期間にわたる（年代未詳文書は除いた)。

この文書群の特徴は、円覚寺の宗教活動を中心としたものではなく、荘園や所領の領主としての状況を示すものが大部分をしめる。つまりその時々の権力者が円覚寺に荘園や領地を寄進したり、安堵《あんど》(それまでの〝所有権〟を、新しい権力者が再確認すること)したことをしめす証拠書類が中心である。

円覚寺の宗教上の沿革は、弘安五年(一二八二)に北条時宗が宋からの渡来僧である祖元を開山として建立した寺である(ただし「円覚寺文書」にはそれ以前の〝原型〟に関連する史料もふくまれている)。現在は臨済宗円覚寺派の大本山であり、中世から建長寺についで鎌倉五山の第二位の大寺として知られる。この鎌倉五山の系列とは別に、鶴岡八幡宮、建長寺、円覚寺、松が岡(東慶寺のこと)の一社三寺は「鎌倉四カ所」と呼ばれ、鎌倉時代から江戸時代まで寺領の大きさでも、その時々の権力者からの優遇のされ方も、特別なものがあった。

それゆえに「円覚寺文書」に見られる権力者の顔振れは豪華である。歴代の「太政官」や「宣旨」(天皇の公文書)をはじめ、源実朝の次に将軍になった藤原頼経以下、北条時宗・高時、後醍醐天皇、足利尊氏・直義・基氏・義詮・義満・氏満・持氏・義政などの歴代将軍と関東管領=鎌倉府の首脳と、その事務執行者である上杉氏などの累代の名も並ぶ。さらにそうした旧勢力を倒した戦国大名である北条早雲はじめ、氏直までの五代にわたる関東の覇者たちも、円覚寺の寺領安堵状を出している。また北条氏を亡ぼして天下統一をした豊臣秀吉、その後継の徳川家康・秀忠らも、それぞれ円覚寺あてに書状を出している。

このことは、南北朝対立期の動乱や、その後長く続いた関東の争乱期、そして戦国時代を通じて、「鎌倉四カ所」で代表される社寺が俗世の権力者たちから絶えず〝永世中立国〟的な取り扱いを受けていたことをしめす。

「鎌倉四カ所」の一つの松が岡の東慶寺は「かけこみ寺」として有名だったが、江戸時代になってもこの寺の「女性の緊急避難所」としての〝中立国〟性が、徳川幕府から認められているように、中世の「鎌倉四カ所」をはじめとする社寺の〝中立国〟性は相当に強いものがあった。

円覚寺の所領

この〝中立国〟の領地は、「鎌倉四カ所」に限らず畿内の古代からの社寺の場合も、一カ所にはまとまっていない。それは時の権力者が事あるごとに領地を社寺に寄進(寄付)したためである。別の見方をすれば、権力者は社寺領を一地域にまとめずに、できるだけ分散させる配慮を、時代を通じて行なってきたともいえる。

正和四年(一三一五)にはじめて「前島村」が現われる「円覚寺文書目録」では、円覚寺の領地は七カ国に分布していた。そのそれぞれに、〝中立国〟性が強く認められていたことはいうまでもない。そして少なくともこの時期——南北朝対立期——から江戸時代初期まで、江戸前島は約二七六年間にわたって、周囲の武家の争乱には直接的には無関係な地域として存在していたのである。

正和四年より六二年後の永和三年（一三七七）当時の円覚寺領は足利氏からたびたび領地寄進があったため、領地はつぎのように拡大している（〔 〕内は引用者の注）。

尾張国　篠木荘〔春日井市〕／富田荘〔名古屋市中川区〕／国分村・溝口村〔名古屋市内〕
駿河国　浅眼〔浅間《せんげん》か〕荘内　東郷〔瀬名春吉・鎌田春吉・高松春吉〕・下嶋郷・佐野郷〔「春吉」については『大日本地名辞書』では「田制上の名目なるか」とある。東郷以下下嶋郷は現在の静岡市東南部。佐野郷は黄瀬川上流の足柄・足高山の間の地名〕
武蔵国　江戸郷内　前嶋村／丸子保内　平間郷半分〔江戸と多摩川河口部〕
上総国　畔蒜《あびる》荘内　亀山郷〔君津市久留里南方、清澄山にいたる養老渓谷にある〕
下総国　大須賀保内　毛成村・草毛村〔佐原市西南の桜田・伊能・大栄付近〕
常陸国　小河郷〔茨城県霞ヶ浦北岸部、後出の「内川廻し」航路の起点でもある〕
上野国　玉村御厨《みくりや》　北玉村郷〔群馬県倉賀野付近〕
出羽国　北寒河江荘内　吉田・堀口・三曹司・両所・窪目〔山形県寒河江市西方の最上川沿岸〕

越前国　山本荘　泉郷・船津郷〔福井県鯖江市付近〕
越後国　加地荘〔新潟県新発田市付近、加治川流域〕

などの広い範囲に分布していて、荘・保・郷・御厨などの当時の〝行政区分〟の中に、円覚寺領が割り込んだ形にあったことがわかる。

この文書から四二年後の応永二十六年（一四一九）の「鎌倉御所持氏御教書」では、さらに下総国の「印西条内外」、上総国亀山郷ならびに「沼田寺、同国土気郡堀代郷駒込・赤塚両村、同国一宮庄内　南上郷、同国望東郡金田保内　大崎村、常陸国真壁郡内　中根村」など計七カ所も領地がふえている。なおこの文書では永和三年には、「江戸郷内　前嶋村」と書かれていたのが「江戸前島森木村」と変っている。これが地名としての江戸前島の最初の記録である。

円覚寺領の立地条件

これらの円覚寺領の大部分は、河川の合流部や河口部、海岸の沖積地に分布し、内陸部の場合でも交通の要衝をしめていた点に特徴が見られる。

その代表的な例をあげると、最古の円覚寺領である尾張国冨田荘の場合は、現在の名古屋市中川区富田町であり、その原型は〝庄内川河口〟の沖積地と自然堤防のある地域で、海・川・陸の接点そのものであり、地形的には江戸前島に酷似している所である。「円覚寺文書」中にこの冨田荘の図（国重文。嘉暦二年・一三二七と暦応三年・一三四〇作成説がある）があり、『鎌倉市史』史料篇第二にはそれを読みやすく書きなおした図が掲載されている。その図は愛知県の郷土史・地方史関係の著書に、しばしば引用されているのが見かけられる。

この江戸と尾張の冨田荘、そして「丸子保内　平間郷」などが河口部の領地であり、同じ条件の場所として駿河の「下嶋郷」などがある。内陸部では上総の亀山郷、出羽の北寒河江荘、越前の船津郷、越後の加地荘などが、いずれもその地方の代表的河川の流域にあって、十五世紀の都市の立地状況をしめしている。

このように「鎌倉四カ所」で代表される寺社領の多くは、広大な田畑による生産地としてではなく、水陸の交通の要衝に配置されていた。地形に即していえば個々の流域や湾域ごとに成立していた経済圏の中心に寺社領が置かれ、それを足場に鎌倉や京都・奈良などの寺社、つまり寺社領にとっての中央と流通関係を結んでいた。

また坂東の大福長者と呼ばれた江戸重長以来、十五世紀後半の海外貿易の盛んだった時期に「東武の一都会」と謳われた江戸湊は、時代によって盛衰があったとしても、東京湾最奥部の流通基地として続いた。戦国大名の北条氏が江戸湊をのぞく東京湾沿岸の浦々湊々から浦銭を徴収していた記録が多く残るように、円覚寺もまた江戸湊から北条氏の浦銭に相当する収入を得ていたのである。

浦銭とは現在風にいえば「港湾施設使用料」ともいうべきもので、一種の税金である。こうした現金収入が戦国大名や荘園を持つほどの大きな社寺の重要な財源になっていたことはいうまでもない。

鎌倉時代から江戸時代までの約五世紀の間の日本全土は、武家の弱肉強食の時代だった。その中で寺社領という〝永世中立国〟的な機能が永続したのは、その周辺の武家勢力が寺社領という名の流通機能のある場所を必要としたからにほかならない。孤立的・閉鎖的な村落共同体の集積だともいえる武家領にとって、寺社領の存在は外界に通じる唯一の〝窓〟的存在だった。

しかし信長・秀吉・家康の天下統一の過程で、この中立性は次第に解体・変質させられていき、ついに寺社領は武家一般の所領のあり方と同じ取扱いを受けるまでになった。近世の到来は、寺社領の宗教的・経済的役割が、天下人によって否定された時に始まったといえる。

伊勢湾と東国

ここで中世の伊勢湾と東国、とくに鎌倉を結ぶ海上交通の一端を、「円覚寺文書」を通じて概観してみよう。江戸を主題とする本書で、なぜ突然のように伊勢湾と東国との関係を取り上げたかというと、それには理由がある。家康の江戸居住――本拠地としての江戸の指定――は、秀吉の指示によるものだった。

この秀吉の指示に、家康自身もその家臣たちも一様に戸惑ったことが諸書に採録されているが、これで推定されることは、江戸に関する〝情報〟は、家康よりも秀吉の方が豊富だったということである。

そうだとすると秀吉は何によって東国における江戸の地の特性を知ったのかという疑問が生じる。とくに秀吉の当面の敵であった、関東の覇者と呼ばれた戦国大名の小田原の北条氏でさえさして重要視しなかった江戸を、秀吉がわざわざ指定したということは、それなりに理由があったと考えられる。

ところがここで取り上げる「円覚寺文書」には、伊勢湾およびそこに流入する多くの河川流域に成立していた円覚寺領で代表される荘園と、その領主との間の具体的な交流状況がみられる。つまり伊勢湾圏と鎌倉との〝日常的〟な海上交通の有様がわかる。

このことは鎌倉と伊勢湾圏以外の地域、例えば鎌倉と同じ円覚寺領があった江戸の関係についても事情はほとんど変らなかったと見てよかろう。つまり鎌倉円覚寺領という荘園に局限しても、鎌倉を中継して伊勢湾圏の人々と江戸の人々との間には、相当濃密な地域の情報が交流していたと考えられる。

それゆえに伊勢湾圏を制圧することで〝のし上った〟信長・秀吉主従にとって、東国水運の中心地江戸の存在は、かなり〝常識的〟な存在だったことが推定される。
以下このような視角にそくして、「円覚寺文書」で伊勢湾圏と鎌倉間の交流をみることにする。

鎌倉との交通

この中で、その荘園と鎌倉との具体的な交通事情が書かれている文書は、私の計算では一二点ある。以下史料篇中の〔 〕で示された文書番号順（各文書作成の年代順）に、それぞれの文書のタイトルだけを紹介し、その後にその文書の大意を読みくだした形で紹介しよう。

弘安六年（一二八三）九月づけ「円覚寺米銭納下帳」〔一四〕は、尾張国富田荘（現、名古屋市中川区）から、円覚寺へ納入の年貢米一四二八石八斗を鎌倉まで運んだ記録である。

正応六年（一二九三）六月二十五日づけ「北条貞時書状」〔三二〕は尾張国篠木荘（現、春日井市篠木町）を円覚寺造営料所とする旨の命令ないし告示書である。この「造営料所」を、現物納入役《やく》とみるか金納とみるかは、この文書をみただけでは不明だが、後出の各文書の例からみると材木その他の造営材料の現物を供出したものと思われる。つまりこの場合もまた河川を経て海路、鎌倉に運搬したのである。

元亨三年（一三二三）の「北条貞時十三年忌供養記」〔六九〕には、円覚寺の法堂と建長寺の華厳塔を新築するため、とくに円覚寺法堂建築に要する材木採取の場所として、伊豆国土肥山、相模国奥三保《おくさんぼう》、同国鳥屋《とや》山が指定されている。奥三保は神奈川県津久井郡の現在の相模湖辺の古地名であり、鳥屋山もその付近または愛甲郡奥三保とあるので、両者ともさして隔った場所ではなく、古くからこの地方は材木採取地として知られた地域だった。この相模北部から鎌倉までは河川の舟運または筏によったものだということはわかるが、土肥山からのものはどう考えても伊豆半島の西岸から、海路鎌倉に輸送したものとみてよいと思われる。ということはこの海路こそ江戸城の石材輸送航路の原型だったともいえる。

「南禅寺山門料材ノ注文」〔二〇二〕という文書があるが、これも名古屋（富田荘・篠木荘）からの材木を京都まで送るというもので、その経路を考えてみると興味深いものがある。方角をかえて同じ関東の房総半島から東京湾を横断して鎌倉に資材を輸送した時の例として、応安八年（一三七五）二月二十五日づけ「関東管領上杉能憲奉書」〔二〇六〕では、足利氏満の名で円覚寺造営料として上総国亀山郷の用木運送人夫を徴用するため、安房一国の《何《なん》らかのアガリ》を寄付するという内容のものである。

続いて同年七月五日づけの同じ「上杉能憲奉書」〔二〇八〕では、関東一帯の河・海・陸の関所に対して、円覚寺造営料材木に課税（関銭徴収）をしないようにという通達を出している。

永和二年（一三七六）十月二十六日づけの「心省今川範国書状」〔二一一〕は、駿河国にある円覚寺領の年貢等は、江尻津（駿府＝現在の静岡の外港）より鎌倉に送るようにという通達文である。これは明瞭に海路で江尻と鎌倉間の定期航路が成立していたことを物語るものといえる。

つぎに美濃の河川交通の一端がわかるものとして、応永二十九年（一四二二）十月十六日づけ「美濃国守護土岐持益遵行状」〔三三六〕では、守護の土岐持益が美濃の国中の「河上関々奉行人」に対して、河上の関々は円覚寺正続院造営用材の筏一〇〇乗に対して、関銭を取ってはいけないと訓令している。ただしその免税範囲は「河上より綱場に至る三綱分」とある。綱場といい三綱分という「綱」は、曳き舟用の綱、つまり綱で舟を曳く人夫代を含んだ概念であったろう。

織田と鎌倉

とくに尾張国と江戸との関係の〝原点〟を示すものとして、応永三十年（一四二三）八月四日づけ「尾張国守護代織田出雲守入道常竹書状」〔三三八〕がある。その内容は洪水のため美濃から漂流してきた円覚寺正続院造営用の材木は、同寺の材木奉行に渡すべきである旨を、木曾・長良川沿岸の〝連中〟に通達しているものである。

この守護代織田出雲守入道常竹について、歴史学者の奥野高広氏は『国学院雑誌』（第六二巻第九号）中の「初期の織田氏」という論文の中で、常竹の系統から清須（清洲）織田氏が続いたと解している。この常竹文書に続いて翌年の応永三十一年(一四二四)五月八日づけの「伊勢国守護一色義範書状」〔三三九〕では、将軍足利義持の名で、円覚寺正続院造営料の材木を伊勢国桑名から海路鎌倉に運ぶことを命じたものがある。そして次の同年七月二日づけの文書〔三四〇〕は、その材木の受取り状で八寸方柱(八寸角の柱材)から五寸方柱、二間板、同柾の合計一七七六本が輸送されたことがわかる。続く文書〔三四一〕では、その材木輸送費用として材木船三艘の運賃をはじめ、それぞれ細かい項目を立てて費用が書き上げられている。

この時点から約一七〇年たった天正十八年(一五九〇)に、織田出雲守入道常竹の系譜を引くといわれる信長の後継者の秀吉が、家康を関東の江戸に本拠を指定して移封させたのである。このことは秀吉自身に、というよりむしろ現在の中京圏一帯に、かなりくわしい鎌倉および東国についての情報が地域の人々の共通の意識として蓄積されていたということである。

改めていうまでもなく、常竹入道が直接信長の先祖であろうとなかろうと、木曾・長良・揖斐の三大河川の合流する巨大デルタ地帯に生活する人々にとって、河川の舟運とそれに続く伊勢湾の海運の存在は、彼らの生業そのものだったといってよかろう。

そしてその海運活動の一端が、たまたま「円覚寺文書」という非常に限られた視野の中で明らかにされたわけなのだが、その実態は現在われわれが想像する以上に、広範囲にして多彩なものがあった。

しかもそれは冒険的航海によるものではなく、定期的な物資輸送航路によるものだった点で、中京地区と鎌倉・関東の交流は、それぞれの地域の共通的な情報であり記憶だったのである。

秀吉の「江戸指定」は決して彼の一時的な思いつきなどではなく、少なくとも「円覚寺文書」に関していえば、一七〇年来の〝地域の記憶〟の実用化だったのである。

江戸時代のことだが、幕府は家康の江戸入り以前からの江戸町人の調査を度々行なっている。その具体的な回答は例えば『東京市史稿』市街篇・産業篇などに見られるが、江戸には信長時代から相当数の町人が渡ってきていることがわかる。領主が誰であれ地域間の〝モノ〟の動き、すなわち人の動きは、武家勢力の消長の枠外で、独自に活発な動きを示していたことがわかる。

家康の江戸入り直後の江戸をよく描写しているといわれる『落穂集追加』の有名な一節に「一町のうち伊勢屋ののれんをかかげる店はその大半を占める」というくだりがあるが、これは家康が江戸に入ったために伊勢商人が急に集中し始めたというより、むしろ江戸に前からいた伊勢商人を「町」に集住させた結果、「一町のほとんどが伊勢屋」という現象になったのだろう。

ふたたび「中世」にもどると、「円覚寺文書」に見る伊勢湾と鎌倉、江尻津と鎌倉、または土肥と鎌倉で代表される海上交通と並行して、先に見た江戸氏の「苗字書立」の文書の年号のとおり、ほとんど円覚寺と熊野の関係者は、同時期に太平洋岸に海運網を持ち、熊野などは鎌倉を通り越して東京湾内に盛んな〝伝道キャラバン〟をしていたのである。

こうして〝海上の道〟をたどる人々も、また多様な系譜の人々が、多彩な活躍をしていた。

遠州灘の熊野――現在も毎年四月に盛大な祭りをくりひろげる静岡県小笠郡大須賀町の三熊野神社は、大須賀町の旧名である横須賀時代から同町の鎮守である。横須賀はじめ遠州灘には多くの湊が存在したが、何回かの大地震により、ほとんどの湊町がその機能を失った。横須賀の場合もその例外ではないが、大須賀町では現在でもなお「三熊野神社」の祭礼を行なうという形で、中世から近世にかけての海運繁昌期の記憶を残し続けている。

第二章　奪われた江戸前島

1　家康の江戸入り

家康と江戸

　東京の直接の前身である近世の江戸は、一般的には天正十八年（一五九〇）八月一日に家康がいわゆる「江戸入り」をした時点から始まったとされる。つまり家康が秀吉から江戸を本拠として、関東六カ国を統治することを命令され、この年の八月一日に道灌以来の江戸城に入城した時から近世都市江戸は発足したことになっている。

　しかし少なくとも慶長三年（一五九八）に秀吉が死ぬまでの八年間、あるいはその五年後の慶長八年（一六〇三）に、家康が実質的な日本の主権者としての将軍になり幕府を江戸に開くまでは、家康にとっての江戸の「位置」は非常に不確定なものだったと思われる。

　その理由は幾つかある。第一に、天下人秀吉の前では大名の身分は大変に不安定だったという条件がある。東海五カ国の大名だった家康が、関東に移封を命じられた時、同時に信長の子の信雄《のぶかつ》も家康の旧領へ移封を命じられた。しかし信雄はその命令に不服を唱えた途端に、秀吉から大名の地位を剝奪されて追放されている。この有名な話でもわかるように、大名には何の〝身分保証〟もなかったのが歴史的事実だった。家康の関東の新領地にも、〝辞令〟一本でいつ異動させられるかわからないという政治的状況があった。

それゆえに家康が、「江戸入り」直後から、のちの大江戸の姿をその都市計画の目標に置いて、「着々」とその実現のための手を打ったという〝神話〟は、全くあり得ないことだった。むしろ諸書に見えるように、彼の家臣たちがくり返し、「関六州の太守」にふさわしい城づくりを進言しても、その都度〝いらざる立派だて〟だとしてしりぞけていたことは、彼が天下人に仕《つか》える大名の非力さをよく自覚していたからにほかならない。

第二の理由は、家康には異常なほど強い〝上方《かみがた》指向〟があったことである。彼が「江戸入り」したのは五〇歳の時で、その後元和二年（一六一六）に没するまでの足かけ二七年間の彼の後半生の中で、江戸在住の期間は延《の》べにしてわずかに約五年一カ月にすぎない。このように在住期間の長短だけでいえば、家康と江戸はまことに縁が薄かったのである。

これを少し具体的に、例えば「徳川家康公詳細年譜」（『徳川家康公伝』中村孝也編、東照宮刊）で見る限りでも、前にふれたとおり天正十八年から慶長八年の将軍就任までの一三年の大部分を江戸以外で暮しており、慶長十年（一六〇五）に秀忠に将軍職を譲り、将軍は徳川の世襲制にすることを天下に明示したのちも、なお江戸の隠居城である西丸には入らず、駿府城の完成までは京と伏見に在住しているという具合である。

これは彼の最終目標が大坂の豊臣勢力の根絶にあり、そのために常に上方の〝最前線〟で指揮をとる必要があったためだとも解釈できるが、およそ天下人としては他に例を見ない、本拠地江戸の存在を無視した行動だったといえよう。

そして慶長十二年（一六〇七）三月以降、江戸城は将軍秀忠にまかせ、自分は駿府城に入り本格的に海外貿易主管者として活躍をし始める。やがて大坂冬・夏の陣の二回の大坂行きを最後の旅として駿府城に没する。

このような経過をみてゆくと、彼が江戸をどれくらい本気で本拠地と考えていたかは、大きな疑問でさえある。

関東の位置

こうした家康と江戸との関係の原因となった秀吉側の事情を改めて整理してみよう。秀吉の「小田原征伐」は彼の天下統一の最終段階ではなく、小田原の北条氏を滅ぼした後、ひき続いて奥州征伐を日程に入れて行動したものだった。その詳細はここでは省略するが、この場合の「奥州」は、たとえば秀吉の天正十八年（一五九〇）四月十三日づけおよび五月一日づけの書状で代表されているように「日の本《ひのもと》」と表現されている地域だった。

秀吉の場合、全国を意味する「日本《にほん》」と、関東に続く「奥州」ないし現在の「東北地方」を意味する「日の本」とは、明らかに区別されていた。つまり秀吉が目指した天下統一の「天下」の範囲は、本州島の関東地方以北の「日の本」を含む範囲だった。そしてこの「日の本」を視野に入れたということは、地理的には蝦夷島を意識したものであり、同時に奥州に現住するエゾの存在も視界の中に入っていた。

それゆえに秀吉が家康を関東に移封させる前に、〝風聞〟または〝流説〟といった形で相当広範囲に、家康奥州移封説がバラまかれたことは、はなはだ意味深長なものがあった。

この辺の事情をたとえば『武備神木抄』でみると、

権現様（家康のこと）奥州五十四郡へ国替有べきかと風聞せしに依て、井伊本多榊原等の諸将、遠国へ国替有ては、御弓矢天下に及べき事有べからずと密々嘆きける。是を聞召して仰有けるは百万石の増封あらば、奥州にてもよし、物成の善悪にも構ひなし、人数多く持、五万をば残し、五万を引率して今上洛せば、天下に恐るゝものなしと、御意なり。然る処に関八州《ママ》を進ぜらる。

とあり、読み方によっては家康は案外奥州へ本気で移封されることを覚悟していたような内容である。

当時の「関東」の意味は、文字通り上方の勢力圏の境界にある関所の東という位置づけに重なって、秀吉のいう「日の本」すなわち奥州の最南端の湊《みなと》地帯としての意味を持っている場所だった。

第三章に述べるように、小田原の北条氏の領国は「関東」を二分する大河利根川の右岸一帯に限られ、左岸つまり奥州側には、その勢力は及ばなかった。家康が「関六州の太守」として移封された範囲は、房総半島の部分を除いて、大部分が旧北条領だった。秀吉が小田原城を陥落させた後に、引き続き利根川を越えて「日の本」に向けて進軍したのは、「日の本」を「征伐」しなければ天下統一が完成しなかったためである。それゆえに、秀吉の側近に引き寄せられて、その政治を補佐し続けていた家康としては、奥州移封説をある程度以上の現実的な問題として受けとめていたともいえるのである。

これまで一般的にいわれてきたように、秀吉がその最大のライバル家康を、上方から遠く離すために関東経営という大役を与えたという説明は、もう一度検討しなおす必要がありそうである。

「関東」といい、それを二分する大河利根川といい、また奥州最南端の湊といった、いわば漠然とした表現の中で、その具体的な場所はどこかということになると、地図に即して説明するまでもなく、地形的には西南日本と東北日本が〝逆くの字〟の形に、利根川の河流の線で接続する場所である。同時にそれは古代から中世にかけては、京都政権の勢力とエゾ以来の「日の本」勢力の境界線でもあったし、多くの民俗の違いの境でもあった。

そしてその利根川は東北日本全体の山脈《やまなみ》と河流の方向を、延長するような姿で東京湾に注いでいた。その河口、つまり奥州《みちのく》最南端の湊がここで問題にしている江戸の地なのである。

江戸前島のゆくえ

秀吉は家康を円覚寺領江戸前島の対岸の江戸城に入城させた。しかしその直前の天正十八年（一五九〇）七月二十三日づけで、秀吉の方針としては「鎌倉四カ所」の所領には手をつけないということを明示した文書を出している（『鎌倉市史』「円覚寺文書」中の塔頭「帰源院文書」、この史料集の史料番号四七五号文書）。以下四七七号文書までの三通は、その指令を確認し周知させるためのもので、秀吉・家康双方の奉行（事務官僚）の事務連絡の文書である。

このことで家康が八月一日に江戸入りした当時は、江戸前島は法制上は家康の領土ではなかったことがわかる。しかし翌年の天正十九年四月九日づけで家康の奉行の彦坂元正が「散在」していた円覚寺領をとりまとめて、鎌倉の山内・極楽寺両村内に寄せ集めて、円覚寺に渡す旨の文書がある（四七八号文書）。

この「散在」が中世以来の一〇カ国におよぶ円覚寺領だったのか、または鎌倉付近に「散在」したものをまとめたものかは、文書をみた限りでは不明だが、ともあれ「散在」した所領合計一四四貫八四二文は、「従来通りの貫高」で、山内・極楽寺両村にまとめられている。この処分は前の三通の確認文書の場合と同じで、家康が独自にやれることではなく、秀吉の承認を受けた上での処置だった。

ふたたび彦坂元正の文書にもどると、それ以後の文書では「鎌倉四カ所」という表現は消えて「鎌倉寺社領」と変り、円覚寺に対する行政措置も家康の奉行たちの統制に移行する。それには直接江戸前島という地名はでてこないが、天正十九年四月以降江戸前島が家康の所領に取り込まれていったことを推察させる変化だった。

秀吉の最初の方針がいつこのような結果になったのかは、現在ではわからない。当時秀吉はまだ健在であり、したがって秀吉の承認がなければ、こうした扱いにはならなかったはずである。

これを家康側の史料（家康関係史料の網羅的収集で成立したことで知られる『徳川家康公伝』の第一四「社寺統制」の項の(2)「天正十九年関東諸国の社寺に対する事例」）でみると、「天正十八年入国の年にはほとんど所領（寺社領）に関する所見なし」とした上で、翌十九年五月の家臣宛の所領交付状の中に、寺社領だった分が二四通、十一月の直領地の寺社に対する所領寄進状が相模三四通、武蔵三八通、上総・下総に一四通発行されたことが書かれているが、この時点では江戸前島は家康の所領ではなかったために、当然のことながら円覚寺の名は見られない。つまり江戸前島の帰属に関する史料は、秀吉側にも家康側にも円覚寺にも見られないのである。

その後の経過を簡単に「円覚寺文書」で見ると、家康が将軍に就任した二カ月後の慶長八年（一六〇三）四月に、円覚寺の塔頭の住持を任命した書状、慶長十九年（一六一四）に秀忠が円覚寺一五六世住持を任命した書状、および元和三年（一六一七）に円覚寺の所領を安堵させた書状などがあり、円覚寺はその人事権も所領についても、完全に幕府の統制下に入ったことをしめしている。

以上をまとめてみると、少なくとも慶長八年二月十二日に家康が将軍に就任するまでは、江戸城の目前にある江戸前島は、当時の法制上は徳川の自由にならなかった土地だった。

しかし実際には家康の江戸入り直後から、江戸前島にのちにふれる道三堀などの工事を起こしているわけで、大筋からいえば秀吉の中世以来の社寺荘園領解体の方針があったとしても、家康（とその官僚）の江戸前島の取り込みという、不法行為があったことは明らかである。

徳川幕府の施政方針は儒教の道理にもとづく法治主義であり、やがてそれは「元和偃武《げんなえんぶ》」という平和主義に至るのであるが、こと江戸前島に関しては、家康の江戸入り直後から始まる江戸の近世都市化の第一歩で、円覚寺領横領という法制にもとる出発をしなければならなかった。江戸前島を除外しては大都市江戸の建設は不可能だったための、やむを得ない処置だったとはいえ、家康の政治上の〝建て前〟からすれば、たいへん苦しい行為だったといえる。これを鋭く反映しているのが、さきにみたような天正十九年前後の円覚寺関係史料の欠落なのである。

こうした公文書に限らず、江戸時代には多くの官製・民間製の地誌が出版されているが、それらには江戸前島に関する記事は完全に抹殺されている。

多くの江戸の地誌の記述上の共通的な特徴は、江戸市街と江戸城がある程度出来上った時点から書かれはじめる。その最も早い時点は慶長八年（一六〇三）の幕府開設の年の記事であり、より具体的な記述になるのは、江戸と江戸城がいちおう整備された寛永八年（一六三一）以後のことである。くり返すが草創期の江戸の原型についての記述はほとんどないのである。

また地図の場合も同じで天正十八年（一五九〇）から寛永八年（一六三一）までの四一年間の、草創期の江戸に関する同時代作成の地図は全く発見されていない。こうしたことは地誌の場合とともに、江戸前島に関する〝言論統制〟がいかに厳重だったかをしのばせる。

2 徳川の江戸建設

大建設の実態

図6「家康入城当時の江戸」にみるような原型が、のちの大江戸と呼ばれる規模にまで拡大した過程は、現在のいわゆる〝都市づくり〟などのアイデアの参考にする目的もあって、絶えず問題にされ論じられつづけている。

こうした「江戸流行《ばやり》」の中で、事実に即して改めて確認しておきたいことが二点ある。第一は、近世都市としての江戸の立地上の〝意味〟の確認である。すなわち江戸は日本人の社会がはじめて臨海低地に意識的・継続的に都市を造った場所であり、さらに一歩すすめて海を埋め立てて海上に進出した場所だった。この海辺から海上への進出を文化史的にみれば、まさに日本人の都市の歴史の上での一大革命だった。

そしてこの現象はくり返し述べてきたように、当時の唯一の大量輸送手段としての水運と、その基地を確保するためのものであった。そのため従来の自然的条件を利用した形の

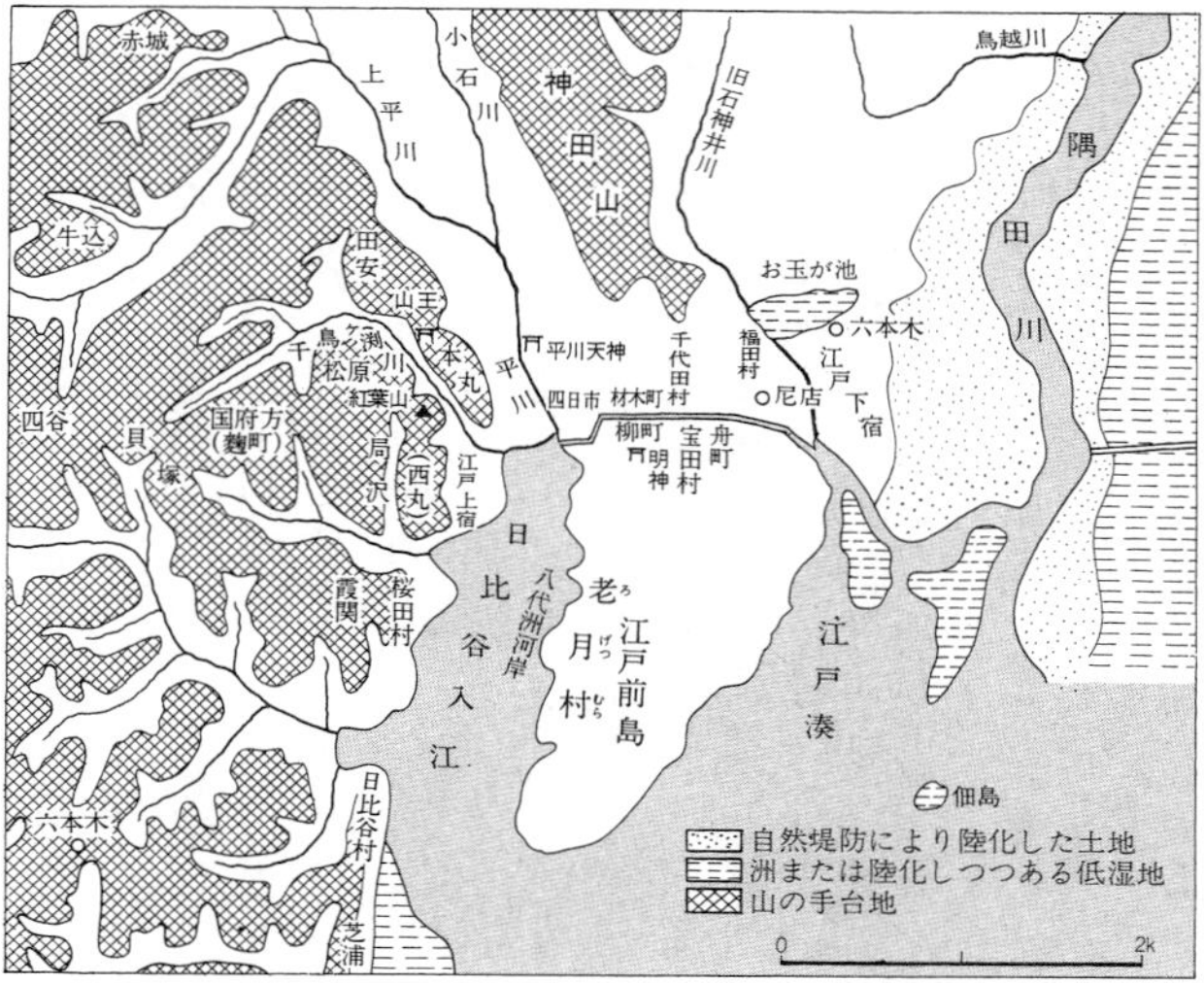

図6　家康入城当時の江戸——図1の江戸前島付近の拡張図。日比谷入江沿岸には日比谷村、桜田村、老月村などがあり、いずれも現在の港区内に移されて露月町などの町になった。平川河口を中心とする祝田、宝田、千代田各村はのちに大伝馬町、小伝馬町、南伝馬町と改称され、各村長は名主となり幕府の伝馬役を兼務した。港区の六本木—霞関—江戸上宿の道筋が小田原道で、のちの東海道の原型である。江戸上宿—尼店—江戸下宿—六本木（中央区日本橋横山町辺）—鳥越川口—浅草にいたる線は、奥州道の起点部に当る。

図の平川河口の四日市から尼店間にいたる水路が道三堀で、その両岸の材木町、柳町、舟町などは、家康の入城以後に成立した新しい町である。

また江戸上宿—紅葉山—松原—国府方—四谷の線が国府路＝後の甲州道であって、家康の軍団は府中からこのルートを通って江戸城に入った。

湊に、埋め立て・運河・船入堀などの人工を加えることによって、近世的な湊に再編成する作業をともなった。

こうした作業は必然的に全く新しい〝都市づくり〟の場面を出現させた。その代表的な事柄は、臨海と埋立地という条件のために、飲料水の自給自足ができない都市になったということだった。これはそれまでの集落や都市形成の〝常識〟からすれば、非常な発想の変化であって、その結果として神田上水・玉川上水といったような「不経済」な都市施設を開発しなくてはならない都市になった。

さらに臨海・埋立地といった低平な土地に都市を建設する場合に、上水が得られなければ、水道で他から補給すれば問題が解決するが、下水は水を〝消費〟したその場から排水処理を考えなければならない事柄である。

このため江戸、とくにその低平部の都市計画は、下水処理を最優先に考えた町割を実施している。当時は上・下水道とも自然流下だけに頼るものであったため、低平な土地における一寸（約三センチ）単位の土地の勾配――上・下水道溝の落差――をつけることは決定的に重要なことだった。

つまりこれまでの建築史学者を中心とした江戸都市計画論は、平面図だけでの論議であって、立面図や等高線による土地の凹凸の確認は全くされていなかったという特異性があることである。

第二は、大江戸形成までの期間と画期の問題である。この大建設は天正十八年(一五九〇)から万治三年(一六六〇)の間、将軍の代にして家康—秀忠—家光—家綱の四代、七〇年におよぶ大建設だった。そしてこの建設の特徴は、七〇年間絶え間なしに行なわれたのではなく、徳川の政治的役割の変化と社会の経済的成熟に応じて、段階的に行なわれた点にある。

つまり最初から大江戸の姿を目指したのではなく、その時々の必要をみたすために、まず最小限の工事が行なわれ、その結果が熟して新しい必要性が生れたときに、また建設が追加されるという形のものだった。

このような四代七〇年におよぶ江戸の都市的拡大の段階は、つぎのような時期にわけられる。

第一期……家康の江戸入りから幕府が開かれるまで(天正十八年・一五九〇~慶長八年・一六〇三)
第二期……幕府開設から豊臣家滅亡まで(慶長八年・一六〇三~元和元年・一六一五)
第三期……幕藩体制の確立期(元和元年・一六一五~万治三年・一六六〇)

第一期は徳川が有力大名だった時期であり、第二期は名実ともに天下をとる時期であり、第三期はそれを確立させる時期である。

以下、この三期のそれぞれの期間に、どのように江戸と江戸城が建設されていったかを見てゆくのだが、ここではその工事の施主と施工者の関係だけを確認すると、第一期は徳川家の自営工事であり、第二期の慶長八年以後はすべて天下普請というシステムによって施工された。

天下普請の内容については、後の項で改めて取り上げるが、ここではなぜ四代七〇年にわたる大建設が断続的に行なわれたのか、また最初から「大江戸完成図」ができていて、それを目指して建設工事をしたのではなく、試行錯誤のくり返しや失敗の積み重ねの上に、江戸と江戸城がいかに建設されていったのか、それらを含めて天下普請というシステムがどのように近世社会に関連し影響をしていたのかという、いわば天下普請の存在とその影響の大きさについて見ていきたい。

江戸前島掘り割り

図7および**9・10**は、家康の江戸入りから、いわゆる大江戸成立期までの間の、前項でいう第一〜第三期における江戸の変化と拡大の有様を、幕府側と天下普請に従事した大名側の記録によってまとめたものである。

図7でもわかるように、第一期の一三年間の江戸をめぐる工事は、図では一部しか見え

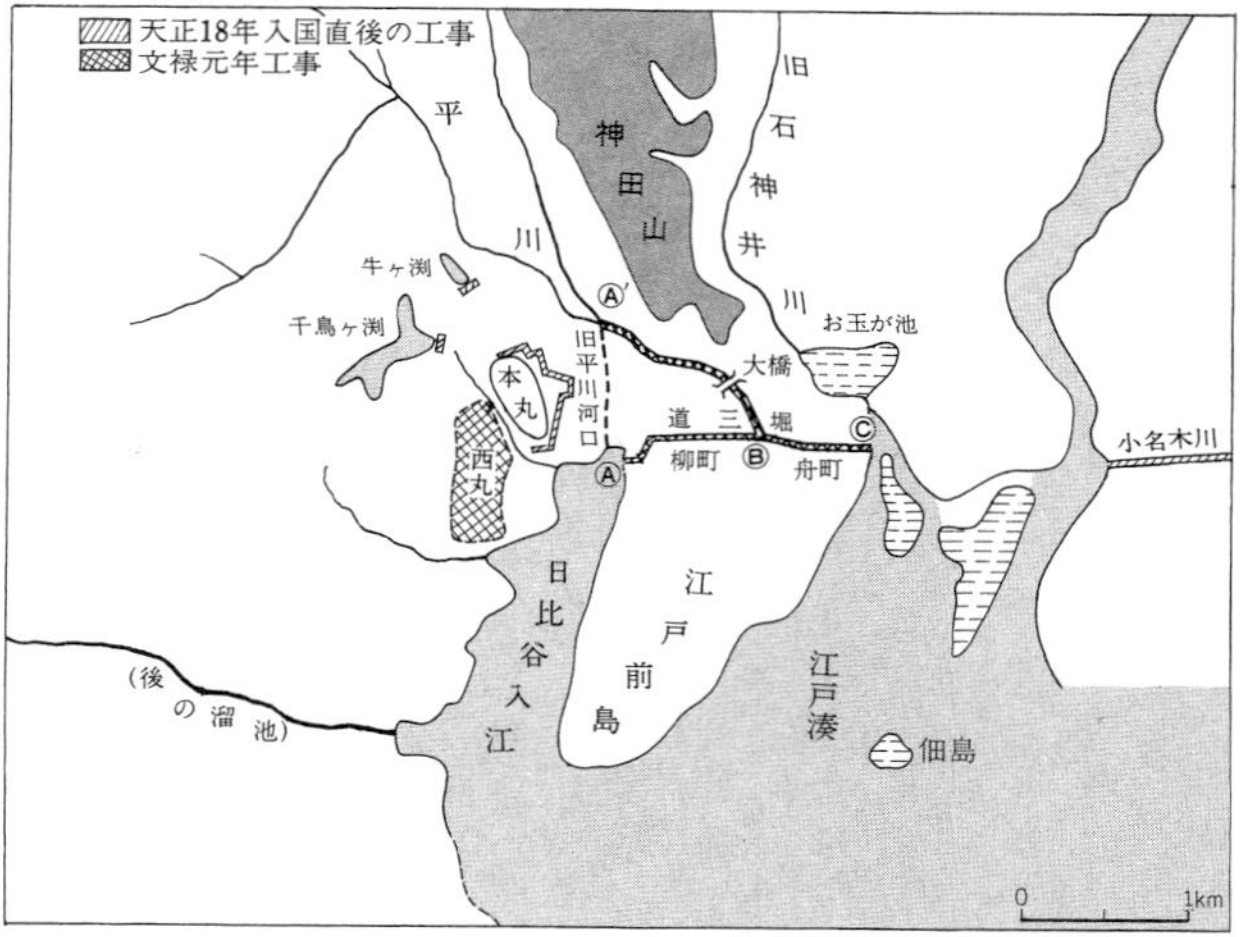

図7　徳川直営の江戸普請――この図は**図1・6**のような台地を示す等高線を省略した。以下図**9・10・14・15**の各図も同じである。これは各時期の江戸建設工事の場所と規模を明示するとともに、その変化を比較しやすくするためである。

天正18年（1590）の直営工事は二つの工事だった。一つは平川の付け替えで、目的は日比谷入江埋め立ての前提として、平川の流入を止めることにあった。新流路はⒶ′（千代田区一橋付近）から大橋―Ⓑ―Ⓒまでの現在の日本橋川の流路である。

この工事と並行してⒶ―Ⓑ間の道三堀も開削した。そしてこの流路の両岸に材木町、柳町、舟町、四日市などの城下町が成立した。その結果江戸前島は二つの運河で神田山から切り離され、日比谷入江と旧石神井川河口は直接水路で結ばれた。

もう一つは図の右端に見える小名木川の確定工事で、くわしくは**図8**で説明するが、この図では小名木川―Ⓒ―Ⓑ―Ⓐとほぼ一直線に水路が確保されたことを見てほしい。Ⓐ点が現在も皇居外苑の北端にある和田倉門跡、和田倉橋などに残る和田倉だった。ワタ・ワダは海を意味する古語だから、そのことば通り海からの物資の倉があったことを物語る。行徳からの塩はまっすぐにこの和田倉に運ばれた。

文禄元年（1592）の工事は、上水水源確保のための千鳥ヶ淵、牛ヶ淵の二つのダムの建設と、家康の“隠居城”としての西丸（現、皇居宮殿の場所）の建設であった。

ない小名木川工事を含めても、実にささやかなものだった。その理由は家康自身が秀吉の側近として、ほとんど上洛しっぱなしだったり、九州の名護屋に従軍したりしている中で、伏見城築城などの豊臣家に対する御手伝普請に動員され続けていたからである。このため図7中の工事はすべて徳川の直営工事であった。

この徳川の江戸工事の最初の地点が、半島状の江戸前島の〝つけ根〟を切り割る工事＝道三堀開削工事だった。これを命じられた江戸在勤の譜代の大名や旗本が、なれない土木工事に泣かされている有様を次に引用しよう。

江戸中の御普請の事も、本多佐渡殿皆御さしづ次第にて候。本多佐渡殿毎日明《あけ》七ツ(午前四時)ころ御普請場へ御出候ひつるまま、諸大名衆残らず、挑灯《ちやうちん》御たて、丁場々々へ御出になられ候。風雨雪中にても御懈怠《けたい》これなく候(中略)我等は御大名衆より尚もつて夜の内に普請に罷出《まかりいで》、朝飯は昼頃下され、夕飯《めし》は宿へ帰り、火たて毎日下され、臥候《ふせさうら》はんと存候《ぞんじさうら》へば、大雨の日は堀より揚候土、堀底へ流れ入候を、夜普請にシガラミをかき候てせき止め、又は堀の水を釣瓶《つるべ》にて五重六重かへ揚げ申候。さもなく候へば、明る日堀掘る事まかりならず候。惣侍衆も中間同然に鍬取、モッコウ持申候(後略)。(『正西聞見集』)

という具合であった。この当時は江戸に土木工事専門の労働力がなく、あったとしても秀吉の御手伝普請に動員されていたため、戦闘要員の侍たちまで建設工事にかり出されたのである。

なぜ場所もあろうに円覚寺領江戸前島のつけ根を切り開く工事を、江戸入り最初の工事にしたのであろうか。

行徳と江戸

家康が「江戸入り」直後に、道三堀開削と並行して新領地の領主として最初に実施した〝国土計画〟は、江戸城の修築や拡張ではなく、また市街地の町割でもなく、まず当時の東国の最大の製塩産地だった行徳《ぎょうとく》（現在の千葉県市川市）と江戸とを結ぶ沿海運河の建設だった。

塩は武田信玄と上杉謙信の有名なエピソードで知られているように、人間生活の必需品であり、同時に岩塩が産出されない日本列島では重要な戦略物資だった。いうならば当時の塩は現在の日本における石油と同じ程度の重要度を持つ物資だった。それゆえに家康はすべてに優先させて、利根川河口と江戸の一体化に着手したのである。

ここで改めて製塩産地行徳の〝意味〟を考えてみよう。当時の製塩技術は、のちに分類されたような揚げ浜式とか入り浜式といった技法の相違はさておき、要するに海水を天日にあてて水分を蒸発させて濃縮した液を、さらに釜に入れて煮つめて塩を作るものだった。

近代に入るまでは極端にいえば塩の自給自足は、すべての海岸線で行なわれていたといってよかった。しかし産業として製塩産地を形成させる第一の条件は、いわゆる「瀬戸内海型気候」などと呼ばれる気象条件ではなく、また広大な砂浜でもなく、燃料確保の難易がすべてに優先した。

先進産地である瀬戸内海沿岸の十州塩田の場合は瀬戸内海運による燃料供給と製品の搬出により産地が形成された。行徳の場合はいうまでもなく、利根川舟運による燃料供給圏とリンクする形で塩が流通していった。この塩の流通で代表される状況は、すべての物資の移動についても、同じ様であったのである。

前後するが、第三章の「内川廻し」（一八三ページ）の項でとりあげる埼玉平野の「河関」とは別の次元で、行徳は広い意味での利根川舟運の要《かなめ》の位置を占めていた。この行徳の「位置」を正確に把握し、江戸と直結する沿海運河を開発した家康の都市計画ならぬ国土計画的感覚は、たとえその江戸入りが秀吉の命令によったものであったとしても、並たいていのものではなかった。

行徳と江戸を結ぶ沿海運河の実態は、**図8**にみるように当時の〝広い意味での〟利根川河口の海岸線に沿って、安定的な水路を確保する工夫だった。

この水路は、**図8**の中川（現在の古利根川下流部、したがってある時期の利根川本流）を中

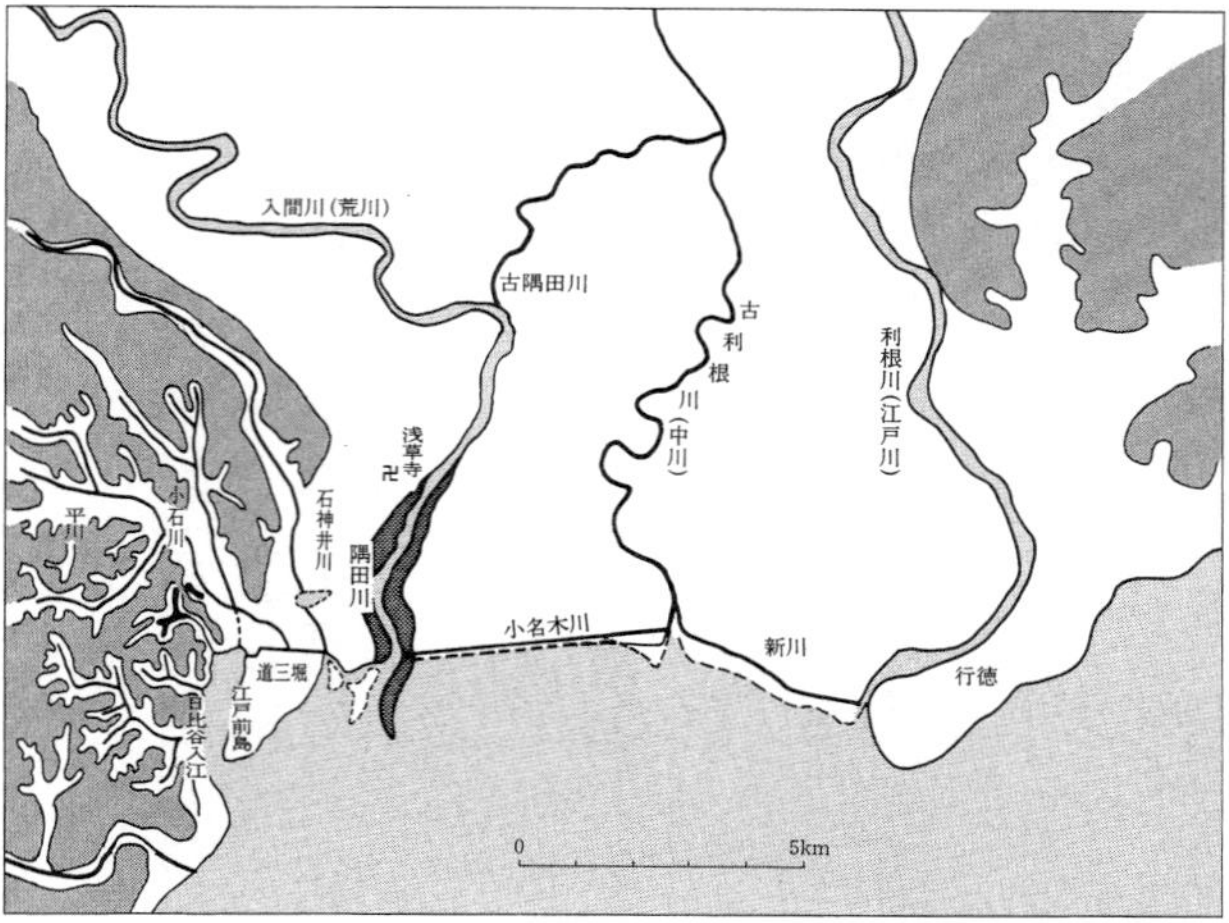

図8　江戸の沿海運河――手漕ぎの舟や小型帆船で河口を持つ海岸線沿岸を航行することは案外にむずかしい。とくに図のような三つの大河の河口を持つ海岸線の横断は非常に困難である。河流と潮流の衝突による複雑な渦や波の発生、それに従って風向も激しく変化したりする。そうした条件でも安定した航路が必要な場合には、沿海運河という工夫が広く世界の海岸でみられた。図のような江戸の沿海運河もその一例である。図の中川（当時の利根川の主流）を中心に、江戸側の海岸線に沿って小名木川、行徳側の海岸線に沿って新川の二つの運河を確定させたのが、家康の江戸入り直後の天正18年（1590）からの工事だった。なぜ「確定」かといえば、海岸線の汀線（波打ちぎわ）の内側に舟が通れる水路をつくり、汀線から外側、つまり海の方に杭を打ったり小規模な埋め立てをしたりして、海岸線を固定化、つまり「確定」する作業が沿海運河建設の第一段階だったからである。したがって工事量もあまり多くはなく、短期間に出来上った。そしてそれ以後、絶え間なく確定線の強化、すなわち汀線から南の方に埋め立てが続けられた（この埋め立ては現在も続行中だとさえいえる）。やがて埋立地の増加とともに沿海運河は内陸運河となり、広大な利根川流域と江戸とを結ぶ幹線水路となった。また東廻り廻船航路の一部としての「内川廻し」航路（本文参照）の中心的湊町の役割も持つようになった。

心として西側、つまり江戸側の隅田川河口までを「小名木川」と呼び、東側、行徳寄りの江戸川（中世は渡良瀬川下流の太日川、江戸時代初期から江戸川と呼ばれ、中期以後また利根川とも呼ばれた）河口までを「新川」と呼んだ、総延長約八・二キロの二つの運河である。

この水路はやがて日本列島規模の海運網のひとつである東廻り廻船航路の一部として組織され、明治中期まで江戸・東京の舟運の大動脈として存続した。つまり江戸の都市計画ないし国土計画は、小名木川・新川両運河で利根川流域と江戸とを一体化することから始められた。

そして道三堀は小名木川から入間川（隅田川）を経て、江戸城直下に通じる運河として計画され実現したもので、壮大な国土計画の部分そのものだったのである。

なお現在の気象庁（千代田区大手町一丁目）前のあたりから、日比谷入江に注いでいた平川も、道三堀工事とほぼ同時期に**図7**中のⒶ′—Ⓑ—Ⓒの線、すなわち現在の日本橋川流路に付け替えられた。その工事はⒶ—Ⓑ間の道三堀が完成してからⒶ′—Ⓐを Ⓐ—Ⓑに切り替えたと推定されるが、残念ながら直接それを物語る史料はない。

しかし、現在の錦橋（千代田区神田錦町、図ではⒶ′の位置）—日本橋（Ⓑ—Ⓒの中間）—江戸橋（Ⓒ付近）間の、現在の日本橋川が自然河川ではないことは、この部分を通る営団地下鉄銀座線『東京地下鉄道史』、同じく丸の内線『営団丸ノ内線建設史』のそれぞれの「工事ニヨリテ得タル地質図」に明瞭に示されている。

江戸城の手直し

〝国土計画〟的観点からの行徳―小名木川路線の建設から、眼を占領直後の江戸城下に移すと、北条の支城時代のままの江戸城は、人であふれ返ったような状態だった。

天正十八年（一五九〇）八月一日に府中（現在の東京都府中市）に集結して、家康と共に現在の甲州街道を行進して江戸城に入った八〇〇〇人の甲州派遣軍団だけでも、江戸城とその城下町江戸の〝人口収容力〟をはるかに超えるものだった。

そして日を追って家康の旧領の東海五カ国からの家臣団とその家族と、『徳川家康公伝』の編者中村孝也氏の表現を借りれば「墓石までも運んだグレート・ミグレーション」によって、江戸移住の人口は急激に増加した。

当面の「江戸入り」直後の事情を考えても、歴戦の徳川軍団は兵糧の現地調達や宿泊施設の確保にはあまり困らなくても、当面困ったことは飲料水不足だった。北条五代九〇年の領国支配の期間に、江戸城が八王子城や鉢形城以下の支城の位置に甘んじていたのも、江戸城とその付近の飲料水供給能力が大部隊の常駐を許さなかったという事情があったためだった。

したがってすべての施策に先立って、飲料水確保が日程にのぼった。そしてその結果、城廻りの小河川をダムで堰き止めて、現在の千鳥ヶ淵と牛ヶ淵の二つの飲料水用ダムをつくった。

千鳥ヶ淵の場合は現在の皇居の坂下門辺を河口とする零細河川の局沢川《つぼねざわ》を、これも現在の国立近代美術館工芸館（旧近衛師団司令部）前の場所で、ダムによって堰き止めたものだった。そのことが立証できたのは、この場所を走る首都高速道路建設工事の最中の、昭和三十八年（一九六三）五月のことだった（詳細は拙著『江戸と江戸城』新人物往来社刊にくわしいので省略する）。要するに千鳥ヶ淵の成因——どの場所を堰き止めた結果、あのような水面が出来上ったのかという——への関心と、堰き止めた理由についての推定が、高速道路工事の際の発掘で明らかになったのである。なおこの局沢川は、第四章の「江戸の寺」（二四八ページ）の項で取り上げる「局沢十六寺」のあった谷筋のことでもある。

もう一つの飲料水用ダムは、北の丸公園東側の清水門外の牛ヶ淵である。これは現在の日本橋川（旧名は平川）右岸の河岸段丘と、武蔵野台地の東麓部の湧水線との間の低地に水を溜めたものだった。そのためのダムの名残は、現在でも清水門の前に明瞭に認められる。

この牛ヶ淵が飲料水用ダムだったことは、『一橋中学校講堂南側道路より出土した上水施設に関する報告』（昭和五十一年十一月、千代田区教育委員会刊）によって明らかである。

報告を要約すると、発掘された水道管は、牛ヶ淵ダムから日比谷入江に注ぐ平川の河口部の「汐入りの沖積地」だった現在の千代田区神田神保町—一橋—大手濠にかけた一帯に、給水するための管だったのである。

当然この埋立予定地の水道管は、毎日二回潮の干満ごとに海水に洗われた。その結果として木管と木製継手を連結する鉄製のカスガイに、カキが付着した。発掘品はその付着状況が非常によく保存された状態だった、ということである。

これによって江戸の最も基本的な都市施設である水道管の敷設方法が推定される。すなわち、まず埋立地を造成する前のビショビショした低湿地――潮干狩の干上った砂浜を想起されたい――に水道管を並べておいて、その上に順次土をかけながら埋立地を築き立てていったということである。木管が出土した地層がそのことを雄弁に物語っている上、この埋め立ても段階的に行なわれたため、カキが付着する時間的「余裕」も生じたのである。

この「カキつきカスガイ」の写真は、昭和五十一年十二月十八日の『読売新聞』夕刊にほぼ原寸大で掲載されている。

江戸の埋立地における上・下水道管は、現在のように、〝出来上った土地〟を掘り返して、敷設されたのではなく、実際には前述のような順序で施工されたことを確認しておきたい。

なおこのわが国の都市史の上で非常に貴重な遺物は、その意味を十二分に説明した文書とともに、担当部署に引き渡されたが、カキガラはまっ先に落された形で木管だけが辛うじて保存されている。

淵と池

江戸城の濠で「淵」がつくのはこの千鳥ヶ淵と牛ヶ淵だけで、他は幕府の公文書ではすべて固有名詞なしの「御濠」である。江戸城の場合の淵とは川の上流からの流水を堰き止めたために出来上った水面を呼んだものである。

同じような例に旧石神井川河流につくられた上野の不忍池と神田のお玉が池、それと汐留川を堰き止めた赤坂溜池がある。「池」の方は海から川筋を溯ってくる潮《しお》の干満の影響をそれ以上上流におよぼさないためにつくった堰堤《ダム》によって、ダム上流にできた水面を意味した。

いいかえると上流からの水を貯めてできた水面が「淵」、海側からの汐水を堰き止めた結果できた水面が「池」であり、われわれの祖先はこの場合でも文字を細かく使いわけていた。

また江戸最初の水道といわれる神田上水の場合、神田川を現在の地名でいえば関口（文京区）つまり堰口《せきぐち》で堰き止めて水道用水を引き込んだのだが、なぜあの地点を堰口に選んだかといえば、潮の干満の影響が、あの地点でなくなる場所だったからである。理由は水位が安定していること、水質が一定であることであり、堰口で水位を上昇させることによって、給水用の勾配も確保したのである。明治十六年（一八八三）測量の「東京五千分之一図」（参謀本部陸軍部）でみると、この給水用勾配は約一・五一パーミリくらいと推定される。

またこの堰の南側が「早稲田」であり、明治までは「わせだたんぼ」と呼ばれていた地域である。臨海都市江戸の近郊で「汐入り川」の影響を受けずに、ある程度以上の面積の水田耕作が可能になる地点は、神田川の場合、当時の河口から約五キロ溯った早稲田あたりだったのである。

これを武蔵野台地側の河川に限って見ると、品川湊に河口を持つ目黒川は、現在の東横線中目黒駅のホームからも見える「船溜」（目黒区中目黒二丁目地先、河口から約九・五キロ）くらいまでが潮の干満の影響を受けた。

大河隅田川の場合は荒川区南千住八丁目一帯が、かつては「汐入地区」と呼ばれていたように、潮汐の影響は河口から一〇キロ以上隔てたこの地点まで、目に見える形で及んでいた。もちろん季節その他の条件で、いわゆる「汐気《しおけ》」がさらに上流で認められる場合が多いことも、またいうまでもない。

江戸─東京の町割や都市施設は、こうした台地・下町といった大区分だけではなく、台地の中の高低、下町における凹凸や潮汐の動きが総合的に判断されて実施された。

動力・機械力のなかった時代には、傾斜・勾配・落差といった〝高さのエネルギー〟を利用する技術が、都市計画の根底にあったのである。

3　天下普請の時代

天下普請とは何か

天下普請とは「天下人《てんかびと》」と呼ばれた信長・秀吉・家康らがその配下の大名を支配するひとつの方法だった。この方法を制度化したのは家康であり、以後幕府の重要な制度として存続した。

この制度を簡単に説明しよう。天下人は配下の大名の力量に応じて何万石といった禄を与えた（一万石以上が大名、以下を旗本と呼ぶ）。例えば禄高一万石という場合は、米に換算して一万石相当の生産があがる範囲の土地の支配権を指し、支給される米の分量ではなかった。

それはさておき大名は禄高に応じて、天下人の命令次第、定められた武器と兵員以上の軍隊をひきいて、指定された場所に出陣し戦闘に従事しなければならず、これを軍役《ぐんやく》と呼んだ。「定められた」という規準はいわば最低限度を示すもので、戦場で功名を立て禄高の加増を受けるためには、つねに定められた規準以上の兵力を準備することが、武家のたしなみであり同時に忠誠の〝あかし〟を示すことでもあった。

この軍役の〝平時版〟を、幕府側の表現では「課役」、大名側の表現では「御手伝《おてつだい》」または「助役《すけやく》」といった。

御手伝として、築城・社寺造営・水防などの土木工事＝普請と、指定された城郭・城門・都市・地域（例えば長崎や蝦夷地など）の警備役、その他江戸火消役（大名火消）、日光祭礼役、三使（毎年東下する勅使・院使ら）の饗応接待役などが、ほとんど絶え間なく大名たちに課せられた。

これはくり返すが、戦時の軍役に等しいものであり、課役を完全に勤めなければその大名家は即座に取りつぶされる。「忠臣蔵」で有名な浅野長矩の場合は、勅使接待役の課役でその食事から宿舎の調度、畳の新調その他一切すべて自家の負担で行なわなければならない「御手伝」だった。

以上の課役の場合、最も大がかりなものが各種の普請であり、これを総称して天下普請といった。

天下人になる前の秀吉は信長に、また家康は秀吉の発する天下普請に随分と泣かされていることは案外に知られていない。

なお大江戸完成までの七〇年間に、江戸以外で行なわれた主な天下普請を挙げると、第三章で述べる日光東照宮造営、利根川川普請、第四章でふれる名古屋城築城、大坂城築城などがあり、全国の大名はその都度「東奔西走」という表現がピッタリするくらいに苛酷な「御手伝」に従事している。

第一次天下普請

慶長八年(一六〇三)二月十二日、家康は将軍に就任してはじめて法制的に天下普請を発令できる立場を得た。その最初の発令は将軍就任の一年四カ月後の慶長九年六月一日で、全大名に対して江戸城大増築の計画を示した。いわばこれは第一次の天下普請の予告だった。それが具体化したのは二カ月後の八月で、西国大名三一家に対して江戸城の石垣用石材の運搬船と石材輸送を命じ、二家には木材輸送を命じている。

石船(石綱船とも表現)建造の例では、鹿児島の島津忠恒が三〇〇艘、和歌山の浅野幸長が三八五艘、福岡の黒田長政が一五〇艘、ほかに大名ではないが尼崎又次郎が一〇〇艘といった具合に、石船総数三〇〇〇艘を造らせている。幕府はこの御手伝大名三一家に対して「金子一一九二枚五両」を交付しているが、これは一艘当り〇・三九枚の黄金の支給となる。

この時の石船の構造・規模などは不明だが、その運用の規準は「百人持の石二個を積み、一カ月二回、伊豆東海岸と江戸湊間を往復」することと記録されている。当時の人夫の一人持の重量と運搬距離もまた不明だが、幕末の伝馬人足の一人持が八貫目だったから、仮にそれで計算すると一個が約三・二トン、それが二個だから合計六・四トンずつの石が運べる船である。

前述のようにこの石船の大きさは想像するだけだが、これを黄金の値段で類推してみよう。

仮に慶長六年（一六〇一）に徳川氏が制定した慶長大判（一枚一六五・三七グラム、うち金六八・一一％、銀三一・八九％、したがって金は一枚につき約一一三・六三グラム、銀は約五二・七三グラム）を平成三年（一九九一）一月末の相場で計算すると、金一グラム一六三九円、銀一グラム一八円二〇銭だから金の分が約一八万四六〇〇円、銀の分が約九五九円六八銭、計約一八万五五六〇円で、この〇・三九は約七万二三六八円で、これが一艘当りの〝補助金〟額である。

もちろんこの計算はあくまでひとつの目安に過ぎず、金・銀の価値の換算は時代によってその意味が異なることをとくに付記したい。しかし幕府の負担はあくまで形式的なものだった点がこの御手伝普請の大きな特徴だったことを重ねて強調しておきたい。

石船が実際に建造され始めたのは翌慶長十年七月からで、約三カ月後の十月から十一月にかけて続々と完成しだす。そして島津家の記録では慶長十一年二月に命令通り三〇〇艘の石船が江戸に廻送されている（造船場所と江戸廻送コースなどは不明）。

幕府が江戸城建設の意思表示を天下に向けて明らかにし、その具体的な第一歩としてまず海上輸送手段としての石船三〇〇〇艘を準備するまでには、二年八カ月の歳月がかかっている。

そして慶長十一年（一六〇六）三月一日から改めて本工事である江戸城本丸とその外郭工事が、これも多くは西国に領地を持つ三四家の大名に命じられ、引き続いて十二年には本丸工事の中の天守閣建築工事が、仙台の伊達家をはじめ東北大名一〇家に命じられている。

この工事の最中の慶長十一年五月二十六日には、大風のため石を積んで相模湾を航行中の鍋島勝茂家の石船一二〇艘、加藤嘉明家の四六艘、黒田長政家の三〇艘が沈没した記録もある。相模湾から三浦半島の沿岸の古くからの魚礁の多くは、この石船が遭難して沈没した地点と一致するといわれているように、石船の大輸送は多くの犠牲をともなった「御手伝」だった。

そしてこの第一回の天下普請により、日比谷入江が埋められ、日比谷入江の代替水路としての外濠が、のちに述べるように江戸前島の尾根をつらねる形に掘られた。また、江戸城本丸には工事中の天守閣を除いて殿舎が完成して、慶長十一年九月二十三日に二代将軍秀忠が入居することで、第一次天下普請はひとまず終る。

百人持の石――かつては小田原から真鶴半島の間の海岸線や伊東付近には、この時期の石材切り出し場の跡と、船への積み込み装置の残る遺跡がかなりみられた（後出の「埠頭の発明」一四九ページ参照）。今は海岸道路の建設の結果ほとんど失われてしまったが、ただ一カ所「百人持の石」の現物が民家の庭先にかかった形で保存されている例がある。

大小二つあって大の方で約八〇センチ角、長さ約一八〇センチほどで、これが「百人持」、小の方はその半分くらいで、当時の石切り現場での「百人持」の石の大きさをしのばせる。

日比谷入江

この第一次天下普請の大輸送の荷受け側の現場が日比谷入江であり、大建設の現場が現在の皇居東御苑（旧本丸）を中心とした場所だった。まず大建設の現場の特徴を見ると、その平面プランの大部分は、武蔵野台地に複雑に刻み込まれた多くの零細河川がつくり出した地形を、忠実に〝なぞる〟形に建設が進められたことがわかる。

現在残る濠の形を例えば国土地理院発行の等高線入りの一万分の一図で見ても、そのほとんどがかつての谷筋を利用してつくられている。

江戸城建設の工程を模式図的に説明すると、まず江戸城直下の日比谷入江沿岸まで、石材・木材が石船で運ばれてくる。それが仕分けられて日比谷入江に注ぐ大小の零細河川の谷筋につくられたダムの水面を利用してその最上流部まで運ばれて、そこから陸揚げされ

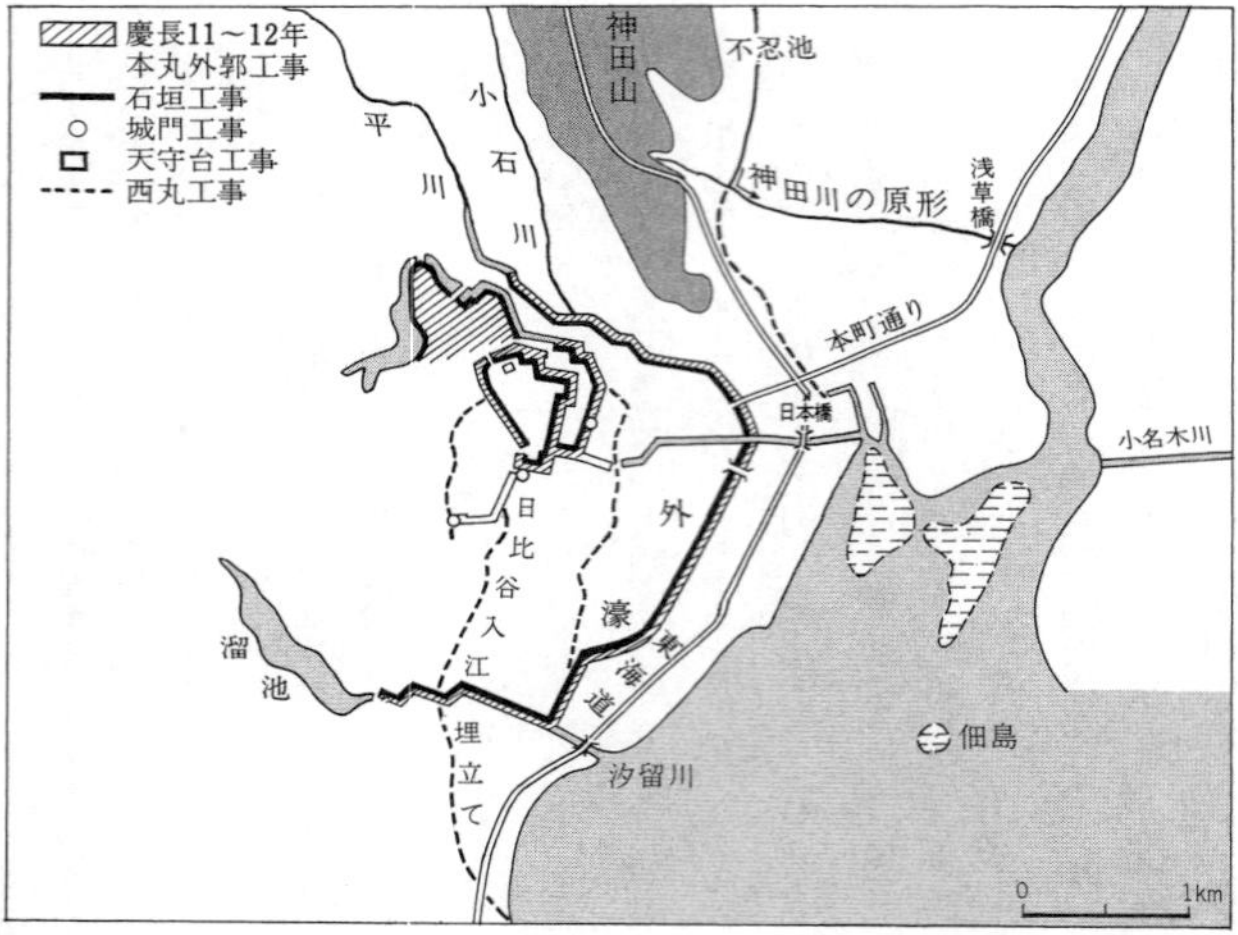
慶長11～12年
本丸外郭工事
石垣工事
城門工事
天守台工事
西丸工事
神田山
不忍池
小石川
平川
神田川の原形
浅草橋
本町通り
日本橋
小名木川
外濠
日比谷入江埋立て
溜池
東海道
汐留川
佃島
0
1km

9

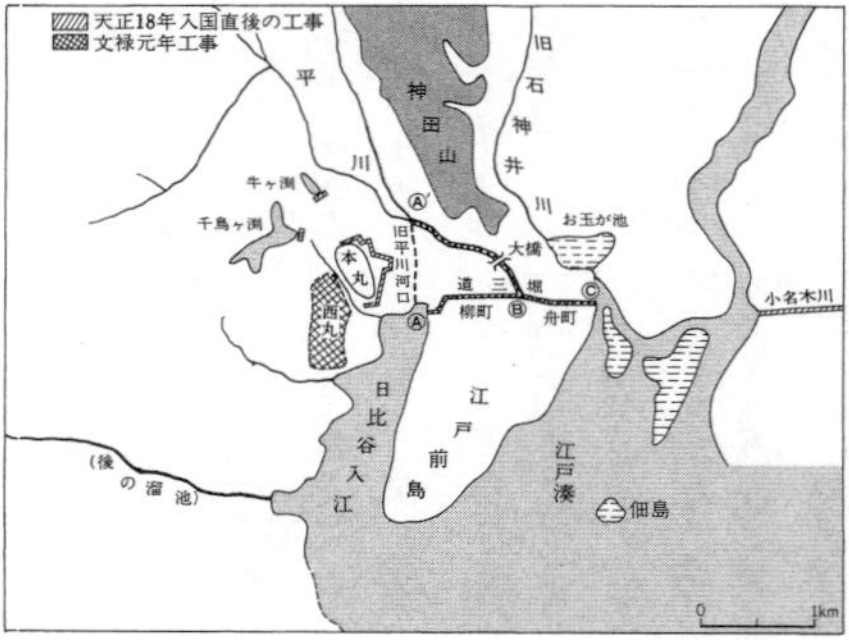
天正18年入国直後の工事
文禄元年工事
平川
神田山
旧石神井川
牛ヶ渕
千鳥ヶ渕
本丸
西丸
旧平川河口
お玉が池
大橋
道三堀
柳町
舟町
小名木川
日比谷入江
江戸前島
江戸湊
佃島
(後の溜池)
0
1km

図7

10
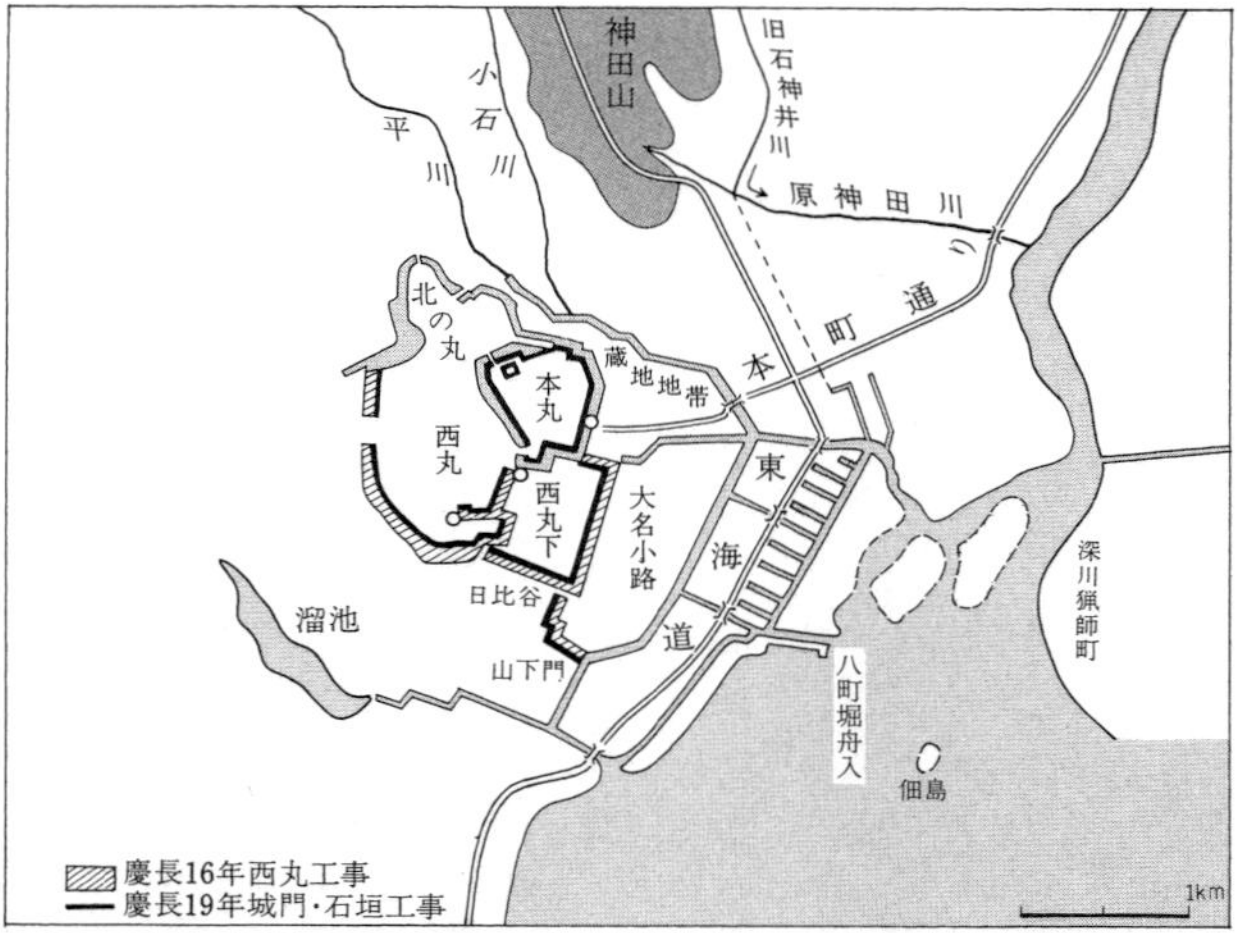

図10　第二次天下普請と船入堀———第二次天下普請の準備は、江戸前島東岸に建設された10本の船入堀と、八町堀舟入りだった。これらの港湾施設によって、図にみるような範囲の工事が実現している。

また一度埋めた日比谷入江の再整備が行われ、西丸下（皇居外苑）・日比谷・山下門にいたる外濠と、丸の内の大名小路とともに愛宕下（港区）にも大名小路が成立した。

この時期に船入堀の沖合いに砂洲（沖積地）が目立ち始める。そのため旧石神井川を原神田川に放流するようにした結果、旧河口は日本橋堀留の2本の水路に形を変えた。

図9　第一次天下普請の範囲———徳川幕府が成立してから3年後、徳川にとっての第1回目の天下普請が始まった。

図にみるように江戸城の本丸・二丸・北丸の城郭建設と並行して、日比谷入江が埋め立てられ、**図6**でみた小田原道は江戸前島の中心部に東海道として付け替えられた。また奥州道もその起点部は本町通り（現在の江戸通り）となり浅草に続いた。日本橋以北神田山に昇る道は中山道の起点部である。日比谷入江埋め立ての結果、その代替として東海道に平行して外濠が掘られ、また江戸前島の南部の埋め立ても進み、人工河川汐留川もできた。

て築造に使われる。

その谷筋における工事が一段落すると、ダムを本格的に締切って、当時の表現に従えば「土橋《どばし》」を作りその上流に水を貯えて濠に〝流用〟する。

地図で見ると旧江戸城の濠の水面の海抜高度は一定のようだが、細かく土橋で仕切られた範囲ごとに、濠の水面の高さは棚田のように異なる。これは日本古来の灌漑技術の粋が城郭建設という軍事に利用されたものと見ることができる。そしてこの土橋の城側に多くは城門が作られていく。

このような順序で城ができていくと、こんどは広大な日比谷入江の存在が邪魔になる。それに加えて濠の部分を含む城郭の整形にともなって、現在の用語でいう「建設残土」の処理も必要になってくる。

そうした土木工事の次元に加えて、次節でも取り上げるように、日本も大航海時代を迎えていた時期であり、外国船が江戸城直下の日比谷入江に入港することを、何としてでも防がなければならなかった。その最良の方法は日比谷入江を埋め立てることであり、同時にそのことは城のまわりに大規模な宅地を造成することにもなる。

その宅地造成もまだ水面下にあるうちから、御手伝大名に割り当て、彼らの手によって埋め立て工事を実施させた。徳川直参の旗本には宅地造成費用の不要な武蔵野台地上に屋敷を割り当てたのだから、御手伝大名は天下普請の手伝いと自分が使用する宅地造成という二重の手伝いを課せられたことになった。

しかし日比谷入江を全部埋め立てることはできない。入江に流れ込んでいた大小の河流の排水路をつくらなければならないからである。そしてこの排水路は今後の建設に輸送路として最も有効な役割を期待しなければならないし、同時に城郭の外濠としての役割も果さなければならない。

その結果が、今も残る和田倉門から日比谷交差点に至り、さらに西にほぼ直角に外桜田門に折れた濠と、今は埋められたが明治期まで残っていた日比谷交差点—日比谷公園内—日生劇場と帝国ホテル間の道路（地下に営団丸の内線が走る）—山下橋門までの間の三つの直角に折れ曲る濠であった。

この直線と直角の部分の意味は、いわば不定形な江戸前島の西側の海岸線を、埋め立ての際に直線になおし、なおかつ濠の幅の分だけ〝埋め残した〟部分だった。

東京都心の官庁街とビジネス街——東京都心の官庁街（千代田区霞が関・内幸町）とビジネス街（千代田区大手町・丸の内・有楽町と港区愛宕下一帯）の大半は明治まで大名藩邸地帯だった。江戸時代に西丸下と呼ばれた現在の皇居外苑一帯は、老中・若年寄といった幕府の、いまでいえば閣僚と次官クラスの官邸地帯だった。さらに多くの大名が日比谷入江に造成した埋立地に住まうことになった。

明治維新後、新政府は皇居を中心に官庁街を建てる必要性と、皇居と政府を防衛するための軍隊の兵営を建設しなければならなかったのだが、財政が許さなかったために、かつての大名屋敷を接収して、そのまま官庁・兵営に転用した。官庁街はそのまま残ったが兵営街のある丸の内は、明治二十三年に三菱の手に渡ったために、現在のようなビジネス街を形成するにいたった。

八代洲河岸——和田倉門前から日比谷交差点に至る濠端は、江戸時代を通じて八代洲《やよす》河岸と呼ばれた。八代洲とはほかに多くのアテ字があるが、次節でも取り上げるオランダ船リーフデ号の乗員として来日したヤン・ヨーステンのことである。同時に来日したウィリアム・アダムスは三浦按針とも呼ばれ家康の外交顧問として重用され、日本橋魚河岸の一郭に安針町を支給された。近年J・クラベル『ショーグン』が映画化されテレビ放映などもあって、国際的にも知られるようになった。

それにくらべヤン・ヨーステンの方は、家康の砲術顧問だったこと、慶長十七年（一六一二）一月に広南渡海、同年八月にシャム渡海、翌十八年九月にもシャム渡海朱印状を家康から交付されていること、この江戸前島西岸に細長い町屋敷を与えられていることだけしか明らかではない。

この町屋敷はヤン・ヨーステンが公文書の上で最後に確認される慶長十八年（一六一三）から約二〇年後の「寛永図」にも明らかに示されているもので、埋め立て前の日比谷入江沿岸の〝いちば〟の形を想起させるものである。さらに承応二年（一六五三）の江戸図にも町屋としての八代洲河岸が明記されている。その後、この町屋敷はすべて大名藩邸になるのだが、はじめに述べたように江戸期を通じて、地名として八代洲河岸の名は生きていた。

明治五年（一八七二）の行政区画制定の際、それまで町名のなかった武家地にも町名がつけられるようになった。その時現在の丸の内は八重洲町一～三丁目となった。現称の丸の内は昭和四年（一九二九）以降の町名である。

ところが戦後は千代田区の境を通り越して戦前からあった東京駅八重洲口の名を取って中央区に八重洲一〜三丁目が誕生した。ほぼ四〇〇年がかりで八代洲は八重洲と変り、直線距離にして約八〇〇メートル〝東漸〟したのである。

江戸前島の掘り割り

八代洲河岸にそった直線状の濠とならんで、日比谷入江の代替水路として、もう一本の外濠が掘られた。その線は現在の千代田・中央両区の区境の線に一致する。

現存する地名で結べば北から呉服橋・八重洲橋・鍛冶橋・数寄屋橋・山下橋・土橋の線である。この地名で結ばれた線の平均地盤高は約三メートルで、これは江戸前島の〝尾根〟に当る場所を丹念に選んで掘られたことがわかる。

この江戸前島中央部の地盤の最高所に海に続く——潮の干満の影響を受ける——水路を掘ることの意味は、埋められた日比谷入江の海岸線の復活をこの水路で果すということであり、同時に江戸前島のまん中に排水路ができたということだった。つまり外濠をつくることによってその両岸に、良好な宅地をつくり上げる作業を兼ねるものでもあった。

明治になってこの外濠にほぼ平行に、重厚長大の見本のような赤煉瓦の連続アーチ造による鉄道高架線が出現した。現在もまだ実用に供されているが、明治末期の技術力では江戸前島のような地盤のよい洪積層でなければ、実現不可能なことだった。同様に明治三十年代から始まる江戸前島の丸の内地区から起った、これも赤煉瓦造の当時としては高層のビジネスビル街化の進行も、地盤が良好だったという条件が決定的に作用した。埋立地には赤煉瓦の〝高層〟建築物はなじまなかったのである。

江戸船入堀の建設

ここで直接第二次天下普請にふれる前に、その準備作業としての「船入堀」についてみることにしよう。江戸前島東岸（現在の地図でいえば中央区内の江戸橋インターチェンジから南の京橋ランプまでの高速道路の間に相当）に、もっとも近世都市らしい都市施設である一〇本の船入堀が慶長十七年（一六一二）に計画され、実現したことの意義は、つぎの「埠頭の発明」（二四九ページ）の項で見るように、いくら強調しても足りないくらい、江戸と江戸城の建設に決定的な役割を果した。

このことをふまえた上で、なおこの船入堀建設の過程を見てゆくと、これまでに判然としなかった幾つかの〝歴史上〟の疑問点が、かなり具体的な形で浮かび上ってくる。

その一つは、この章のはじめの「家康と江戸」（二〇七ページ）の項で見たように、秀吉体制下の一諸侯としての家康が、はたして自身の本拠としての江戸の建設をどれくらい本気で考えていたかということ、そして彼が天下を取り将軍になった以後は、その「江戸計画」はどうなっていったのか、ということである。

つぎに、家康が将軍職を秀忠に譲り、自身は駿府に退隠したあと、江戸建設やその経営についての決裁行為は、全く家康の手を離れたのか否かという昔から問題にされてきた事柄である。しかし退隠とはいえ、家康は駿府に居を移した以後、本格的に海外貿易・通交を主管し始めて、少なくともこの面では退隠という表現は全く当を得ないものだった。そうした対外活動の一環として豊臣勢力を壊滅させる活動もあったわけだが、この辺の事情について多くの歴史家の間で、幕政初期が「二元政治」だったのか、「分業政治」だったのかという点をめぐって、解釈がわかれている面がある。

しかしここでは、あくまで家康と江戸の都市計画の関係に限って見ていくわけで、そうした視野の中に、つぎに紹介する史料のような興味ある事実が見られるのである。史料は幕末に幕府が編集した、江戸の地誌である『御府内備考』の中の「江戸船入」工事に関する「慶長記」の慶長十六年(一六一一)十一月七日の一節である。

安藤対馬守に命ぜられ、来年江戸船入をほらしめ、運送の船つきの通路の自在なるべきやうに、中国九州の諸大名におほせて人夫を出さしむべき由仰あり、明る〔慶長〕十七年二月十五日今日安藤対馬守御使として駿府に至り、江戸御普請船入の絵図を奉り仰をうかゞふと云々。同き年六月二日、江戸新開の地町割の事あるべしと、後藤庄三郎光次に命ぜられ、京師堺津の商人を呼下し屋敷を賜ひしと云。是より後諸国の商人ども多くあつまりて、此頃町屋となりしなるべし。

とあって、少なくとも船入堀工事に関しては将軍秀忠は、その閣僚の安藤対馬守を駿府に出張させ、図面まで用意してその可否について家康の決裁を受けている。これは船入堀工事という重要案件だから決裁を受けにいったのか、もっと細々した事案についても経常的に決裁を受けたのかは不明だが、厖大な『御府内備考』の記事中に、〝江戸政府〟がわざわざ家康に「仰をうかゞふ」と特記してある部分は、この文書に限られることからしても、船入堀工事の重要性が推察されるし、これまでいわれてきた、いわゆる「二元政治」の実態もある程度具体的に考えることもできるだろう。

船入堀の長さ

図11は「寛永図」(「寛永図」については第四章で改めて取り上げる)の船入堀の部分を中心にしたものである。この図の左半分の大小一〇本の船入堀のある部分が江戸前島東岸部であり、現在の町名でいえば中央区日本橋一~三丁目と宝町一~二丁目に当る部分である。

そして当時の海岸線だった高速道路建設以前の楓川《かえでがわ》の線から東側、**図11**でいえば右側に造成中の埋立地がある。これを現町名でいうと上から兜町、茅場町、八丁堀一帯である。そのさらに右側にはこれも造成中の埋立地霊岸島がみえる。この島には今は江東区深川に

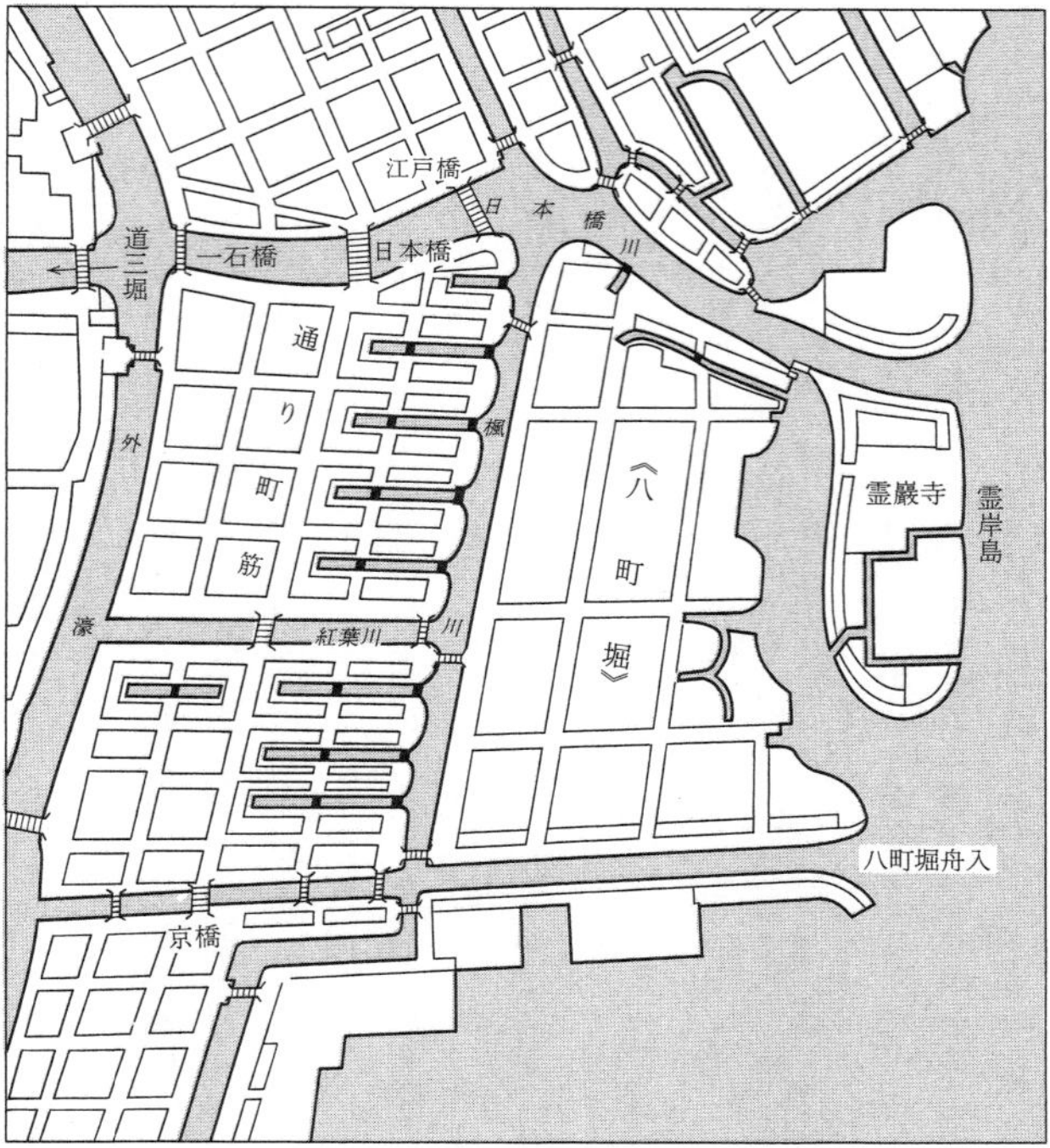

図 11　「寛永図」の船入堀―――図は「武州豊嶋郡江戸庄図」(寛永 9 年・1632当時図) の江戸前島東岸部である。船入堀が掘られた慶長17年 (1612) 当時は図の楓川の線が海岸線だった。この海岸に図のような大小・長短10本の船入堀が掘られたのである。このうちの何本かは道三堀と平行する形で旧日比谷入江に通じていたと思われる。その意味で図のように通り町筋 (現在の中央通り) を越えた場所にまで船入堀があったことは、注目されていい。この船入堀を持つ海岸線の沖合いに僅か30年の間に《八町堀》や霊岸島埋立地ができ、江戸前島の海岸が楓川という内陸水路に変化した速さは、天下普請の巨大さの一側面だったといえよう。

移っている霊巌寺が、広大な寺域を持った形で描かれている。この霊岸島が現在の中央区新川地区全域の原型にほかならない。

本来の江戸前島ではその海岸に面して、北から現在の江戸橋の橋のたもとに続く形に四日市材木町、さらにそれに連なる形に材木町一丁目から九丁目が続く。

大小一〇本の船入堀との関係でいうと、四日市材木町と材木町一丁目の間に第一の船入堀があり、この船入堀は、一〇本の堀の中で最も小さい。そして以下、材木町一丁目と二丁目の間、二丁目と三丁目の間と各材木町の町境ごとに船入堀が掘られた。なかでも最大のものは五丁目と六丁目の間に掘られた、のちの名称での紅葉川《もみじがわ》である。この船入堀と最後の材木町九丁目の南に掘られた京橋川の二本は、他の八本の船入堀が通り町筋で掘留めになっているのとは違い、直接江戸城の外濠に連絡していた。

もっともこれはあくまで「寛永図」に見る限りの見解であって、紅葉川の南に隣り合った七番目の船入堀の場合、通り町筋を越えたところに船入堀の跡と思われる水面が残されているところから考えて、この船入堀もまた外濠に通じていたものとも考えられる。「寛永図」から以後、船入堀が全く姿を消す元禄三年（一六九〇）までの江戸図で、その埋められ方を見ていくと、一〇本の船入堀の半分は外濠に連絡していたようにさえ思える。

いや外濠どころか、**図11**でいえば上端の日本橋—一石橋—外濠—銭瓶橋—道三堀—辰ノ口を経て、和田倉門の所で日比谷入江に通じていた例があるのだから、何本かの船入堀が江戸前島の現在の丸の内地区を横断して、日比谷入江または日比谷濠につながっていたと考えても、あながち荒唐無稽の想像とはいえないと思う。

前出の「日比谷入江」(一三七ページ)の項でも見たとおり、また古代の飛鳥宮遺跡発掘の際に発見された建設資材運搬用の小水路の例などを挙げるまでもなく、時代や地方を超えて大建設には、現在のわれわれが想像する以上に小規模な水路が大きな役割を果していたので、そのようなケースが江戸の場合もおおいにあった可能性がある。

埠頭の発明

当時の船入堀は現在の埠頭と同じ役割のものである。近代的埠頭の多くは例えばニューヨーク市のマンハッタン島にみられたように、陸地から棒状に突き出た形に埠頭=桟橋=ピア(Pier)がつくられているが、当時の江戸ではそうした技術がなかったために、陸地に水路を掘り込んで船を接岸させる工夫をしている。埠頭のつくり方は突き出すか、引き入れるかという、いわば海岸線を基準にすればプラスとマイナスの関係にあるが、船を陸地に直接つけるという発想は全く同じである。

なぜ船を陸地に横づけしなければならないかといえば、江戸の場合は築城用石材の揚陸のためであり、伊豆の場合は積み込みのためだった。機械力のなかった当時は陸と船の甲板を同じ高さにして、石を水平移動させるのが最良の移動方法だった。伊豆の場合はマンハッタン式突き出し埠頭で、江戸の場合は船入堀で遠浅の海岸という不利を一挙に解決した。江戸城の大建設はこの大小一〇本の船入堀によって初めて実現したのである。

なお石船＝石積船の構造は基本的には、現在のはしけ（バージ）と同様なもので、浮力の調節に空樽をウキの代りにしたケースもあったと考えられる。その船上に神楽桟《かぐらさん》（人力による捲き取り装置＝ウインチ）を据えて、陸から石を捲き取る。船入堀に入った船上の石は、陸地の神楽桟で捲き取った。どちらの場合でも石は修羅《しゅら》（重量物移動用のそり）に乗せて、この水平移動をさせている。さらに修羅が通る地面にも丸太や割竹を並べ、その上に修羅がすべりやすくするために、海藻などを潤滑剤として利用している。

神楽桟と修羅と滑車（セミ）によるロープワークは、古代から日本人の技術になっていたことはよく知られる。石のような重量物の移動だけではなく、石垣築造、大建築物の棟上げ＝組み立てなどの多くの建設作業には必ずこのロープワークが活躍した。余談になるが、高度成長期の半ばまで、東京の町場には一町に一人くらいの割で鳶頭が住んでいたが、その家の周囲には足場丸太の「林場」と共に、分解した神楽桟やセミが置かれていた。

第二次天下普請

慶長十一年（一六〇六）九月に一応出来上った江戸城は、その後も小規模な御手伝普請がほとんど絶え間なく続けられていた。しかし前回の石材大輸送と同じ規模の石垣用石材の準備を含めた第二次の天下普請は、慶長十八年（一六一三）十月十二日に再び西国大名三四家に対して、工事の予告がなされた。

そして翌十九年三月一日に正式の起工式を挙げている。この工事のための設計や技術的準備の一端が前出の「江戸船入堀の建設」（一四四ページ）の項でみた家康の決裁行為だったのである。第一次天下普請はいちおう現在の皇居の北東一帯の本丸・二丸・三丸（以上は現在の皇居東御苑）・西丸・吹上（現在の皇居とその周辺）・北丸（北の丸公園）の範囲であり、第二次は主として江戸前島を外郭の一部にとりこむ工事だったのだが、その工事最中の九月末になって大坂冬の陣の戦備のために工事は中止され、「御手伝」をしていた三四家の大名は、そのまま大坂城攻撃に参陣した。

その大名と領国を挙げる。

九州地方……細川忠興（小倉）、黒田長政（福岡）、鍋島勝茂（佐賀）、寺沢広高（唐津）、松浦隆信（平戸）、田中忠政（柳川）、加藤忠広（熊本）、伊東祐慶（飫肥）、島津忠興（佐土原）、中川久盛（竹田）、毛利高政（佐伯）、稲葉典通（臼杵）、竹中重利（府内）

中国地方……毛利秀就（萩）、福島正則（広島）、堀尾忠晴（松江）、加藤貞泰（米子）、池田忠継（岡山）、池田玄隆（姫路）、池田長吉（鳥取）、森忠政（津山）

山陰地方……有馬豊氏（福知山）、京極高知（宮津）、京極忠高（小浜）

四国地方……加藤嘉明（松山）、脇坂安治（大洲）、山内忠義（高知）、蜂須賀至鎮（徳島）

近畿地方……小出吉英（岸和田）、浅野長晟（和歌山）、古田重治（松坂）、藤堂高虎（津）、遠藤慶隆（八幡）、土屋利直（上総久留里）

これらは、二、三の例外を除いて、大部分が秀吉子飼いの大名が中心で、誰が大坂方についても不思議ではない顔振れだったといえる。この第二次天下普請の人選は、豊臣恩顧の大名を総動員させて、江戸城の石垣用石材を伊豆から運ばせた点に特徴がある。つまり大坂冬・夏の陣にあたって、その経済力を大幅に浪費させるという、高度の戦略が発揮された結果だった。

そして翌慶長二十年（一六一五）の大坂夏の陣で、豊臣勢力を全滅させて元和と改元した後も、工事箇所は放置されたままであり、本格的にこの工事が再開されたのは元和六年（一六二〇）四月十一日からであった。

この足かけ七年におよぶ工事中断の理由は、大坂での二度の戦争と、家康の死とその葬儀と日光東照宮造営、そして現在目にするような大坂城の全面的改築など、江戸城の天下普請に匹敵する大工事が、江戸以外でつぎつぎに実施されたためである。

こうしてみると、幕府の本拠としての江戸の建設を最優先させなかったのは家康だけではなく、秀忠も同じ方針だったと考えても無理ではなかろう。そしてこれは家康・秀忠の個人的資質の問題ではなく、強力な徳川官僚団の感覚であったかも知れない。

したがって第二次天下普請を、大坂冬の陣直前までとするか、または足かけ七年間の中断期を含めて元和六年再開工事の完成までとするかという問題があるが、本書では慶長までを第二次として取扱うことにする。

話をもどすと江戸前島の大小一〇本の船入堀は、こうした政治的状況からも、築城工事の過程で見ても、さらに最初の臨海低地に成立した都市特有の都市施設として見ても、さらには「埠頭の発明」という技術史的な分野で見ても、多くの画期的な意義が見出せる施設だった。

江戸城建設の天下普請――これまでに見てきたような江戸城建設の具体的データ――例えばいつ、どの場所を、どの大名が、どのように工事をしたのか、またその工事を命じられた大名はどのような課役の規準によって工事を行なったのか、などというような事柄については、すでに拙著『江戸と城下町』(新人物往来社刊)で、多くの図と表を使って、工事場所と状況を検索しながら見られるようにしてあるので、以後これまでのような形式での天下普請の実態の説明は省略する。

江戸町割のはじめ

前出の船入堀計画のことを引用した「慶長記」の後段部分に、慶長十七年(一六一二)

六月二日に家康が後藤庄三郎光次に「江戸新開の地町割の事」を命じたことが記録されている。

町割とは現在の概念でいえば都市計画を指すもので、より正確にいえば近世都市における町人居住地の場所とその範囲の指定と、その街郭の形状の決定行為をいうものである。城の縄張り、武家地の割付け、寺社地の給付と並んで町割なる概念が登場してきたこと自体が、近世の到来、近世都市のあり方を反映したものだったのだが、同時代の史料である「慶長記」と、それを引用した『御府内備考』などでは、江戸町割の始期を慶長十七年のこととしている。

ところが戦後に建築史学者がその研究に『天正日記』を引用し始めてからは、江戸の町割＝都市計画は天正十八年（一五九〇）八月の、家康の江戸入り直後から成立し、実現の途をたどったことになってしまった。歴史・文学に限らず事物を時系列的な視角で調べる場合、利用する原典や史・資料については、厳重な「資料批判」を加えなければならないことは、いわば常識的な作業である。ところが建築史学者によるこの『天正日記』（または『校註天正日記』）の利用にはいささか問題があった。というのは明治期以後、この『天正日記』については「偽書説」が生れ、その成立に疑問を呈する研究者は二、三にとどまらないという状況もかなり広まっていたのである。さらに昭和三十九年（一九六四）九月には雑誌『日本歴史』（第一九六号）で「天正日記と仮名性理」と題して、伊東多三郎氏が

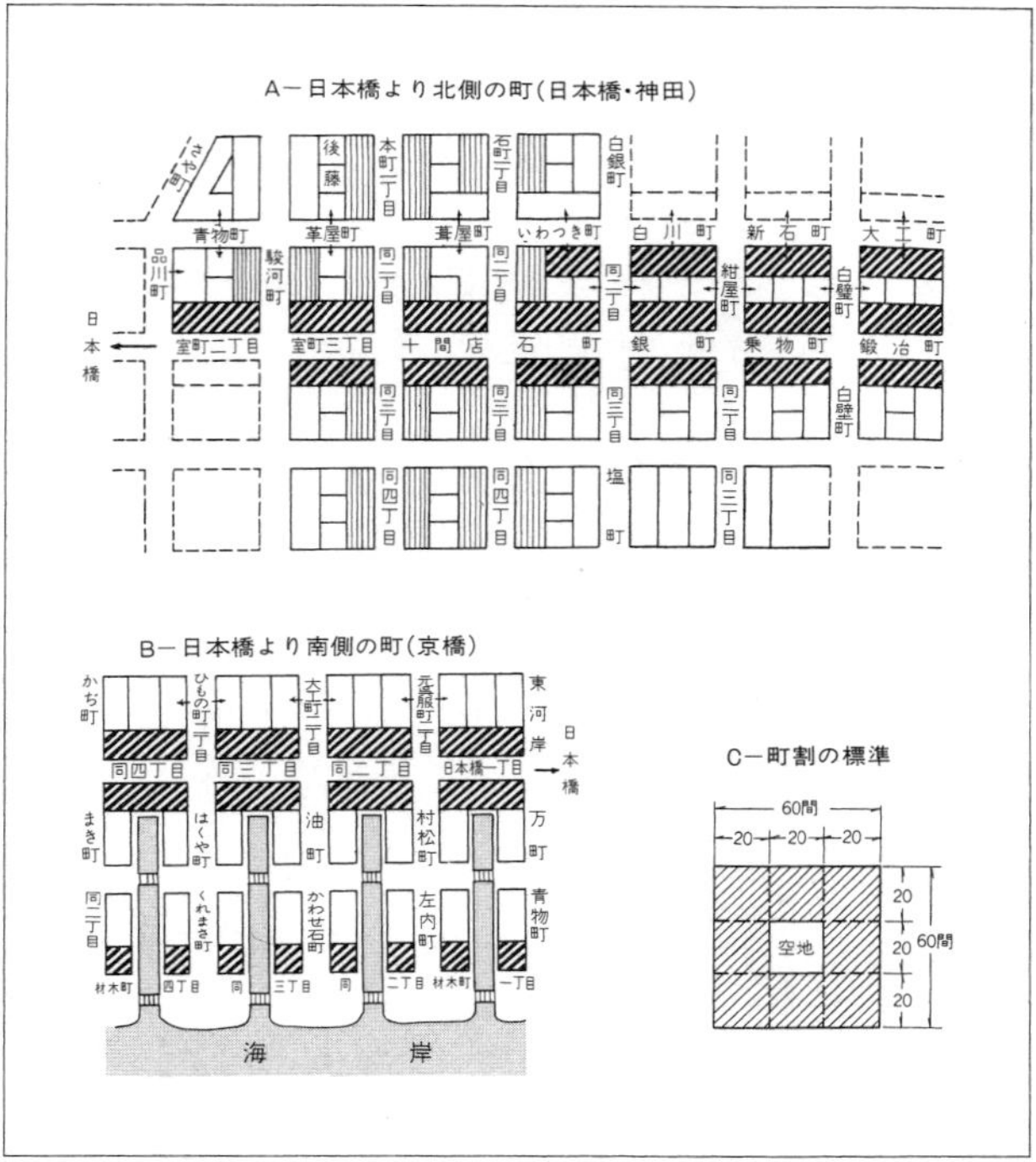

図12　江戸の町割（模式図）——これまでの江戸の町割の説明の大半は、Cのような模式図でなされてきた。しかし実際にはA・Bにみるように「町」は道路をはさんで構成された。つまり町とは道路を中心に「向う三軒両隣り」的物理的・意識的空間のつらなりであり、実際にCのような町割はなかった。Aでいえば通り町筋の各町が道路をはさんで60間の町であり、それに直交する本町・石町の各1～4丁目は道路をはさんで40間ずつの町だった。Bの各町の場合も同じだが、材木町は水路をへだてて20間ずつの町だった。こうした町の“読み方”はあまりにも無視されている。

徹底した史料批判をした末、一一カ条におよぶ問題点の列挙とその具体的な考証をした——その要約の紹介もここでは省略せざるを得ないが、結論として『天正日記』は「笑うべき偽作」「眼も当てられないほどの偽書」であり、「悪書」だと断定している。

ともあれ近世都市江戸の〝近代的〟都市計画論は、さしたる史料批判もないままの、仮説の上に華ひらいて「江戸ブーム」到来のひとつの原因になった。

「方六〇間」

第二次天下普請のための船入堀のはなしが「江戸都市計画論」に脱線したのにはわけがある。建築史学やその関連の技術史の著書に限らず、江戸の町割というとほとんど例外なく**図12C**のような模式図によって説明される。

つまり一町は六〇間四方の街郭で構成され、さらにその四方の公道に面して二〇間ずつに分割された形で地割がなされ、中央には会所地と呼ばれた空地（入会地）がある、というものである。

そしてこの六〇間という長さについて、一間を六尺五寸とするいわゆる京間によるものだったのか、または一間を現行のように六尺として計算する田舎間だったのかという問題。この二つの尺度のあり方によって、中心となる市街地の道路の幅が大きくくちがってくる問題。そうした計算上の問題と実際の土地の測量上の長さとの差異の問題。そうした矛盾点を解決するための京間・田舎間混用説といった具合に、長さに限っても問題は際限もなく細分化していく。

さらに京間・田舎間問題は「長さ」の問題ではなくて、「税率」の問題だという説も入りまじる。

こうした状況の中で江戸町割の有様を図示した最古の地図である「武州豊嶋郡江戸庄図」(「寛永図」)を改めて見なおすと、「一町六〇間四方」の町割が認められる場所は、非常に限られた範囲であることに気づく。

つまり〝自然発生的〟な近世都市江戸の最初のメイン・ストリートは大手門―常磐橋門―本町通り―浅草橋門にいたる本町通りだった(新常磐橋から始まる現在の江戸通りの路線にほぼ一致する)。

それが慶長八年(一六〇三)の日本橋創架に始まる通《とお》り町《ちょう》筋(現在の中央通り)の建設により、新メイン・ストリートが成立すると、その結果としてこの新旧メイン・ストリートが交差する現在の室町三丁目交差点を中心に、「一町六〇間四方」の町割が約四三区画つくられる(第四章の図**16**「寛永図」参照のこと)。

ところが日本橋以南、京橋までの江戸前島の部分の町割にはこの「一町六〇間四方」の〝原則〟をみたす町はひとつもない。また京橋以南の新橋までの江戸前島南端部、すなわち現在の銀座一帯でも「一町六〇間四方」の形をした街郭の町は一五区画にすぎない。

つまり「江戸町割」の標準とされた「一町六〇間四方」の形式の街郭は、江戸の中心的町地である日本橋・京橋・神田地区あわせて三地区の面積のほぼ半分を占めるにすぎない。

その理由は「町地」のはずれが自然の河や海であったり、全町地の中心線が上下水道の設置の必要から、統一的な直線プランをとることができず、本町通りにしても通り町筋にしても、あるまとまった地形の尾根に当る場所を道路の中心線としたため、全町地を正確な形での「一町六〇間四方」の格子状に分割できなかったためである。

通り町筋の屈折

江戸のメイン・ストリート、通り町筋（現在の中央通り）は、以下のような三つの直線が屈折した形で成立する。

A　筋違《すじかい》橋門（現、昌平橋）―神田今川橋―日本橋北詰間の道路……本郷台地の波蝕された部分である〝日本橋台地〟、歴史的表現では江戸前島の東縁の線と一致、この線は同時に旧石神井川の右岸の線でもある。

B　日本橋南詰―中橋（現、八重洲通り）―京橋北詰間の道路……〝日本橋台地〟東部の南北に続く尾根の部分。

C　京橋南詰―銀座―新橋北詰……江戸前島南端部の尾根に当る部分。

この通り町筋の屈折の理由は簡単であって、前記のABC三つの直線道路は、Aは旧石神井川の河岸に並行に、B・Cはそれぞれの地形における最高所を選んで設定されたものだった。この設定の理由は下水処理のための下水道の勾配（傾斜）を確保するためのものだった。

武蔵野台地上のように平均の地盤高が約二〇〜三〇メートルあれば、その台上に成立した市街地の下水は、極端にいえばどの方向に流しても、やがては零細、そして中小河川を経て海に排出できる。

ところが、日本史上最初の臨海低地に成立した江戸市街、とくに潮の干満の影響を強く受ける江戸前島をはじめ、その周辺の埋立地では、市街地の下水処理の問題はすべての「都市計画」に優先させなければならない事柄だった。

土地の高低差の少ない、しかも潮の干満の影響を直接受ける場所での「町割」は一寸（約三センチ）の勾配が確保できるかどうかが決定的な条件になる。

この意味で江戸下町の「町割」は、幹線道路と下水道をその地区の最高所に設定した上で、道路＝下水道の左右に水を振り分ける形に、つぎつぎに勾配に従いながら道路＝下水道を設定して、街郭を形成していった。

こうしたわずかの落差を利用した「町割」の状況は、例えば明治十年代に作製された参謀本部陸軍部の「東京五千分之一図」（全九枚）の原図にある、非常に密度の濃い地盤高を示す数字と対応させてみると、約四世紀前の臨海都市江戸の「町割」の巧妙さがよくわかる。

またこの船入堀建設の約四一年後の承応二年（一六五三）に、江戸下町の給水を主な目的とした玉川上水が完成しているが、この水道の〝配管〟も幹線は幹線道路に通し、そこから左右に振り分けて上水を給水している。

つまり江戸のメイン・ストリートの屈折の理由は、自然流下だけに頼っていた上下水道の給・排水のための勾配を、いかに合理的に確保するかという工夫の結果にほかならなかった。これも古代以来の灌漑技術の応用と見れば、さして驚くほどの事柄ではなかったのである。

わずか一二〇キロ距てた富士や、八〇キロかなたの筑波山を眺めるための「景観設計」のために、中心道路を〝不規則〟に屈折させたのではなかったのである。

4　天下普請の影響

天下普請と市場

上方の先進文化地域で生活したり、そうした地域の実態を眼にしながら江戸に下ってきた人々にとって、少なくとも家康の江戸入りから第一次天下普請が終るまでの、約一五年間の江戸の有様や景観は、同時期の諸書の描写のとおり、恐ろしく貧弱なものであり、〝取るに足らぬ〟ほどのものでさえあった。

そうした東国の後進地域で、いくら天下普請の名の下だといっても、一挙に、石積船三〇〇〇艘の建造と集合が実現して、巨石を伊豆から何万個も運んで揚陸させるようになったり、そのための作業に要する労働力として、西国一円の三四家の大名に徴発され連れてこられた人夫が、これも何万人という人数で江戸で働くようになったのは、一種の奇蹟的現象といってよい。

しかしこの場合、天下普請のシステムとその源泉である天下人の権力の巨大さだけではなく、やはり江戸という場所の特質、つまり近世特有の流通の大規模化・広域化に十分に対応できるだけの地形的な条件――近世的湊を形成し得る条件――を備えていたことを挙げなければならないだろう。

より具体的にいえば江戸という場所の水運についての〝ふところ〟の深さが、北条の一支城の城下町といった中世的性格を超えて、列島規模の市場圏形成の一つの極としての近世都市化を実現したのである。

こうした展望の一環として、まず第一次天下普請に動員されて、江戸に集中した人々について考察をしてみよう。

大名が天下普請のために供出する人夫の数の最低規準は「千石夫」という割合だった。つまり禄高一〇〇〇石につき一人の人夫を供出するというものだった。しかし実際には大多数の大名が規準の一〇倍の「百石夫」であり、中には「五十石夫」などという犠牲的・献身的な大名の例さえ知られている。

しかしこうして人夫の頭数を揃えるといっても、そうした労働力は当時としては農民を転用する以外になかったのだが、それがただちに有能な土木作業員を確保したことにはならなかった。いやしくも大規模な築城工事用人夫といえば、ある程度の専門的技能を持つ人材を集めなければ、ほとんどその意義はないといってよかった。強いて素人の人夫の役割を考えてみると、機械力の全くなかった当時は、人海戦術的に巨石・大木などを運搬する際の〝動力〟として利用する場合だけであったろう。

それはそれとして、人夫の労働力を維持するためには、十分な食糧と住居の確保がすべてに先立つ。またリクリエーション施設も欠くことのできないものであった。

主食である米だけを考えてみても、国元から絶えず供給しなければ「御手伝」は事実上不可能だった。つまり「御手伝」は軍役と同じなのだから、食糧・燃料などは工事現場の江戸での調達は許されず、あくまで国元から持参または輸送するのが建て前だった。

もっともそうした建て前は建て前として、慶長期の天下普請が行なわれた時期の江戸では、大量の米が商品として市場に出まわるだけの都市的発達は、まだみられなかったという一面もあった。

食糧の現地調達に関しては、天下普請に限らず、幕末まで続いた各藩の江戸藩邸での米の消費の場合も同じで、江戸の米市場から直接藩邸消費米を買うことはあり得なかった。同様に参勤交代のための旅行の場合も、道中で現地調達できるのは飲料水と燃料（木《き》賃《ちん》）くらいのもので、食糧のほとんどは道中を通して持参するのが原則だった。例えば五街道の宿場の本陣（大名・旗本専用の旅館）の構造や営業形態で広く知られているように、本陣とはあくまで宿泊場所の提供に限られ、食事の提供はしなかった。つまり、大名の行動はあくまで自給自足が原則だった。

この原則を守り、また維持するために、後章でふれる東廻り廻船組織や、それと一体的な運用関係にある関東地方内陸部の、いわゆる「内川廻し」と呼ばれた河川水運が、異常なほどの発達をすることとなった。

石の相場

天下普請に使用した石材の調達方法の一例として、前に紹介した『御府内備考』中の「慶長記」の引用部分に、つぎのような興味深い石の相場に関する記事がある。

〔慶長〕十二年正月、江戸御城御普請御手伝大名十五人に被仰付。
加藤左馬助、松平土佐守、加藤肥後守、松平武蔵守、羽柴左衛門大夫、黒田筑前守、浅野但馬守、羽柴右近大夫、有馬玄蕃頭、細川内記、松平左衛門督、京極若狭守、
京極羽柴丹後守、鍋島信濃守、寺沢志摩守
又云、二月上旬に各江戸着、いづれも主人は在江戸。人数は石運送のため伊豆国有之。石積船以上三千艘これあり。一艘に百人持の石二ッ入、江戸へ往還す。江戸城石垣分七百間、高さ十二間或は十三間これあり。此栗石は去年米にて買置けるを金に替られける。今はことの外高直《たかね》也。頃日江戸にて百人持の石一ッ銀弐拾枚、ころたの石は壱坪に金小判三両の価也。関東衆は去年上洛供奉ゆへ手伝御免、但上洛せざる衆は千石に人夫壱人ヅツ出す。(中略)

同じき年三月朔日、藤堂和泉守高虎に命じて当城の縄張をなさしめらる。(藤堂氏天和書上に慶長十一年江戸御城の縄張高虎首尾能いたし御感有之。御加増二万石拝領仕候とあり。)(『御府内備考』巻之二、御城の部)

右の引用文中の「栗石」と「ころたの石」は石垣を築く時に、巨石で畳まれた表面からは見えない部分の「裏込め」用の石をいう。多くは、拳大から人頭大の丸石で、日本の石垣の構築方法では、この「裏込め」石がないと実際に築くことはできない。

百人持の石は伊豆から運んだのだが、その石の「江戸での相場」が一個銀二〇枚という記述は注目に値する。このことは天下普請という公的な場で、去年に比べ今年は高くなったという形の表現で「相場」が立っていたことを物語る。

すなわち御手伝を命令された大名家のすべてが、石切り技術のノウハウを持っていたとはいえず、同様にすべての大名が石積船での輸送・航海術を知った家臣(船員)を持っていたわけではない。

また石の切り出し技術、切り出し現場から海岸までの運搬、そしてその船積み、さらに相模湾から江戸湾を航海した上で、石を揚陸し、石垣築造現場まで運搬し、はじめて石垣工に石材の使用がゆだねられて築造がなされる。このどの作業工程を考えても、素人ができる作業ではなく、それぞれのパートごとに相当熟練した専門技能者を必要とする。

また第一次天下普請の石垣工事は、引用したように総延長七〇〇間、高さ一二～一三間の規模だった。

重複するようだが、この石材確保は総計三四家の大名が従事し、直接石垣を築いたのは三四家のうちの一五家だった。一軒の大名の平均の受持丁場（工事範囲）は四六間強だが、平石垣と角石垣（城門や櫓の部分の石垣）では課役の規準が異なる。

中には角石垣専門とさえ思える大名もいたという具合で、現在の建設業者の表現を借りれば、壮大な「出合い丁場」で江戸城は建設された。

この出合い丁場では、各大名家の石垣技術者の技術の系譜も、当然多彩なものがあったろうし、またそれぞれの技術水準の優劣もあるわけで、これを幕府の全体的な設計の下で実施するわけだから、江戸城構築の現場はいきおい技術や技能のコンクール場でもあり、各大名の威信のあり方をそのまま現実化する場でもあった。

こうした諸条件を丹念につきつめていくと、御手伝大名のうち「石屋」や「造船」、「航海」といった特別なノウハウを持っていた大名――いいかえるとそうした事柄に関連する技術者を確保できた大名――は、御手伝普請を自営または部分的直営の形で施工できたが、それを持たない大名は金銀や米で、石や船や運搬行為を買う以外に途はなかった。

というのは前出の江戸での百人持の石の相場、栗石・ころた石の相場に関する記事は「慶長記」だけではなく、例えば『東京市史稿』皇城・市街・港湾各篇（いずれも東京都刊）に見出すことができる。また石の産出地である伊豆半島各地の地方史の史料中にも、切り出し現場での山相場、積み出し場における浜相場、各大名家専用の丁場などの記録の集積がある。

それらの史料の検討や紹介はここでは省略するが、要するに天下普請という総合プロジェクトにおいて、原材料の採取・加工・輸送・造営などの各段階、各パートごとに相場が立っていたのである。

天下普請の発注主は「公」そのものの幕府であり、それを手伝う各地方の「公」の主体である大名の〝公的行為〟そのものが、それぞれの作業の節目ごとに市場を成立させた。そして、天下普請の進行状態や天候や災害などに応じて価格が変動し続けていたのである。それはある場合には、同じ御手伝大名同士の間での物資や役務の売買行為となり、また御手伝大名と御手伝を免れた大名との商行為の場合もあった。そしてその場合の流通の実務の大半は、各藩の直営であった点にひとつの特徴があった。

つまり「公的建設」そのものだった天下普請も、その実態は多種多様な市場原理の堆積の上に実現をみたのである。

天下普請と海運事情

ここで天下普請が可能になった条件としての、わが国の海運事情一般について概観してみよう。

近世、つまり天下統一の過程およびその完成と並行して、日本の海運事情も大きく変った。すなわちこの時期に初めて日本列島規模で、民間の定期的航路による廻船組織が実現した。このことはそうした廻船組織を必要とするほど、列島規模で物資の移動・流通が盛んになったことによる。

これは武家の天下統一の結果であって、武力による統一のもうひとつの側面として、畿内を中心とした市場圏が、全国的に拡大し定着したものとみることができる。

その意味で畿内に対する東国の江戸開発や、さらに秀吉が指向した奥州平定作業、つまり畿内市場圏からみると、多分に異質なものをもつ東北日本の市場圏の統合作業は、近世海運を考える上に、かなり重要な要素を含むものであった。

この質の問題はしばらく置き、徳川の第一次天下普請の準備作業としての、石船三〇〇艘建造計画とその実現の背景には、全国の造船能力と多数の船員が総動員された結果があるわけだが、それを可能にした条件——全国的な食糧を含む必要資材の供給——が裏打ちされていたからである。

より具体的にいえば、秀吉の天下普請を代表する大坂城建設の場合、小豆島から石垣用石材を切り出して、海路輸送したことがよく知られている。江戸城の場合はその発想ないし様式を全面的に踏襲した作業であって、発令者側も御手伝側も別に事新しいものではなかったのである。

しかしその舞台が先進地域の瀬戸内―畿内から東国の相模湾―江戸に移ったということは、文化圏そのものでもある畿内の市場圏が、東国に拡大したものとみることができる。このような物資の広域移動ないし流通の下地としての海運機能の発達が、天下普請の基本的な条件にほかならず、この両者の関係はまさに表裏一体だったのである。

「石船三〇〇〇艘」のための造船・海運のノウハウを持たない大名は、それを得るために自領産出の金・銀・銅や米で、他藩の技術的蓄積や「成果」を買い取ることで、御手伝の責任をはたした。この買い取り行為のために、伊豆と江戸で石相場が立ち、その決済用の金品もまた遠路、航洋船で運ばれた。くり返すが、一般の商品流通ならぬ「公用資材とその輸送」という場面でも、相場が立ったことがこの時期の大名相互間の関係の著しい特徴だった。

これは家康の江戸に限らず、信長の京都・安土の天下普請に始まり、大土木工事好きだったといわれる秀吉の諸建設、そして徳川の江戸・名古屋・大坂・日光、さらには大規模な河川工事などにも共通することだった。

そうした天下普請の現場における相場の形成は、おのずから関係する都市の市場機能を発達させた。それは畿内では全域的に既存の都市活動を刺激し発達させる要因になった。

しかし初期の江戸では既存の市場機能は貧弱であり、天下普請のためにはまずその前提になる都市の形成から始めなければならなかった。

結局、江戸と関東一円でのたび重なる天下普請という強権の発動は、いや応なく全国の大名の領国と江戸を直結する物流＝物資輸送路を創設する結果になった。そしてそれがそのまま、相場の立つ場＝いちばを形成することに通じていった。

五つの廻船航路

こうした物流航路から発達した近世海運のその後の状況については、厖大な分量の研究が蓄積されている。

これを私なりに整理してみると、近世海運史の主流は、第一に太平洋沿岸で大坂と江戸を結んだ菱垣廻船と樽廻船という二つの組織に対する研究である（この二つの廻船については、のちに改めて取り上げる）。

第二は日本海沿岸の北前船と西廻り廻船に対するものである。しかしこの二つの廻船については論者によって、相当に定義のし方が違う。例えば北前船の場合、A説は「北陸地方の船で大坂―下関―松前間を往復した買積船《かいづみ》」、B説では「北海道方面の海産物を大坂方面へ運送する北陸地方の船」、C説では「北前船が瀬戸内から大坂に入れば西廻り廻船」といった具合である。

第三は東廻り廻船でこれは主に東北地方の日本海沿岸から津軽海峡―三陸沖を経て江戸

にいたる廻船である。

この三つの海域を航海する五つの廻船の経営形態については、菱垣・樽廻船の本質は運輸業者として運賃収入を目的にした物流だという定義が下され、主に興味の関心は両者の競争、その盛衰、海難処理、対船頭問題に集中する。

これと全く対照的なものとして日本海沿岸の廻船は「買積船」、つまり自己資本で荷を買って船に積み、適当な相手に売るという差益商人が運用する流通だとされる。

しかし多くはそのことの指摘だけに終り、なぜ物流と流通行為――運賃稼ぎと買積み――に分かれたか、なぜ北前船一般の中から西廻り廻船を派生させたかといった問題にまでさかのぼって明快な解釈を述べている例は、あまり見当らない。また厖大な菱垣・樽廻船および北前船関係の史料や研究成果をみると、それぞれの組織や仕組みは案外、融通性の大きいものであった。これは幕末の例だが樽廻船組織に所属していた摂津鳴尾の辰栄丸の場合、菱垣建、城米建、瀬戸内の塩仕建、西廻り建と、当時の廻船航路のすべてに利用されていた傭船稼ぎそのもののような運用の例が知られているが、これが特殊な例ではなく、むしろ船の使われ方としたならば〝普遍的〟でさえあったことが指摘されている。

ここで廻船組織と表現した実態は、海難処理と対船頭問題――船頭の私的〝流通行為〟など――に対処するための、一種の自治的組織であり、江戸・大坂はもちろん、それ以外の大名領でも「廻船営業者」の統制と冥加金収入の確保のために、自治的であることを建て前とした同業組合の結成が奨励された。

この太平洋側と日本海側の対照的な廻船の中間的なものとして、東廻り廻船がある。これは、のちに主に東北地方の大名領と幕領からの産米を江戸に運ぶために開発された航路で、その発生は第一次天下普請を契機とした。すなわち家康は慶長十四年（一六〇九）四月に、東北大名に対して銚子築港の天下普請を発令している。

つまり秀吉に天下統一された後の東北大名は、文禄・慶長の豊臣家の天下普請で伏見城の御手伝を命じられた時、用材と手伝い人足とその食糧を、それぞれ自分持ちの船で秋田から敦賀へ廻漕し、帰り荷として豊臣家の蔵米（官用または官有米）を津軽から南部小浜に運んで販売したのを始めとする。

この航路を延長して太平洋岸を南下するコースは、当然のことながら〝有史〟以来知られていたが、冒険でも戦争でもなくこの航路を定期的に往復する廻船航路は、東北諸藩の場合は家康が将軍に就任した慶長八年（一六〇三）以後のことだった。それまでは東廻り航路はあっても、東廻り廻船航路の必要がなかったのである。

そして第一次天下普請の開始とともに東北各藩は各自の藩有船で、米と資材を江戸に運んだ。運んだ先での〝市場取引的活動〟があったことはいうまでもない。

しかしそれが盛んになるにつれ専門業者に委託した方が有利となり、徐々に民間人と民営船の参入を認めるようになり、寛文年間（一六六一〜七三）には河村瑞軒《ずいけん》の手によって、主に民営船による蔵米輸送のための東廻り廻船組織が確立する。

この五つの廻船に関する厖大な研究成果や蓄積ではあまり取り上げられていない事柄と関連させて、近世海運の特徴をまとめると、おおむねつぎのようなことがいえよう。

一　近世海運の確立は豊臣・徳川の実施した天下普請が大きな要因だった。

二　太平洋側と日本海側廻船の経営形態の相違は、太平洋側は国内的物流であり、日本海側は海外貿易を主とするものだったことによる。後者の場合の貿易の主役は、北海道ののちに「俵物三品」と呼ばれた海産物と、秋田の阿仁鉱山の金・銀・銅などの鉱産物だった。

三　北前船と西廻り廻船の相違は、日本海沿岸から東シナ海の琉球まで、買積船が国際貿易を目的に活躍したのが北前船、それが市況＝相場や天候などで進路を変えて大坂に入ったのが西廻り廻船。

四　国際貿易の〝お余り〟と畿内・西国一円から集荷した物資に値をつけて、江戸に輸送したのが菱垣廻船と樽廻船ということになる。この状況が大坂を「天下の台所」とした理由だった。

四の中には全国の米産地や特産品生産地を持つ藩が、大坂に蔵屋敷を設けて市況をにらみながら放出してその歳入に当てた。これも「公有物資」の相場立てにほかならず、その原型は天下普請の際の御手伝大名相互間の〝取引〟だったことはいうまでもない。

なお江戸で各藩の生産物に価格が形成されるようになるのは、おおむね享保年間(一七一六〜三六)以後のことだった。

海外貿易との関係

一五八八年(天正十六年)、無敵を誇ったスペインの大艦隊は英国海軍に完敗した。その一二年後の一六〇〇年、エリザベス一世から「喜望峰からマゼラン海峡間の東インド」の貿易独占の勅許状を得て、イギリス東インド会社が発足した。

少し前後するが、秀吉は文禄元年(一五九二)から慶長三年(一五九八)にかけて、朝鮮侵略を行なった。戦況は泥沼化し、とくに海戦で大敗して制海権を失ったところで病没した。家康はその没後一週間目に講和を結び、無事に日本軍を撤退させている。このことは彼の天下統一に大きな影響を与えた。

その二年後の慶長五年、つまり英国の東インド会社発足と同じ年、オランダのリーフデ号が豊後に「漂着」し、家康はその乗員のアダムスやヤン・ヨーステンを大坂城で引見している。そして関が原戦で勝利を得て、実質的に天下を取っている。

ついでその二年後の一六〇二年、オランダ連邦議会はオランダ東インド会社を発足させ、一六一九年（元和五年）にはその本拠地としてバタビア（現、インドネシア国ジャカルタ市）を建設している。そしてこれらの「波」は日本とは無縁なものではなく、大きな影響を与え続けた。

家康は慶長十年（一六〇五）四月、将軍職を秀忠に譲り国内政治をまかせた。そして自身は駿府に移り精力的に海外貿易の主管者として活躍した。その状況を『徳川家康公伝』の中の「徳川家康公詳細年譜」をもとに作成した「家康と海外通交関係年表」（『江戸と城下町』所収）でみると、その外交と通商関係は、〝全方位〟的であり、彼が発行した多数の「渡海朱印状」は日本人と外国人の別なく、また日本人の場合は町人・武士、性別などの区別をつけず、もっぱら確実に利益をもたらす者を選んでいる。

ここで特に注目したいのは第一次天下普請を割り当てた主要な大名に対して「渡海朱印状」を与えていることで、発行年次と大名名と渡海先を挙げるとつぎのとおりである。

慶長九年　島津忠恒……シャム
　十年　有馬晴信……西洋。島津忠恒……安南。鍋島直茂……西洋
　十一年　島津忠恒（家久と改める）……琉球征伐許可
　十四年　加藤清正……シャムと交趾（インドシナ）。島津家久……シャム。亀井茲矩……シャム

十五年　亀井茲矩……シャム
十六年　松浦鎮信……安南。細川忠興……シャム。ところが細川家の船は安南に漂着、安南都府はこれを送還した。

このほか毎年多くの町人や家臣、外国人に対して朱印状を発行している。この一覧の大名の場合は、あくまで大名の直営による渡海であって、直営の場合の方が全体からみてむしろ少なかったものと思われる。天下普請の目的は全国の大名を経済的に搾りつくすことにあるというのが従来からの通説だが、右の一覧のような九州・中国大名に対する朱印状発行状況をみると、海外貿易の利潤で天下普請の穴埋めをさせているようでもある。

渡海朱印状、来航朱印状発行状況の全貌を紹介しないで、結論的な表現はつつしまなければならないが、家康の海外貿易方式は、連合オランダ東インド会社方式に似ていて、〝トクガワ東インド会社〟的運営をやっていたようである。

このように〝大航海〟の実績は当時の日本ではかなり蓄積されていた。それゆえに石積船三〇〇〇艘という発想が出され、その建造を命じられた大名たちも、特別違和感を覚えないで命令を達成したものと考える。こうした下地があったことを前提にすれば、たかだか日本列島の中の本州島の沿岸航海である五つの廻船航路は、当時の航海技術の水準からすれば、かなり楽な航海だったといえる。

第三章　日光造営の深慮遠謀

1　利根川から見た江戸

家康領再検討

天正十八年（一五九〇）に家康が与えられた関東の新領地の大部分は、小田原北条氏の旧領（伊豆・相模・武蔵・上野四カ国）と、それに加えて上総・下総二カ国の計六カ国の範囲だった。

新しく家康領になった下総は当時の利根川の左岸にあり、上総は東京湾東岸にあって、ともに十五世紀半ばから約一五〇年間、利根川右岸の武蔵・相模との間に、「鎌倉公方対古河公方」または「北条対里見」といった対立の図式を形づくっていた。利根川とそれに続く東京湾は両岸の絶え間ない〝東西抗争〟の「境」をなしていたのである。

この長年の対立の「場」が家康の新領地に組み込まれたということは、日本全土の天下統一は、このような局地的な〝天下統一〟の積み重ねで実現していったことを物語るものでもあった。

さらに家康が天下を取り、幕府を成立させてから明治にいたるまでの二七八年間にわたり、精力的に続けられた利根川の瀬替《せが》え、つまり利根川河口を東京湾から銚子に移す、いわゆる「利根川東遷」作業は、関東における最初の家康領六カ国を、すべて利根川右岸に組み込む作業だったともいえる。

この作業は、これまでは利根川の洪水が江戸に及ぶのを防ぐためのものであるという「治水史」の観点でしか扱われてこなかった。しかし、「事実」として利根川の洪水が江戸を直撃したことは一度もなく、かえって後出の「荒川の瀬替え」（一九一ページ）の項で見るように、洪水被害は覚悟した上で舟運を開いている。つまり、江戸期の河川管理は治水よりも舟運確保に重点がおかれていたといってよい。結論的にいえば、「利根川東遷」作業は徹頭徹尾、関東平野の二大河系である鬼怒川水系と利根川水系の、運河化による一体化であったのである。

ここで本題に入る前に、近世の運河の一般的な説明をしておこう。まず行徳―江戸間の沿海運河は、帆船時代に沿岸航海をする場合の特有な工夫であって、その実例は日本国内では仙台湾の塩釜から阿武隈川河口の荒浜間三六キロの貞山堀などが代表的なものとして知られる。

国外の例ではインド大陸の西岸にある「胡椒海岸」のバック・ウォーター（コチン―アレッピー―クイロン間）が〝海のシルクロード〟の沿海運河として有名である。

さらに最近、日本でもその所在が再認識された例として、中部ベトナムのダナンとホイアン間の沿海運河がある。この二例はいわゆる大航海時代のものだが、アメリカでは一七五五年にジョージ・ワシントンが発案したアトランティック・イントラコースタル水路(Atlantic Intracoastal Waterway　大西洋沿岸全長一八一七キロメートル)があり、汽船時代最中の一九二五年に開発されたガルフ・イントラコースタル水路(Gulf Intracoastal Waterway　メキシコ湾岸全長一七九〇キロメートル)が、ともに現役の運河として活用されている。さらにつけ加えると、〝アメリカの利根川〟ともいうべきミシシッピ川には前記の二つの沿海運河と連絡するミシシッピ・リバー・システム(Mississippi River System)と呼ばれる舟運組織が盛業中である。

それはさておき、江戸—行徳間の沿海運河建設は、世界史的にみてもかなり早い時期のものだということを再確認しておきたい。

また、ひと口に運河というと、江戸前島の船入堀のように陸地を掘り割って水を通したものだけしかイメージしない向きが多いが、水面を埋め残して水路とした運河も多い。江戸の場合は小名木川をはじめ、市中に網の目のようにつくられた運河の大部分は、埋立地を造成する過程で、かつての水面を埋め残したものである。

さらに自然河川の運河化というタイプもある。洋の東西を問わず機械力の全くなかった時代の舟運は、川を溯る場合の工夫、つまり舟を人力や馬などで上流に引っぱり上げる必要があるわけで、川に沿って人や馬の歩く道を整備することが「運河化」そのものだった時代もあったのである。角倉了以《すみのくらりようい》の開発した富士川の運河化や、多摩川の運河化などはこの型で、全国的に広くみられた。

以下順次取り上げるように、江戸時代の利根川舟運路をみると、この三つの運河の型が入りまじってみられる。それは西欧が十七世紀後半からの産業革命によって、いわゆる「運河狂時代」に突入する一世紀半も前からのことだった。

運河と水運

なぜ江戸が臨海に立地し、船入堀を掘り、埋立地を拡大させ、その埋立地の間の水面を運河化したかといえば、当時の唯一の長距離かつ高速の輸送手段である海運のネットワークを列島規模で成立させるのと同時に、地元の広大な利根川流域の舟運を海運と一体化させる必要があったからである。

畿内の上方《かみがた》市場圏の中心の大坂と江戸を、定期的・商業的に結ぶ海運航路は、豊臣勢力が壊滅してから五年たった元和六年（一六二〇）に、菱垣廻船組織として実現した。もちろんその以前から海運による「東西」交通は、いろいろな形で存在していたことはいうまでもない。菱垣廻船とはくり返すがあくまで定期的・商業的な目的を持って運用される商船交通を意味する。

ついで正保年間（一六四四〜四八）には樽廻船組織もできて、両者は競争関係のもとに発達し、盛衰をくり返しながら明治まで続いた。

さらに寛文年間（一六六一〜七三）には、河村瑞軒によって開発された東廻り廻船組織も成立し、これに前章でみた北前船・西廻り廻船を加えると、初めて本州島の沿岸は商業航路で結ばれ、各地の市場圏が全国的規模で統合された。

武力または法制的に天下統一が実現した時点を、江戸幕府開設の慶長八年（一六〇三）だとすると、経済的天下統一——市場圏の全国的統合——までの間には、奇妙な一致がみられる。それは家康の江戸入りから江戸城の完成を含む大江戸の成立までに、将軍の代で四代、実年数で七〇年の歳月を要しているのと同様に、慶長八年から東廻り廻船航路が実現した寛文末年までの間も約七〇年である。

これはいいかえると徳川の天下普請が始められてから、列島一周の廻船航路が完成するまでの期間にひとしいということでもある。土木的大建設の場合でも、その建設を可能にした社会経済的成熟の速度も、ほとんど同じ年月を要している点に、この時期のいわば〝時代的特色〟がよく現われているのである。

内川廻し

東廻りの航路は東北地方の日本海沿岸から、津軽海峡を経て三陸沖—仙台—那珂湊—鹿島灘—房総半島沿岸—伊豆下田に着き、下田から改めて風待ちをして江戸に至るコースである（現在からすれば異様なコースのようだが、帆船航海時代はこの航路が最も合理的だった）。

この外洋コースと共に、「内川廻し《うちかわまわ》」または「奥川廻し《おくかわまわ》」と呼ばれた河川舟運も、東廻り航路の重要な部分として開発され利用された。

「内川廻し」コースとは、時代により相当な変化があったが、その大体は東廻り航路で那珂湊または銚子湊まで運ばれた物資を、北浦・霞ヶ浦などの湖沼と、大小の河川づたいに江戸まで通じた「運河群」コースによって江戸にもたらす舟運をいう（図31を参照）。

「運河群」と表現したのは、このコースの中には、例えば那珂湊と北浦または霞ヶ浦間の陸路や、利根川の瀬替え以前の鬼怒川水系と利根川水系の分水嶺である微高地を越えるための陸路が含まれていたことによる。さらに季節によっては水量不足の河道をソリのように曳き舟する「舟運」の部分もあったためである。それでも航行日数の予定のたたない外洋コースよりも、はるかに有利であったため、「内川廻し」はおおいに利用された。

利根川の瀬替え——その東遷作業——は、この「内川廻し」コースのすべてを、安定した水路として確保するための計画であり事業だったのである。

この当時の利根川（現在の古利根川—中川）沿岸には、いくつかの「河関」の存在が知られている。「河関」とは第一章の「鎌倉との交通」（九九ページ）の項で木曾川の河関が出てきたように、文字通り河の関所であり、主な舟運の河岸ごとに設けられた領主の通行税徴収機関だった。

現在残る厖大な北条氏関係の文書から確認できる「河関」は、最上流部のものとしては八甫《はっぽう》（埼玉県鷲宮町）、以下古利根川に沿って彦名（三郷市）、その対岸の鶴ヶ曾根（八潮市）、さらに下流の戸ヶ崎（三郷市）、猿が俣（東京都江戸川区）と、その対岸の大堺（八潮市大瀬）などがある。このほか現在の旧江戸川河口部の行徳と長島にも、それぞれ「河関」があった。これらの「河関」のあり方は、川をはさんで対《つい》をなす形で設けられていて、この古利根川流域は大きな地域的境界圏をなしていた。

またとくに八甫は、北条氏の舟がすでに下総国佐倉―関宿間、および下総国庄内葛西（現、庄和町）―栗橋（現在の茨城県猿島郡五霞村にある元栗橋）間を往復していた記録（「天正四年（一五七六）北条氏照判物」『埼玉県史』等に収録）からも知られている。

これは八甫が利根川・太日川（渡良瀬川）・鬼怒川のそれぞれの河流の接続部だったことを物語る。

つまり従来からいわれてきた「利根川東遷物語」の始まりが、徳川期に入った約三〇年後の元和七年（一六二一）の赤堀川開削開始からだとする説は、大きく再検討されなければならないのである。

それはさておき古利根川、つまり現在の中川河流の沿岸には、中世の津《つ》（近世の河岸に当る）の名のほとんどが、現地名に継承されながら残っていて、かつての盛んな河川交通の有様をしのばせている。

旧秩序の否定

家康は江戸入り直後から、新領地を精力的に巡視して廻り、民政上の諸施策を現地で指図している。

その中での寺社政策をみると、当然のことながら前領主北条氏との因縁の深いものはあまり重視せず、そうはいっても土地の人々の生活に密着し、尊崇を受けていた寺社には厚くという形で、寺社に対して土地を与えたり、従来からの所有を認める意味での朱印状を発行している。その状況は例えば家康江戸入りの翌年の天正十九年（一五九一）十一月だけで、相模国では六一社七二寺に、武蔵国では四四社一一七寺に所領を寄進する旨の朱印状を出している。

この時の武蔵の場合、最も大口の朱印状は四〇〇石（一件）であり、その他は二〇〇石（一件）、一〇〇石（二件）、五〇石（一件）が目立つ。そして最高の四〇〇石の所領は、八甫の鎮守の鷲宮神社に与えられている。家康の本拠の江戸の総鎮守である神田明神には三〇石しか与えていないのだから、鷲宮神社に対する扱いがいかに手厚いものだったかがわかろう（各寺社に対する所領朱印状についての詳細は、これも「徳川家康公詳細年譜」を参照されたい）。

このことは、くり返し強調するように、中心的「和市」の所在地だった当時の鷲宮および八甫が、利根川はじめ関東全域の舟運の、これまた中心的役割を果していたことを雄弁に物語るものだった。徳川新領地内における「天下統一」は、旧来の河関や山関を撤廃し、より広域な経済圏を確立することにあったのだが、長年におよぶ前代からの河川交通や流通事情は、段階的に再編成するより方法はなかったといえる。

この場合、結論を先にいうと、少なくとも家康の死から大江戸の成立までの約五〇年間の、幕府の利根川舟運の再編制方針は、庄内古川の改修を中心に、全く新しい河川である江戸川をつくり上げることに終始したといってよい。

そのために、旧秩序を代表する、つまり旧来の利根川河流を中心とした鷲宮神社（とその氏子集団）に対する気配りと厚遇を尽くしたのである。そしてこの河川新設工事もまた天下普請で実施された。

2　江戸と日光

日光への道

家康はその死の翌年の元和三年（一六一七）に、日光東照宮に祀られた。この東照宮の造営のために、元和二年の天下普請に動員された大名は、総監督の本多正純（宇都宮）をはじめ日根野吉明（壬生）、奥平忠昌（古河）、小笠原政信（関宿）、松平一生（今市）、浅野長重（常陸真壁）、大田原政清（大田原）、那須資景（福原）、大関高増（黒羽）、水谷《みずのや》勝隆（下館）、岡本、成田氏宗（那須）などだった（各大名の禄高などは省略。上記の「岡本」は不明。また後述する関東諸河川の天下普請の動員大名の詳細も省略する）。

この動員大名たちが社殿の造営工事をしたのだが、それぞれの領国の分布をみると、日光を中心に鬼怒川と利根川両水系の舟運も同時に開発させるねらいを持っていたことがわかる。ということは日光周辺の大名たちは、東照宮造営の御手伝をすると同時に、自領の舟運路の整備を通じて、広く関東地方の水運網の確立に寄与する機会も与えられた。

そしてそれがこれから述べる「内川廻し」コースの〝公的〟な原型になった。

ここで天下普請による日光東照宮造営の経過をみると、先の元和三年に完成した東照宮が、三代将軍家光の強い発願で現存する社殿に造り替えられたのは、最初の社殿の完成から一八年後の寛永十一年（一六三四）十一月から同十三年四月までの工事によった。

この時の工事について『栃木県史』などでは、「東照宮一切の建坪八二五坪　購入用材材木一四万八〇七六本　五万三九七七両。金箔　二四八万五五〇〇枚　四一三三両」とか所要経費として「黄金五六万八千両　銀一〇〇貫目　米千石」といった断片的な数値の文書を伝えている。

そしてその注釈に材木の多量さについて「〆《しめ》尺＝三〇センチ角、長さ三・六メートル、縦に並べると五二〇キロメートル」といった計算もつけ加えられている。

その内容の検討はさておき、いずれも寛永度の東照宮造営の天下普請の規模の大きさを物語る数値なのだが、それらはすべて舟運で運ばれたことは改めていうまでもない。

なお元和二年（一六一六）に造営された最初の東照宮の社殿は、日光から現在の群馬県新田郡尾島町世良田の長楽寺境内に移築されて、「世良田の東照宮」として現存する。

この移築の理由は、家光があまりにもその社殿の規模や結構の小さいことに不満を持ったためだといわれているが、元和二年完成の世良田の東照宮を実際にみて、寛永度の現存の日光東照宮と比較すると、わずか一八年という歳月の間に、建築技術もその輸送力についても、すべての点で飛躍的な発達があったことをしのばせる。

その後、文久三年（一八六三）まで大小一八回の東照宮修理のための天下普請が発令されている。平均すると約一三年ごとに〝運の悪い〟大名が、日光修理を命じられていた勘定になる。くり返すがすべての費用一切が御手伝大名の負担だった（ただし幕末の天保期になると現金納で天下普請を済ませてしまう大名もかなりの数におよぶようになった。また幕府側も最初から現金納を期待するようにもなっていた。この天下普請の「現金納」化という現象こそ、徳川幕藩体制の崩壊の第一歩であり、この時点から明治維新が始まるという近代政治史上の画期とピタリと一致するのである）。

なぜここで日光造営を取り上げたかというと、幕府にとって日光造営はすべての土木・営繕に優先するものであり、その輸送路の確保――具体的には利根川をはじめとする諸川の瀬替え――は、元和二年の時点である程度実現していたことを明らかにするためだった。

瀬替え前後

元和七年（一六二一）、幕府は江戸と日光を舟運で直結させるために、さきに述べた「内川廻し」コースの原型に、本格的な手を加える天下普請を発令した。これが多くの「利根川変流史」における「新川通」と「赤堀川」の開削工事であった（図**13**参照）。それは当時の栗橋から関宿の対岸の境まで掘り割って、利根川の水を鬼怒川水系に属する常陸川上流にみちびく工事である（この時に動員された御手伝大名は一〇家）。

ところがこの工事の結果として、常陸川下流の鬼怒川および小貝川の合流点（取手東方・図外）で、新しく利根川から導水した分だけの水量増加が、常襲的洪水をもたらした。

これを解決するために寛永三年（一六二六）に、のちの下利根川の十三間戸—神崎《こうざき》（千葉県香取郡）間の河道改良を実施し、翌四年にはそのすぐ下流の江口沼付近の河道改良を行ない、翌々六年には鬼怒川をストレートに常陸川につなげるために細代—大木—三ツ堀間の台地開削をしている。

さらにその翌七年には小貝川の牛久沼から下流の河道の大改良をした。

この一連の鬼怒川流域の河川工事は、寛永五年から七年にかけて行なわれた大規模な石垣工事を含む江戸城建設の天下普請のための準備作業、つまり江戸への人員と食糧の大量輸送路建設の意味をもつもので、同時に「内川廻し」コースの整備にほかならなかった。

荒川の瀬替え

鬼怒川改修と同じ年の寛永六年には利根川の支流としての荒川を、現在の熊谷市南東（図13の＊部分）で入間川流域に瀬替えするという画期的な河川改修も行なっている。

この工事の実施は前出「旧秩序の否定」（一八六ページ）の項でみたように、中世以来の

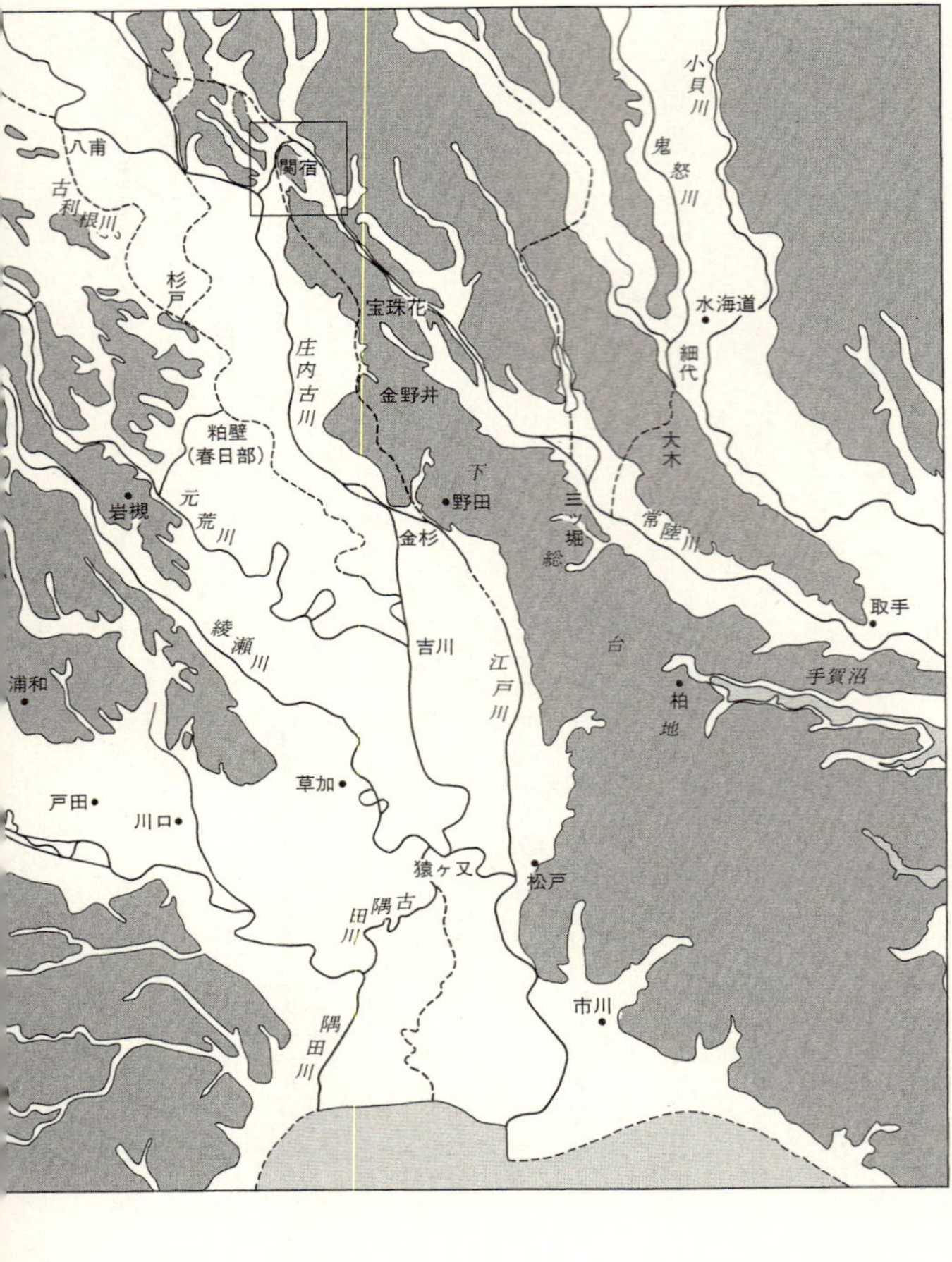
八甫
古利根川
関宿
杉戸
宝珠花
庄内古川
金野井
粕壁
(春日部)
岩槻
元荒川
下
野田
金杉
三ツ堀
総
常陸川
小貝川
鬼怒川
水海道
細代
大木
取手
台
柏
地
手賀沼
綾瀬川
吉川
江戸川
浦和
草加
戸田
川口
猿ヶ又
古隅田川
松戸
隅田川
市川

図13　利根川の変流と江戸川――図は本文に出てくる利根・鬼怒両水系の地名と河流の状態の索引図でもある。

東京湾に流入していた利根川を鬼怒川流域に変流させ、その河口を銚子に付け替えた過程は、これまで江戸―東京の洪水防止のための治水工事だという観点でしか扱われてこなかった。

しかし歴史的事実と関係史料を再検討すると、江戸（江東地区を除く）は直接利根川の洪水の影響を受ける位置にはない。利根変流の最大の目的は天下普請のあり方からすると、利根・鬼怒両水系の一体化による関東地方の舟運確保だった。

この一体化の大きな障害は図の関宿を頂点に、西側は野田―松戸―市川、東側は三ッ堀―柏の線に囲まれた下総台地の存在だった。そのため中世以来舟運路の延長として、この台地を横断する試みがくり返されてきた。また関宿とその北の五霞村付近では、増水期には利根・鬼怒水系が合流することもごく普通のことであった。

この二つの状態を整理したのが利根川を鬼怒水系の常陸川に分流させた元和の天下普請だった。その後中世以来の舟運幹線だった図中の古利根川・庄内古川の役割を否定して、渡良瀬川＝太日川の流路を利用して新しく江戸川を創設し、利根・鬼怒両水系の一体化に成功した。江戸川の流路の一部が下総台地内に掘り込まれている点に留意されたい。また荒川の入間川への瀬替えの状況も図（＊印）で確認されたい。

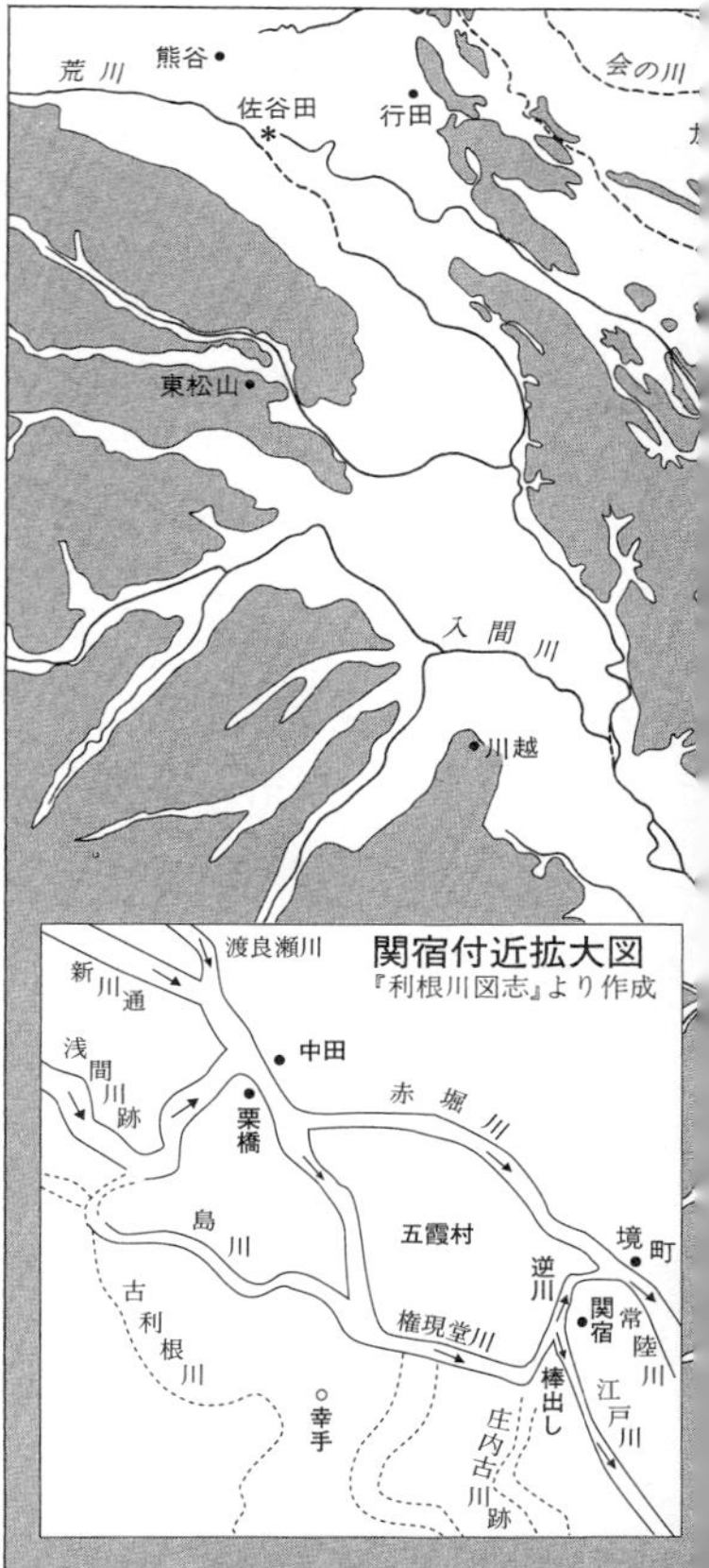

利根川の主流である古利根川と、つかず離れずほぼ平行して大宮台地内から埼玉平野内を流れていた荒川の中世的機能を奪うとともに、荒川の水を入間川に加えることにより、川越と江戸間の舟運を年間を通して確保するという二つの大きな目的のためだった。

現在の地図でみても旧入間川、つまり現在の荒川は極端に蛇行をしていた形跡を明瞭に示している。蛇行現象は川の勾配の少ない場所、つまり水が流れにくい場所特有の現象である。蛇行の激しい河川は舟運に不適であり、それを解決するための流量増加手段が荒川の瀬替えだった。

しかしそのため、明治四十四年(一九一一)から昭和五年(一九三〇)までの一九年がかりで荒川放水路(現在の荒川)が完成するまでは、入間川改め荒川の下流である隅田川の洪水のため江戸—東京は絶えず水害の直撃を受けてきた。

また瀬替えの結果、〝頭をモギ取られた〟荒川は、元荒川と名を変えて大宮台地の狭い谷を流れ、岩槻市東部から埼玉平野に出てからは、変流・蛇行を重ねながら吉川町付近で古利根川に注ぐようになった。この状況は現在でも本質的に変らない。

江戸川の創設

元和七年(一六二一)の「新川通」と「赤堀川」工事の結果、「内川廻し」舟運が公的に発足し始めると、江戸のかつての沿海運河小名木川の起点部にある深川海辺大工町が、幕府に対して「奥川船」の湊町設立の許可申請を出し、寛永十四年（一六三七）には許可されている。

「奥川船」または「奥川筋」とは江戸から見た「内川廻し」のことだった。奥川とは奥州に通じる水路という意味でもあり、そもそも「内川廻し」とは東廻り廻船航路の外洋コースに対する内陸河川利用コースをいったものだった。

またこの時に許可された深川海辺大工町の湊町とは、隅田川西岸の江戸下町の町奉行支配地での河岸《かし》に当る。寛永十四年当時の深川の市街地は、まだ町奉行支配ではなかったため湊町と表現されたのである。さらにこの湊町に成立した「奥川船問屋」組織は、江戸―東京を通じて大正期まで東廻り廻船航路のターミナルとしての役割を果した。

こうした状況の中で、古利根川にかわる新しい水路としての江戸川開削（地形図を見れば説明の必要もないが、関宿―金野井間、および金野井―野田市西方までの江戸川河道は台地を掘り割った純然たる運河である）が、寛永十年、同十二年とたて続けの天下普請で行なわれた。

一方、江戸でも寛永十二、十三年と江戸城外郭工事を含む総仕上げの天下普請が発令された（この時に主に東北大名が動員された堀普請は、現在でもＪＲ四ッ谷―市ヶ谷―飯田橋間の線路に沿った濠と、その跡にみられる）。

そして江戸城工事が一段落した寛永十八年（一六四一）には権現堂川、逆川および金杉

―関宿間の人工河川を開削し、中世以来の渡良瀬川とその下流の太日川の河流（一部は庄内古川）を廃止して、新河川江戸川をつくり上げた。これは家康の江戸入りから五一年目のことで、この時点で幕府は中世以来の、さらには北条以来の舟運体系の再編成を実現させた。

このように広義の利根川の〝国土計画〟と、江戸の〝都市計画〟はつねに表裏一体の関係において進行し、一方では大江戸を形成し、一方では「内川廻し」コースを完成させていった。江戸川の創設はそうした過程の象徴的な事柄だったのである。

ここで江戸川に舟運幹線の役割を奪われた、利根川の原型である古利根川・元荒川、そして古隅田川の河流流域、すなわち埼玉平野の現況を見ると、東武伊勢崎線の北千住以北杉戸までと、杉戸―羽生―館林間がおおむね旧利根川の河流に平行して走る。

また杉戸から東武日光線が分岐してほぼ旧渡良瀬川の河流に沿って栃木―鹿沼―日光と走るが、江戸時代の五街道（実質的には千住―宇都宮間は日光街道と奥州街道が重複していたため四街道）も、おおむね伊勢崎線で結ばれた線と平行してつけられていて、このルートは第一章の3「埼玉平野の開発」（五〇ページ）の項でみたように十二世紀から成立した集落や津・湊町を連ねた形で存在する。

それに対して新設の江戸川沿岸は、江戸時代から集落の発達の少なかったことが特徴的である。江戸川沿岸の目ぼしい集落といえば、関宿、野田、松戸くらいのもので、江戸時代の地図を見ても宿駅の路線でないこともあって、至って淋しい状況を示している。明治以後の鉄道時代に入っても、ついに伊勢崎線に相当するような路線は、江戸川に平行して敷設されなかった。

この江戸川沿岸の淋しさの理由は、人工河川であり、いわば「内川廻し」専用水路としての役割だけの、現在でいえば高速道路的な機能しか持っていなかったためで、ついに地元との「縁」が生じないまま、現在に至ったといえる。

物資の需給

これまでは河流の変遷だけを中心にみてきたが、こうして形成された舟運路では何がどのように輸送されたかを、簡単に説明しておこう。

「内川廻し」の原型をつくり出すきっかけになった日光東照宮造営では、主として上方からの建築資材、とくに装飾用の工芸用資材と職人・労務者の食糧であり、この場合の戻り船は空船だった。これはいわゆる〝商業ベース〟ではない輸送の特色といえた。「内川廻し」航路の目的は、江戸に対する奥羽産米の輸送が最大の目的だったことはいうまでもない。

それは江戸の天下普請に従事する大名の家臣と、徴用した多数の人夫の食糧の安定的な輸送のためだった。さらには前述のように天下普請用資材や労役の相場に対応させるために、必要な飯米用食糧を上まわる量を輸送し、それを売却することによって自藩の天下普請による経済的負担を少しでも軽減するためのものでもあった。

このように天下普請のための水運は、建設資材・食糧の別なく片道輸送で目的は果せたのである。

しかし昔も今も、とくに貨物船の場合は空船で海を航行することは非常な危険をともなう。現在の何十万トンという巨大なタンカーでも、石油を積み込むまでは、船腹に水を積んでバランスをとり吃水を深くしなければ航行は不可能である。

江戸期の廻船に多用された弁才《べざい》型の和船の場合でも条件は同じであった。つまり天下普請用の藩の直営船でも、戻り荷の積み込みの場面では、おのずから商業ベースの行為が発生した。外洋航行船でも「内川廻し」の河川航行船でも、往復ともに荷を積み込まなければならない物理的な必要性が、舟運・海運のより一層の発達をうながしたといってよい。

天下普請年表（江戸と関東地方）——広大な関東平野の主流となった人工河川江戸川（明治時代までは利根川と呼び続けられた）のその後の状況を年表の下段に紹介する。**図13**も参照のこと。

利根川に限らず幕領（天領ともいった）の主要河川の維持・管理の多くは、天下普請によった。次表には直接「内川廻し」に関係するもののみをとりあげた。（　）内の藩名は藩側に記録のあるものに限ったが、実際には一回の天下普請に動員される大名は、少なくて五、六藩、大規模災害の復旧の場合には二

○藩くらいが「御手伝」に動員されている（〔　〕内には御手伝大名数を記した）。

なおつけ加えれば、これに日光修築・日光祭礼・日光街道整備などの「御手伝」もあったのである。

年号	西暦	事項	江戸城以外の事項と天下普請
天正一八	一五九〇	家康江戸入り。沿海運河小名木川・新川の線の確定、行徳―江戸間開通。道三堀工事着工	
文禄二	一五九三	松平忠吉、下総小見川―江戸間を米の舟送、以後続く（「内川廻し」航路の原型の一つ）	
慶長八	一六〇三	家康、将軍に就任	
一一	一六〇六	第一次天下普請発令。石船建造―菱垣廻船の原型成立〔34家〕	
一二	一六〇七	江戸城本丸工事〔44家〕	
一六	一六一一	江戸城西丸工事〔14家〕	
一八	一六一三	第二次天下普請発令（江戸）	
一九	一六一四	江戸城本丸・西丸・西丸下石垣工事〔34家〕。 大坂冬の陣	
元和元	一六一五	大坂夏の陣、豊臣滅亡	
二	一六一六	家康没	
三	一六一七	家康、日光に東照社として祀られる。その造営のため「内川廻し」の原型成立〔12家〕	

六	一六二〇	第三次天下普請で江戸城本丸・北丸工事〔10家〕	菱垣廻船組織成立
七	一六二一		赤堀川・新川通の開削〔10家?〕〔江戸川創設の第一着手〕
八	一六二二	江戸城本丸殿閣工事	
九	一六二三	秀忠退任、家光将軍就任	
寛永元	一六二四	寛永寺建立	
三	一六二六		十三間戸―神崎間改修。佐原―津宮―大倉間改修
四	一六二七		下利根川―江口沼改修
五	一六二八	第四次天下普請、江戸城本丸・西丸および外郭大工事（寛永七年まで続く）	
六	一六二九		常陸川・鬼怒川直結工事（細代―大木―三ッ堀間開削）。荒川を入間川へ瀬替え。江戸深川猟師町築立
七	一六三〇		小貝川の瀬替え（牛久沼南方）
一〇	一六三三		第一次江戸川開削天下普請〔10家〕
一二	一六三五	江戸城二の丸拡張工事〔8家〕	第二次江戸川開削天下普請
一三	一六三六	第五次天下普請、江戸城外郭工事（石垣・堀）〔120家〕	寛永一一年以来工事中だった日光東照宮（現存のもの）完成〔全大名家〕
一四	一六三七		深川海辺大工町、奥川船問屋組合設立を許可

			される
一八	一六四一		江戸川創設完成（旧渡良瀬・太日両川の江戸川化および旧利根川の古利根川化）
正保四	一六四七		樽廻船組織成立
慶安三	一六五〇		「霞が浦四十八津掟書」成立。つまり流通基地としての津―河岸が成立したことを示す。この年に現下館市にも河岸が成立（土浦藩）
四	一六五一	家光没、家綱将軍就任	
承応三	一六五四		赤堀川の河底を削る〔1家〕
寛文五	一六六五		逆川増削〔1家〕
七	一六六七		東廻り廻船組織成立
延宝八	一六八〇	家綱没、綱吉将軍就任	
天和二	一六八二		人工河川「江戸川」に関所新設、房川・中田・金町・松戸・小岩・市川の六カ所
貞享三	一六八六		「利根川を以て武蔵の葛飾と定められし仰せ」すなわち武蔵・下総の国境は創設された新江戸川の線になる
宝永元	一七〇四		利根川・荒川浚渫（高知・佐竹・松平近朝・相良頼福ら各大名）
二	一七〇五	本所・深川浚渫（人吉・白河藩）	前年に続き利根川浚渫
四	一七〇七		富士山噴火・宝永山できる。東海道筋川普請

			（松代藩など）。相模川川普請（津・九州各藩）
正徳四	一七一四		利根川・荒川川普請
享保七	一七二二		鬼怒川大洪水
一〇	一七二五		牛久沼干拓着手（明和元年参照）
一三	一七二八		江戸川の金杉—深井新田間改修〔10家〕
一七	一七三二		渡良瀬川川普請（二本松藩など）
寛保元	一七四一		「霞が浦四十八津掟書」追加（土浦藩）
二	一七四二		「戌年の荒れ」関東諸川大洪水。被災の河川修理命令が主に中国・九州大名にだされる
宝暦四	一七五四		木曾川治水工事命令（島津・桑名藩）
明和元	一七六四		牛久沼干拓失敗（牛久藩）
四	一七六七		関東諸河川修理（仙台藩）
天明元	一七八一		関東諸河川修理（主に中国・四国・九州大名）〔十数家〕
三	一七八三		浅間山大爆発。大量の火山灰の堆積のため、利根川の川相は一変した。つまり河床が上昇して明治以後の近代治水技術による「高水化」以前に、天井川になっていた
六	一七八六		六月、七月と利根川大洪水、九月利根川修理命令（新発田・岡山・三田・鳥取藩など）

七	一七八七		館林藩、水害のため国替え（藩の破産を意味する）
寛政六	一七九四		関東諸河川普請（平戸藩など）
八	一七九六		関東諸河川普請（二本松藩など）
享和三	一八〇三		関東諸河川普請（富山・徳島藩など）
文化六	一八〇九		赤堀川増削、火山灰処理（関宿藩）
一〇	一八一三		関東諸河川普請（鳥取藩）
文政六	一八二三		関東諸河川普請（仙台・大洲・鳥取藩）
天保一四	一八四三		利根川分水路、印旛沼古沼普請（秋月藩など）
弘化三	一八四六		利根川大洪水
四	一八四七		関東諸河川修理（平戸藩）
嘉永元	一八四八	〔以後、幕末の混乱期にはいり、天下普請による河川工事は一切行なわれないまま、明治に至る〕	関宿悪水落し用水路工事（関宿藩）同三年完成
安政元	一八五四		菱垣廻船問屋仲間株制度廃止→自由化
慶応三	一八六七		幕府は六組飛脚仲間に汽船を貸用し、江戸・大阪間に定期船の運行開始
明治二九	一八九六		利根川大洪水
四三	一九一〇		利根川大洪水
昭和二二	一九四七		利根川大洪水

注1　寛永十六年までの江戸城建設のための天下普請の詳細（工事の内容・場所・従事した大名の姓名・領国など）は、拙著『江戸と城下町』（新人物往来社刊）の付録に図七、表二三を以て示してある。

注2　なお幕府側の天下普請発令記録は、『柳営日次記』・各『徳川実紀』等に、大名家にたいする命令事項と褒賞事績が記録されている。

注3　但しこの年表は、あくまで各藩に残された記録の在り方を中心に、作製した。

注4　余談ながらこの年表を通じて、いわゆる「幕藩体制史」研究がいかに不十分なものであるかということがいえると思う。つまり江戸は江戸だけ、藩はその藩に限っての研究であって、公的な資料があるのにもかかわらず、その相互関係についての事実の糾明は、全国的にみてもほとんど手がつけられていないことがわかる。
　従ってこの年表が不十分ながら幕・藩相互関係についての初めての具体的な試みといえる。

第四章　「寛永図」の世界

1　三都物語

江戸と名古屋

江戸城築造のための第二次天下普請が、大坂冬の陣直前まで続けられたことは、すでに見たとおりである。そしてさらに江戸と同じ状況が、同時並行的に名古屋でもくりひろげられていた。それは幕府の施設建設のための天下普請ではなく、家康の庶子の義直の居城としての名古屋城建設だった。

この〝公私混同〟ぶりに猛将で有名な福島正則が、諸大名の前で「家康のガキの城で俺たちがこんなに苦労するのは面白くない」とコボしたところ、正則の〝同期生〟でもある加藤清正が「嫌《いや》だったら国元に帰って旗揚げしたら」というと、正則はもちろん並みいる諸大名も、ただただ苦笑するばかりだったという〝はなし〟が伝えられている。

こうしたいかにも、もっともらしい〝はなし〟が残るほど、当時の天下普請の御手伝大名が置かれていた立場や心理には複雑なものがあったのである。

それはさておき、名古屋城の天下普請は慶長十四年（一六〇九）正月から、江戸の場合と同じく慶長十九年冬の大坂冬の陣の直前まで、足かけ六年かけてほぼ完工されている。

この間のおおむね五つの工程を簡単に紹介すると、

○慶長十四年正月〜十一月……清洲町の移転と検地および縄張（設計）
○それと並行して慶長十五年三月まで……石取り計画と実施
○慶長十五年四月〜十二月……本丸・二丸・西丸・深井丸の石垣普請
○慶長十六年正月〜十二月……城門・櫓・長屋等の建築
○慶長十七年正月〜十九年十二月……大小天守閣および本丸殿舎の建築

という順序で工事は進行した（この五つの工程のあり方はどの築城工事でも共通なためとくにこの場で紹介した）。この工事のために天下普請を発令された大名は二二家で、それを『徳川実紀』（「台徳院殿御実紀」）の慶長十五年閏二月八日づけの記事の中から大名の氏名だけを紹介するとつぎの顔触れだった。

前田利常、池田輝政、福島正則、毛利秀就、黒田長政、細川忠興、寺沢広高、鍋島勝茂、加藤清正、田中吉政、毛利高政、木下延俊、竹中重門、金森可重、一柳直盛、一柳

直重、稲葉典通、浅野幸長、蜂須賀至鎮、山内康豊（忠義）、生駒一正、加藤嘉明

彼らは主に中国・四国・九州の「西国」大名だった。

このうち金森、二家の一柳の計三家を除く一九大名は、慶長十～十一年の江戸の第一次天下普請の石船建造と輸送、および本丸と外郭工事に従事していて、約二年の休養ののち名古屋城工事に動員されている。この場合の休養とは大名とその家臣の休養ではなく、各大名の領国における「経済力の休養」であることはいうまでもない。

江戸の第二次天下普請のうちの慶長十六年（一六一一）の西丸工事は、東北大名を中心に割り当てが行なわれた。つづく慶長十九年（一六一四）の本丸・外郭石垣工事は、三四大名が動員されたが、その中に、前記の名古屋城工事に参加した毛利、福島、黒田、細川、寺沢、鍋島、清正の子の加藤忠広、田中、竹中、稲葉、幸長の弟の浅野長晟、蜂須賀、山内などの一三大名が動員されている。

このことはこの一三家の大名が、名古屋、江戸と連続して御手伝を命じられたと見るよりも、同時に名古屋・江戸二つの工事現場を〝与えられ〟ていたことを物語る。

大坂の場合

二度の大坂戦争の結果、全壊・全焼した大坂城の再興は、戦後五年たった元和六年（一

六二〇）正月の天下普請の発令により開始された。その少し前には関東で、日光東照宮築造と河川改修の天下普請が行なわれていたことは前章でみたとおりである。大坂城工事は三期にわけて行なわれ、約一〇年かかって寛永六年（一六二九）に完工した。

この再興は秀吉時代の大坂城の名残を完全に拭い去った、再興というよりも新築といってよいものだった。その工事の規模、資材収集の範囲の広かったことなどの詳細は省略するが、動員された大名に関してだけに限ると、この時に御手伝を命じられたのは名古屋城の場合とおおむね同じ範囲の大名が中心だった。

例により「台徳院殿御実紀」でその顔振れを見ると六四大名が動員されている。

各大名の工事分担状況は、青屋口―玉造口間の丁場は一一大名、玉造口―大手門間の丁場は五三大名、大手門―京橋口間の丁場は二〇大名、京橋口―青屋口間の丁場は六大名、内郭東部の丁場は二一大名、同じく南部の丁場は六大名、西部の丁場は三二大名が割り当てられている。

ということは六四大名が一四九工区を分担したわけで、毛利秀就などは五カ所もの丁場の工事をしていて、たいていの大名は二、三カ所の丁場を受け持った。

この天下普請の特徴は、外様大名だけではなく、例えば松平忠直はじめ親藩と譜代大名も多数動員されたことである（現在、この六四家の大名が分担した丁場の一覧図である「大坂築城大名丁場割図」は大阪府立中之島図書館・国立国会図書館蔵の二種類が残されている）。

このような御手伝大名の状態を、江戸と名古屋、大坂と並べてみたのは、この時期にそれぞれの都市を中心に、現在みるような首都圏・中京圏・近畿圏の原型が成立していたことを指摘したかったからにほかならない。

つまり天下普請の〝効果〟は、広範囲な物流と流通関係が、水運手段の上に形成されたことであり、それが各都市をめぐる水運基地としての湊・浦・河岸などの都市化をもたらす契機になったのである。

大坂城天下普請の大名の受け持ち丁場

○青屋口―玉造口間（一一家）

松平忠直、前田利常、京極忠高、京極高広、一柳直盛、蜂須賀至鎮、石川忠総、堀尾忠晴、山内忠義、毛利秀就、鍋島勝茂

○玉造口―大手門間（五三家）

島津家久、織田長則、有馬豊氏、京極忠高[2]、織田信則、鍋島勝茂[2]、秋月種春、久留島通春、古田重恒、稲葉一通、木下延俊、本多政武、分部光信、遠藤慶隆、生駒正俊、藤堂高虎、島津以久、戸川達安、一柳直盛[2]、伊達秀宗、蜂須賀至鎮[2]、桑山一直、桑山貞晴、池田長幸、森忠政、有馬直純、松平輝澄、岩松政綱、松平輝興、松平忠雄、京極高広[2]、京極高知、中川久盛、平岡頼資、松平新太郎、立花宗茂、立花種次、稲葉紀通、毛利高政、松平忠之、松浦隆信、大村純信、寺沢広高、杉原長房、毛利秀就[2]、堀尾忠晴[2]、石川忠総[2]、松倉重正、加藤泰興、小出吉親、片桐孝利、伊東祐慶、土方雄氏

○大手門—京橋口間（二〇家）
加藤忠広、松平[2]忠之、有馬[2]直純、加藤貞泰、秋月[2]種春、田中忠政、有馬[2]豊氏、寺沢[2]広高、土方[2]雄氏、加藤嘉明、松浦[2]隆信、大村[2]純信、久留島通春、木下[2]延俊、細川忠興、森[2]忠政、本多[2]政武、杉原[2]長房、片桐[2]孝利、藤堂[2]高虎

○京橋口—青屋口間（六家）
松平[2]忠雄、松平[2]新太郎、毛利[2]高政、生駒[2]正俊、前田[2]利常、松平[2]忠直

○内郭東（二一家）
京極[3]忠高、堀尾[3]忠晴、石川[3]忠総、市橋長勝、毛利[3]秀就、蜂須賀[3]至鎮、鍋島[3]勝茂、織田[2]信則、立花[2]宗茂、立花[2]種次、本多[3]政武、分部[2]光信、有馬[3]直純、遠藤[2]慶隆、稲葉典通、松平[3]忠之、古田[2]重恒、島津[2]以久、秋月[3]種春、森[3]忠政、毛利[4]秀就

○内郭南（六家）
細川[2]忠興、毛利[5]秀就、松平[2]輝澄、岩松[2]政綱、松平[3]忠雄、松平[3]新太郎

○内郭西（三二家）
生駒[3]正俊、毛利[3]高政、戸川[2]達安、山崎家治、稲葉[2]紀通、一柳[3]直盛、桑山[2]貞晴、桑山[2]一直、池田[2]長幸、松浦[3]隆信、寺沢[3]広高、大村[3]純信、杉原[3]長房、土方[3]雄氏、松平[4]新太郎、平岡[2]頼資、中川[2]久盛、伊達[2]秀宗、京極[2]高知、京極[3]高広、伊東[2]祐慶、片桐[3]孝利、加藤[2]嘉明、松倉[2]重正、徳永昌重、織田[2]長則、小出[2]吉英、小出[2]吉親、加藤[2]泰興、桑山[3]貞晴、京極[4]忠高、藤堂[3]高虎

大名の氏名の脇の数字は受持ち丁場数を示す。

第三・四次天下普請

この大坂城工事の時期に全く重なって、元和六年（一六二〇）に江戸でも第三次天下普請が発令された。その工事の内容は**図14**にみるように「平川改修工事」と、江戸城本丸と北丸工事だった。

この時に動員された大名は一〇家、うち八家までが伊達政宗で代表される東北大名だったが、あとの二家は大坂に動員されなかった福岡の黒田長政が「高石垣七十間分」の工事を〝志願〟して参加し、また、同じ九州大名の細川忠利（忠興の子）も江戸工事を〝志願〟して、父は大坂、子は江戸で「御手伝」をしている。この場合の〝志願〟の意味は、何らかの理由によって幕府から天下普請を課役されなかった大名が、自発的に天下普請に参加を申し出たことをいう。

課役を免除されるのは、その大名の国元が重大な災害に見舞われた場合や、全く別の課役や軍役を課するために、当面の天下普請からはずされた場合である。黒田長政は、他の九州大名の大部分が大坂城建設に動員されているのに、自分一家だけが除外されているという、さだめし深刻な「不安」を抱いたことだろう。その不安解消のために江戸城の普請を申し出て許されたのである。細川の場合も事情は黒田の場合と似たようなものだった。

またそれに続く元和八年（一六二二）度の江戸城本丸殿舎建築の際には、大坂に動員されていた加藤忠広が、江戸工事にも〝志願〟して従事している。この清正の子の加藤忠広

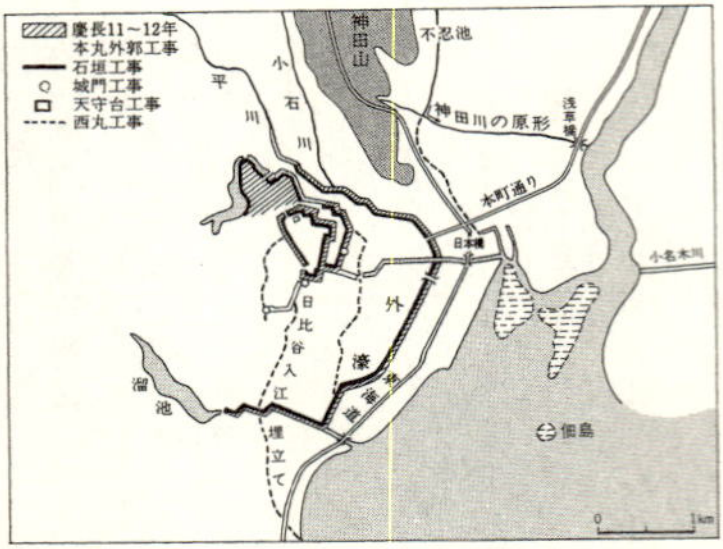

図 9

図 14　第三次天下普請の範囲
——元和 6 年（1620）に始まった天下普請の主要工事は北丸や三丸の外壁に石垣を築くことであり、本丸の石垣の高さを増すことにあった。また天守台の石垣工事も始まっている。同時に10本の船入堀の沖合いには旧石神井川の堆積物をタネに、急速に埋立地が造成されていった。

大きな地形の改変としては、本文で述べたように神田川放水路がつくられ、平川・小石川・旧石神井川の河流は「都心」を避けて、直接隅田川に放流されるようになったことである。

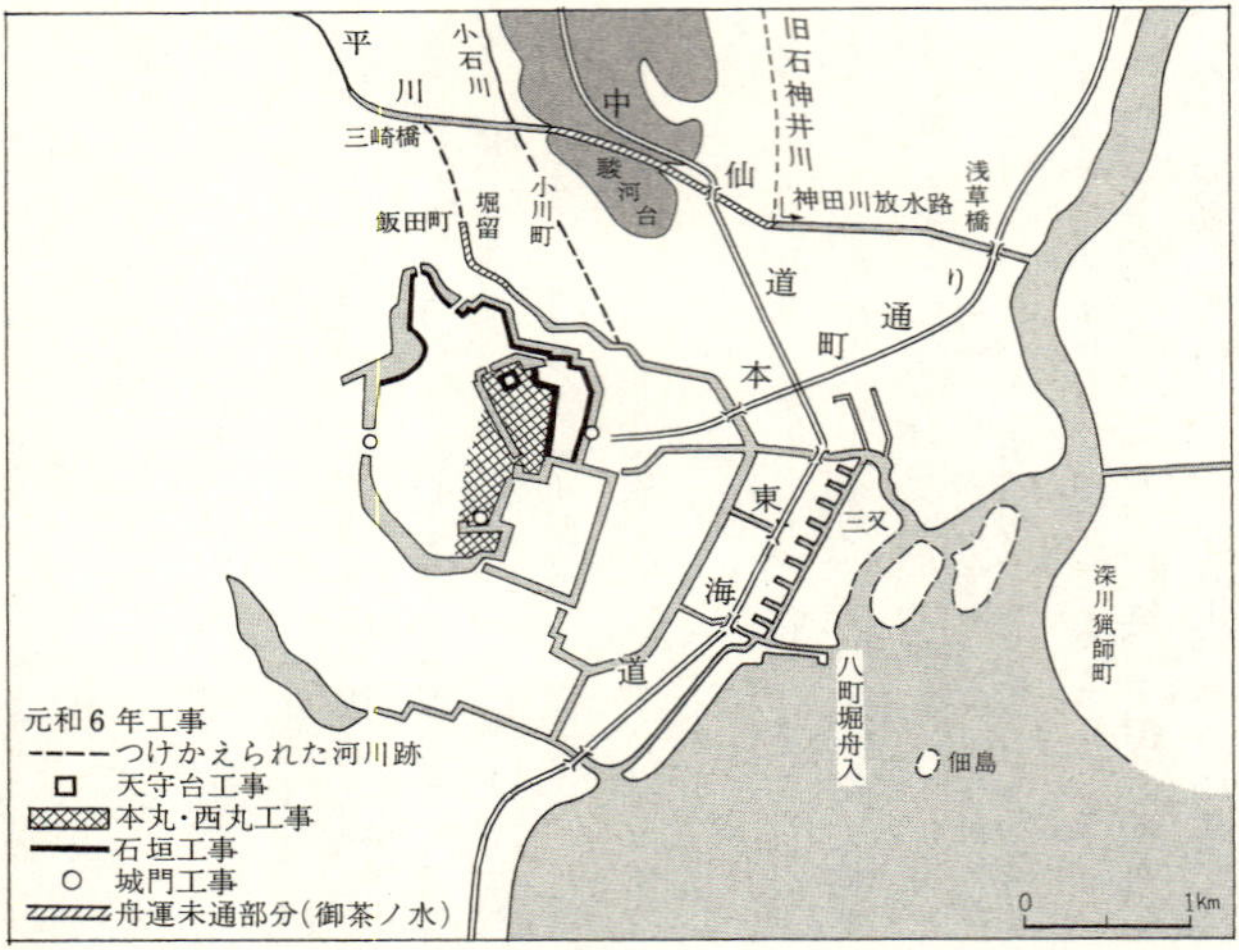

14

図15 第四次天下普請の範囲　——この図に記入された範囲が、おおむね次の**図16**「寛永図」全図の範囲に相当する。神田川の点線の部分の意味は常時水が流れていたのではなく、増水期だけの放水路の性格が強かったことを示す。

寛永5年（1628）の石垣工事の部分は、これまでに2度ないし3度目の石垣工事である。この部分に限らず、天下普請は重ねて何回も同じ場所の工事をしていることが特徴的である。これは寛永12年（1635）の場合も同じである。つまり石垣も濠も1度では完成せず、何回にも分けて工事された。

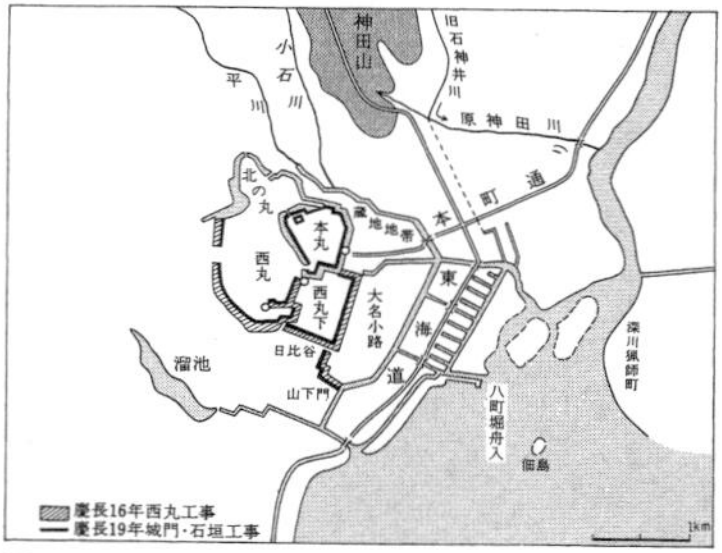

図10

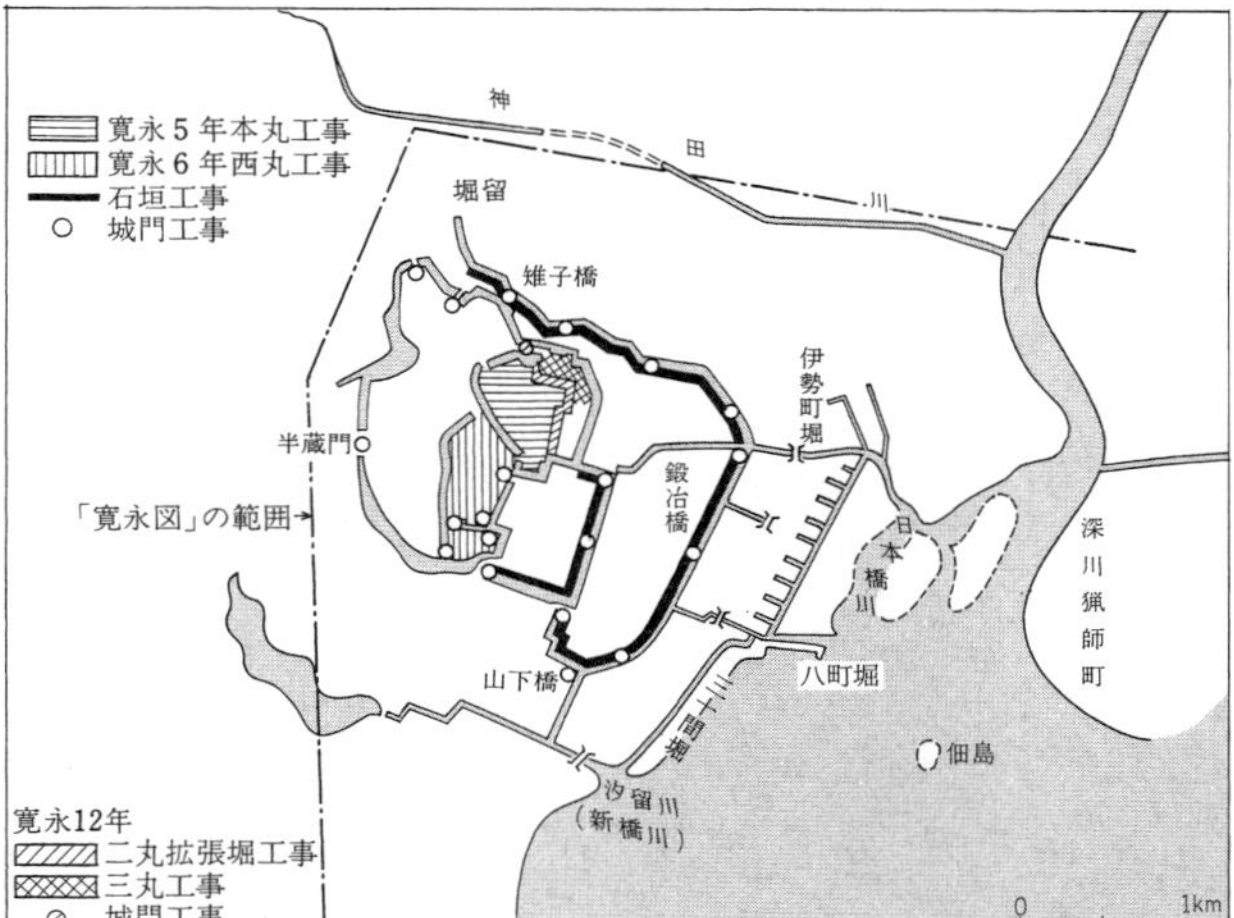

15

は、こうした涙ぐましいほどの忠勤をしたあげくに、あわれにもほどなく改易（とりつぶ）されてしまう。

寛永五年（一六二八）の第四次天下普請の工事内容と範囲は図15のとおりだが、この時にはさすがに西国大名は動員されず、主として、第三次の場合と同様に東北と関東・北陸の大名七〇家が、七組に編制されて動員され、それぞれの丁場の工事に従事した。

この時の御手伝大名は御三家のうちの尾張・水戸両家をはじめ、老中の酒井忠世父子が八家の大名の組頭として工事に当った。以下同じ老中である土井利勝も八家、酒井忠勝は七家、永井尚政も九家の組頭として工事に当り、徳川四天王の一人の榊原家の当主の忠次は八家、奥平忠昌が七家の組頭だった。

水戸の徳川頼房の加わった寄合《よりあい》組は二三大名で編制され、この中には熊本の加藤忠広、広島の浅野長晟もふたたび〝志願〟している。広島の浅野は福島正則の改易の後任として、和歌山から転封したもので、その浅野家自体が幸長から長晟と代替りをしている。

2 「寛永図」の江戸

「寛永図」とは

ここで取り上げる「寛永図」とは、正式な名称が「武州豊嶋郡江戸庄図」と呼ばれる地図である。その性格は現在知られている限りで、江戸の都市図としては最古のものとされている。そのため江戸時代から多くの考証の対象にされ、図の記載内容は寛永九年（一六三二）当時のものと判定されている。

もちろん江戸図の中には寛永九年以前の内容のものと認められる図が幾つかあるが、それらは例えば日比谷入江の見取り図（「別本慶長江戸図全」）であったり、後述する大名屋敷地帯と城だけの図（「慶長江戸絵図全」）であったりして、日本最初の臨海の近世都市江戸の全体像を描いたものは、くり返すが現在のところ「寛永図」以外は知られていない。こうした状況の中で「寛永図」が、はじめて江戸市街の全貌を図化している点が、大きな特徴であり、そこに史料として珍重される理由があるのである。

これを別な観点で見ると、徳川の江戸前島横領を隠すために、徹底した文献資料の検閲・抹消が行なわれた一環として、地図もまたほとんど完全に統制されたということができよう。

それは家康の江戸入り以後、寛永九年までの四二年間の、四次にわたる江戸大建設期の江戸図というものが、全く残されていないことからもいえる。ということは天下普請は一枚の地図もないまま実施されたということにもなる。つまり江戸の原地形が近世都市を形成する過程で、どのように人為が加えられて変貌していったかを知る地図は、幕府側にも、御手伝大名側にも筆者の知る限りでは個人的なスケッチ程度の図さえも残されていないのである。

江戸の原地形の改変、つまり江戸前島の改造は、それほど徳川と幕府にとって隠さなければならない恥部だったのである。

しかし、近世都市江戸の発達につれて、江戸前島の原型が新都市の中に埋没してしまった時点が、第四次天下普請終了後の寛永九年前後であり、そのころから初めて江戸全図が公表されだしたのである。

さらにもう一つの大きな区切りは、秀忠が寛永九年正月二十四日に没していることである。つまり草創期の江戸を知っていた幕政の責任者の死によって、「戦国は終った」のであり、〝生れながらの将軍〟家光とその官僚団の世になったことも、「寛永図」の流布の原

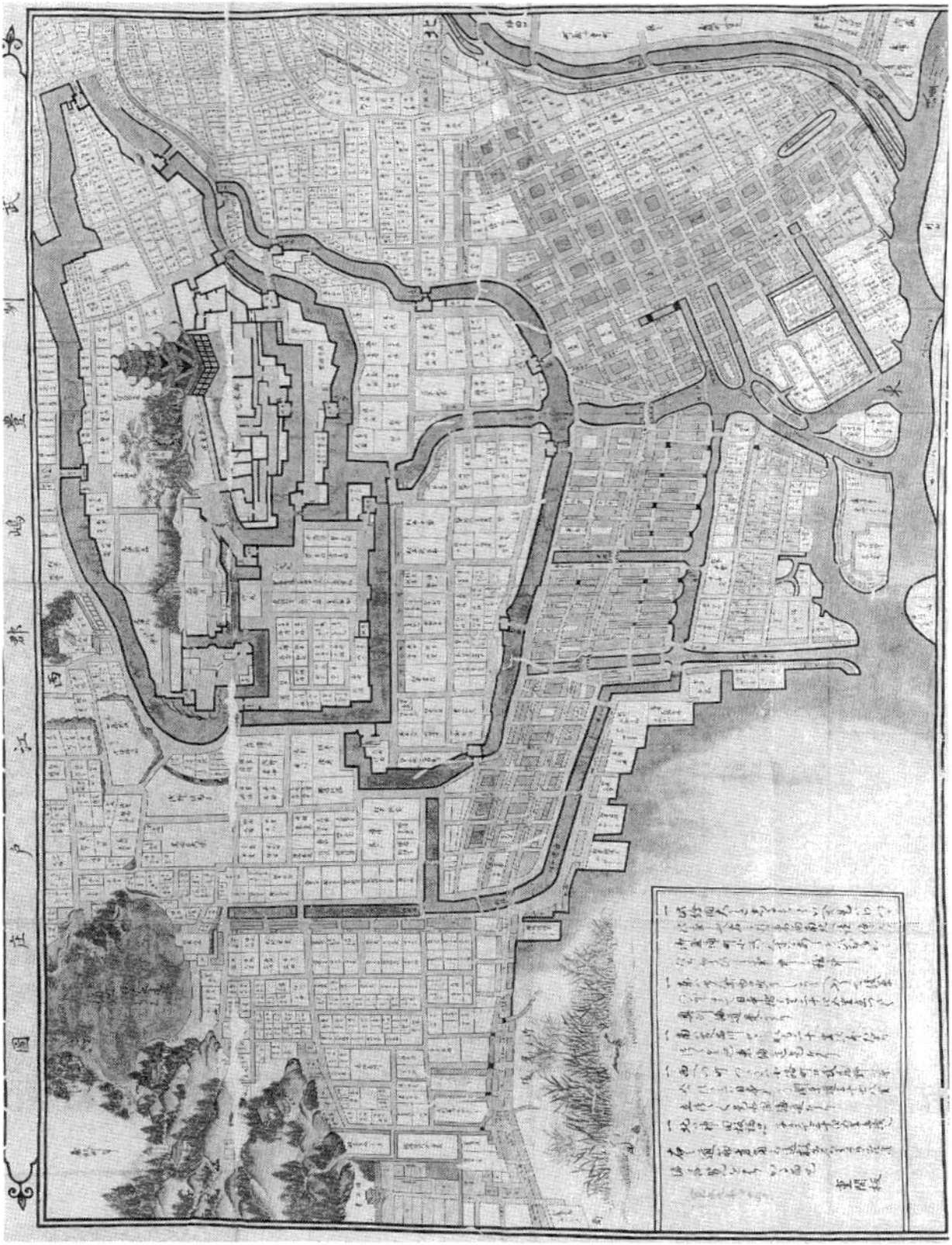

図 16　「寛永図」（「武州豊嶋郡江戸庄図」）――筆者が確認した限り、「寛永図」は27種類ある。ここでは、図の“雰囲気”だけを紹介する（東京都立中央図書館蔵）。

因だったろう。

「寛永図」の範囲

「寛永図」の範囲を現代図でみると、**図15**「第四次天下普請の範囲」中の鎖線の範囲である。当時の江戸市街は城を中心に東は隅田川まで、西は半蔵門・三宅坂まで、北は駿河台南部から神田川の線、南は芝増上寺までで、これが初期の江戸市街の範囲であり原型である。

図16の写真は「寛永図」で、もちろん細部は読み取れないことを承知の上で、その雰囲気だけでも味わっていただきたいと思って掲載した。

そのかわりに**図17**で「寛永図」中の武家地・寺社地・町地の区分と水路の分布を、現代図の上に復原することをせず、あえて「寛永図」をトレースする形で再現してみた。

この再現図によって初期の江戸市街の状態を補足しよう。①江戸城を中心に大部分が武家地であること。②寺社地は「寛永図」では僅かな部分にすぎず、都心で寺院が集中している場所は、Ⓐ駿河台の東南麓の旧石神井川に面した湿地帯と、現在の千代田区神田岩本町辺を中心とする「お玉が池」跡につくられたⒷ「神田北寺町」、それとⒸ浅草橋南から浜町にかけた一帯、および江戸南郊のⒹ増上寺周辺の四カ所で、いずれも元からの陸地に設けられている。

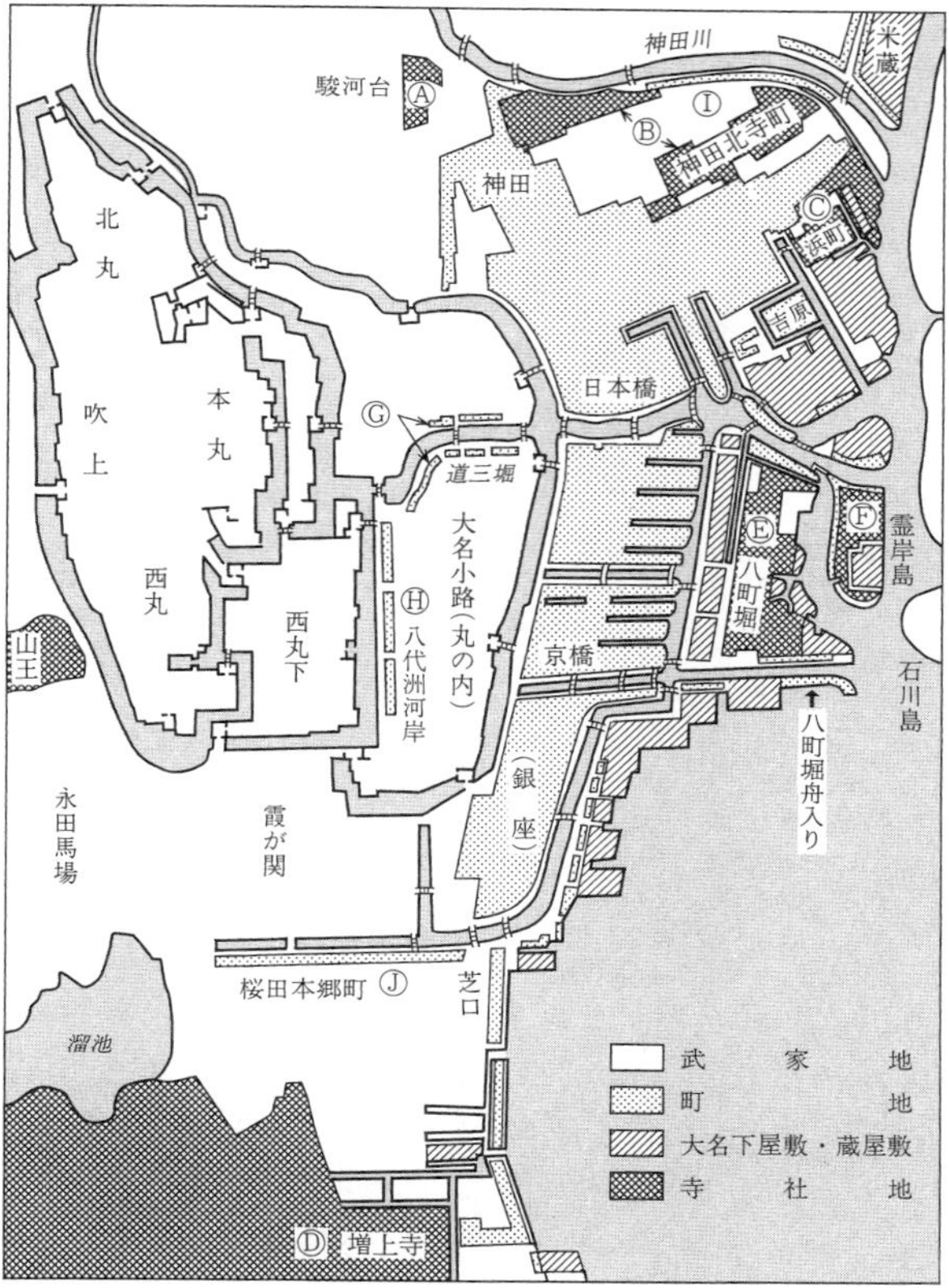

図 17　「寛永図」に見る市街構成——江戸の場合、この「寛永図」で初めて三つの異質空間で成立する市街地の全体像が描かれた。城を中心とする武家地、宅地の増加手段である寺社地、最も都市らしい部分の町地の分布に注目したい。

さらに埋立地に設けられた寺町としてⒺ《八町堀》一帯と、その東の埋立地のⒻ《霊岸島》が寺社地だった。この二つの埋立地の「寛永図」上の表現と、現在の地図とを比較してみると、《八町堀》も《霊岸島》も埋め立てが進行中だったことがよくわかる。

ここでの《八町堀》とは現在の中央区兜町一～三丁目、茅場町一～三丁目、八丁堀一～四丁目の範囲の埋立地の江戸時代の呼称である。

また《霊岸島》とは現在の中央区新川一～二丁目の範囲の埋立地を指す。

この埋立地のほかに、日本橋川の河口に現在の小網町三丁目に相当する洲をはじめ、二つの洲がみえるが、これは「寛永図」の非常にリアルな部分といってよい。

視点を変えて近世都市江戸の南部をみると、江戸前島の南端部（現在の旧汐留駅構内辺）から増上寺間の旧日比谷入江の入口の部分はすっかり埋め立てられ、その中を排水路として〝残された〟汐留川が、銀座の東から八町堀舟入りを経て海に注いでいるように描かれる。増上寺・愛宕山は図**17**の南端の台地部に立地したことはいうまでもない。

町地の分布

図**17**で示した町地の分布には三つの特徴がある。一つは、徳川の江戸になってから最初に成立した町地であって、それはⒼ道三堀沿岸と、旧江戸前島西岸の日比谷入江に面して、細長く続くⒽ八代洲河岸である。この文字通り水辺に面した二つの町が、第一次と第二次

の天下普請の物資揚陸地として、江戸建設の中心地だったことは、すでに述べたとおりである。

もう一つは、一般的には慶長八年（一六〇三）から着手されたといわれる町割＝都市計画による本町通り（現在の江戸通り）と、後藤光次による町割による通り町筋（現在の中央通り）の二つの幹線道路を中心に成立した神田・日本橋・京橋地区の町地で、これらは近世都市江戸の中でも、最も都市的な部分である。

さらにもう一つの町地は、埋立地にできた町地であって、後に述べる運河神田川沿岸の①神田柳原・同柳町、**図17**に見た汐留川南岸の虎ノ門から新橋間に成立したⓙ桜田本郷町（現在の港区虎ノ門一丁目、西新橋一丁目、新橋一丁目各町の北端部の千代田区との区境に面した細長い地区）などがある。

さらに《八町堀》には「八町堀舟入り」の両岸、日本橋川沿岸およびその河口の洲に町地が成立している。

また寛永二年（一六二五）から埋め立てられた《霊岸島》には、僅か七年、実質六年ほどで霊巌寺が起立《きりゆう》するとともに、多分、その門前町を兼ねたであろう町地が、これも海岸線に沿って細長く分布している。

八町堀舟入り

図10の第二次天下普請以来、第四次までの三枚の江戸図の海岸線の中に、「八町堀舟入り」と書かれた突出部がある。図18でこの変遷を追ってみよう。Aの「寛永図」をはじめとして、Bの承応二年（一六五三）版の「承応江戸図」（一名「武州古改江戸之図」）には、念の入ったことにこの突出部の入口に、いまにも舟が入るような形に帆船が描かれてさえいる。さらにこれも後述する明暦大火の直前に刊行されたといわれるCの明暦三年刊（一六五七）「新添江戸之図」などの初期の江戸図にはすべて、この「八町堀舟入り」が海岸から突出して描かれている。そして明暦大火後の埋め立て進行とともにこの突出部の周囲は陸地化して、突出状ではなくなって、Dのように八町堀水路だけが残るようになる。

そもそも地名の《八町堀》のいわれは、この「舟入り」水路の長さだった。「八町堀舟入り」とは江戸湊沖合いに到着した船が、任意の海岸線に着岸することを防ぐために、二本の堤防で入湊路を特定する装置だった。その長さが八町＝約八七二メートルあったことにより《八町堀》と呼ばれ、残された史料では確認できないが、おそらくは例の一〇本の船入堀が造られてから、いくらも経過しない時期に建設されたものと考えられる。

すでに日比谷入江埋め立ての重要な目的は、敵船が江戸城直下の日比谷入江に侵入することを防ぐための措置だったと述べたが、江戸前島東岸の一〇本の船入堀のある地帯＝江戸湊にも、この「八町堀舟入り」を通らなければ入港できないように工夫されていたので

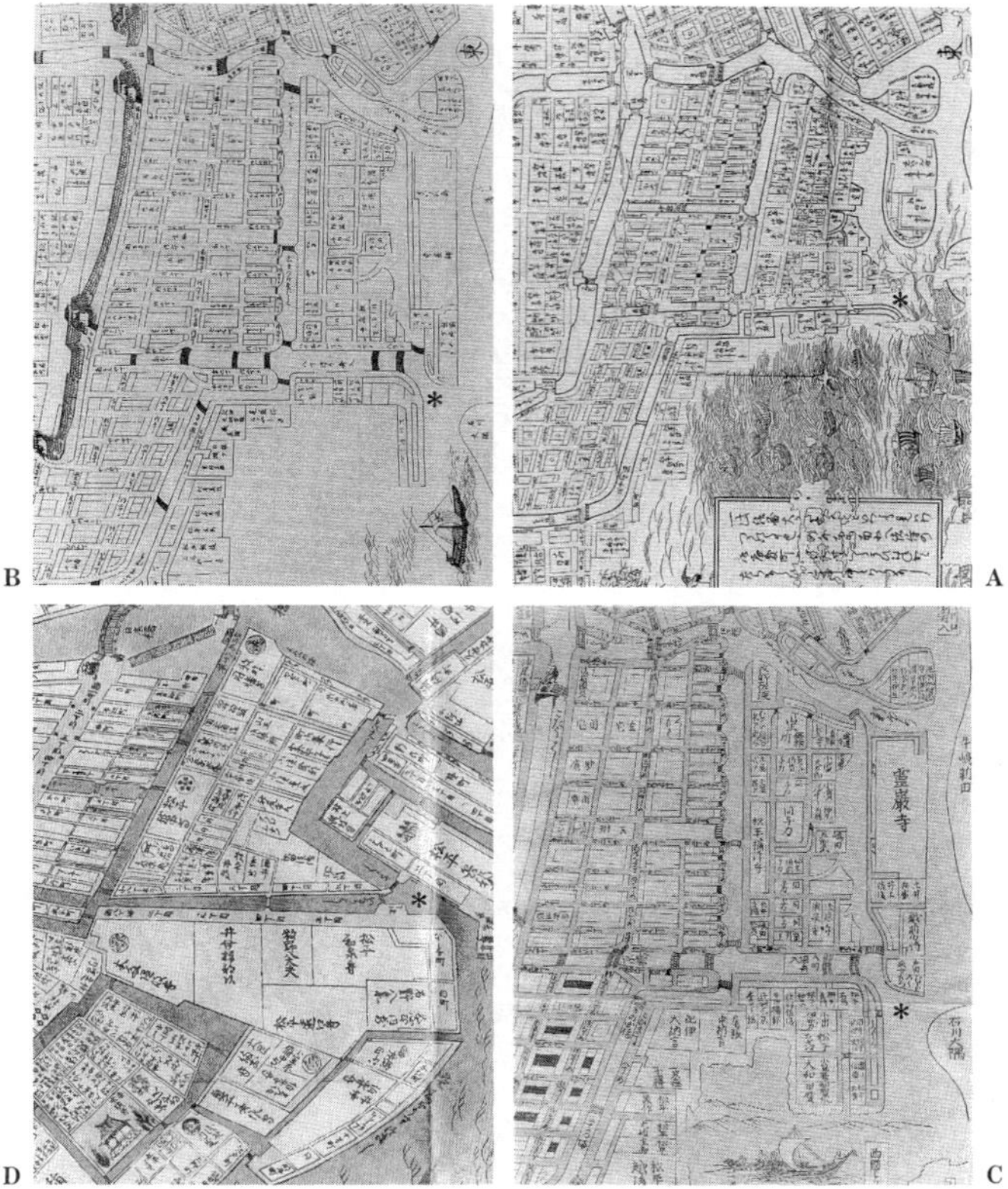

図 18　八町堀の変遷——— A は寛永 9 年（1632）の「寛永図」。以下 B は承応 2 年（1653）図、C は明暦 3 年（1657）図、D は元禄 2 年（1689）図である。八町堀舟入り周辺の埋め立ての様子がよくわかる（＊印が八町堀舟入り口）。

ある。
家康生存中の日本の〝大航海時代〟は、「寛永図」成立の年（寛永九年・一六三二）まで続いたといってよい。なぜならいわゆる「鎖国」政策は翌寛永十年二月から始められているからである。

〝大航海時代〟には洋の東西を問わず、相手次第で友好通商の平和面《づら》から侵略者に急変することは常識的なことだった。当然その反対のケースもおおいにあった。

したがって商船と軍艦は表裏一体であり、主要な〝港湾管理者〟も絶えず外敵に備える措置をとっていたのである。

江戸の「八町堀舟入り」とは、そうした港湾防備施設にほかならない。二本の突堤のうちの南側の堤防には「鉄炮洲」と呼ばれた銃砲の射撃場があるのも、北側の突堤の脇には幕府の海軍長官だった向井将監の屋敷が配置されていたことも、江戸湊の防衛上の配慮だったのである。なお「八町堀」はのちに桜川と名を変え、昭和四十七年（一九七二）三月に完全に埋め立てられてその姿を消した。

バタビアの八町堀――――**図19B**はモンタヌス著『日本遣使紀行』（アムステルダム版、一六六九年＝寛文九年刊）中にあるバタビア港である。この一六一九年（元和五年）に建設された、オランダ東インド会社の本拠地の都市プランは、江戸と非常に似ている。海岸に突出した「八町堀」。そのつけ根の部分に、幕

A

B

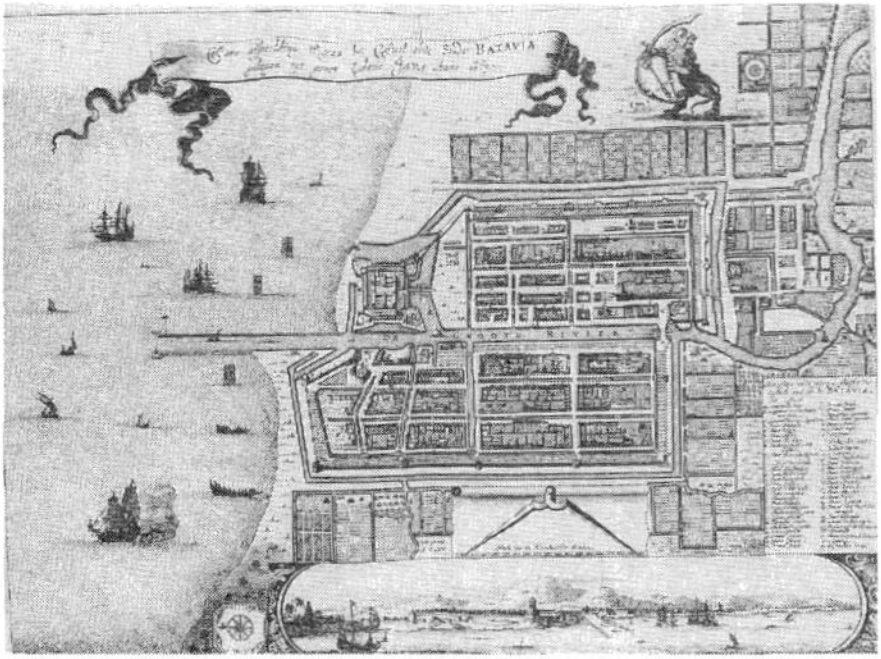

C

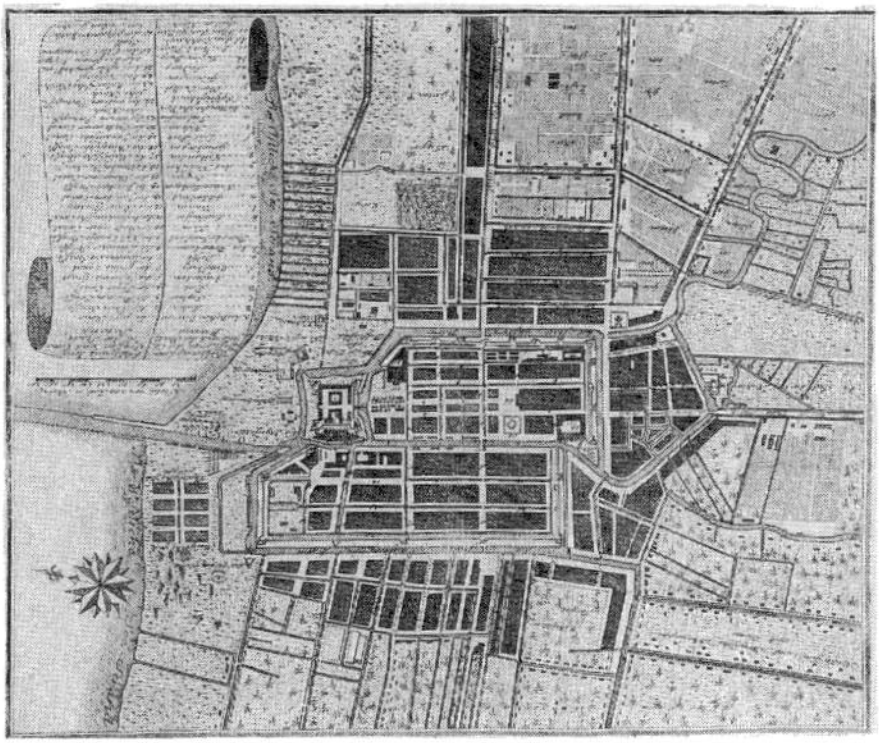

図19　バタビアの八町堀――Bのバタビア全図の海岸に突き出ているのが“バタビアの八町堀舟入り”。八町堀のつけ根に五稜郭ならぬ4稜の砲台が見える。濛々と砲煙をあげて艦砲射撃をしている舟が描かれている。市街地を直撃されないためにも“八町堀”は必要だった。Aは Bの写真の下部を拡大したもので、ここの“八町堀”は杭打ちだったことがわかる。

Cは1744年当時のバタビア全市。ずいぶん海が埋め立てられていることがわかる。

細かく見ると江戸と相似する箇所が多く発見できる。なおハイトのこの本はバタビア建設の経過がよくわかる。

末に函館に築かれた五稜郭に似た、四稜の砲台があり、市内に縦横にめぐらされた水路と街郭は、江戸の河岸地帯を想起させる。

「八町堀」の下に激しく砲煙をあげている帆船がみられるが、「八町堀」の効果は、その砲撃が市街地を直撃するのを防いでいる。

Aはバタビア港全景図**B**の下の部分を拡大したもので、バタビアの「八町堀」は江戸湊における澪筋《みおすじ》と同じく、杭を打ったものだったことがわかる。多分江戸の「八町堀」の原型も、杭打ちをした上から順次土盛りをして堤防状にしたものだったろう。

Cは『日本遣使紀行』の七五年後の一七四四年（延享元年）に刊行されたハイト著『アフリカ・東印度地理図絵新集』（ウィルヘルムスドルフ版）中のバタビア図であって、この時期になると江戸と同様に大幅に埋立地が増加し、「八町堀」も目立たなくなっている。

わざわざ江戸と赤道直下のバタビアの比較をしたのは、この時代の港湾都市には非常に共通する事柄が多いことを、この機会に再確認しておきたかったためである。なお、バタビアとは現在のインドネシア共和国の首都ジャカルタの古名である。

身分別居住区分

このようにごく簡単に武家地・寺社地・町地の分布を見てきたのだが、この三つの身分別居住区分の発生に関するごく初期の法令のあり方を概観すると、まず幕府は元和九年（一六二三）二月十五日に、武家地に町人と牢人の居住を禁止する法令を出している。この場合の武家地とは大名・旗本、つまり主人持ちの武家の住宅地である。牢人は武士の姿形はしているが、主人持ちでないために武士の身分を公的には認められない者を指す。つまり多少の語弊があるが、武家地にはサラリーマンまたは公務員以外は住めなくなったと〝翻訳〟すれば実態に近かろう。そして町人は身分の差というよりも職能の差ゆえに、武家地の中に混住を認められなかったのである。

寛永二年（一六二五）三月になると、その武家地自体の内部でも〝管理化〟が進む。すなわち旗本の「屋敷間数」が定められた（**表2**参照）。これは旗本の禄高別に、与えられる屋敷の面積に等級がつけられたのである。しかしこの法令はなかなか徹底せず、旗本屋敷に使用する棟木の間数——ということは広い屋敷が建てられるか否かの目安になる〝間数《けんすう》〟——が制限されたり、文字通りその住宅の主要部分の部屋数が規準になったりした。要するに「分を守れ」という階層差の強調が、建築という分野を通じて物理的な規制手段になってきたのである。

表2　旗本の屋敷割の基準（寛永2年・1625）

禄　高	間　数	坪　数
10,000〜7,000石	50間×50間	2,500坪
6,000〜4,000	50　×40	2,000
3,500〜2,600	40　×30	1,200
2,500〜1,600	33　×33	1,089
1,500〜　800	30　×30	900
700〜　400	30　×25	750
300〜　200	30　×20	600

なお下級の者とある職種によっては「大縄」で与えられる。「大縄」とは、特定個人ではなく、ある人職種に対してまとめて土地を与える形式をいう。

そしてその二カ月後の五月には、改めて武家の宅地を商人＝町人に貸与することを禁じる法令が出された。これも幕末まで完全に徹底せずに終ったことだったが、とにもかくにも、建て前としての身分別行政の枠は、このような形で徐々に整備されて、それぞれの身分に応じた都市制度を持つ都市を形成していった。

こうした都市制度形成に関するデータの紹介はここで打ち切るが、身分別に公布された法令の積み重ねによって、異質空間都市が形成されていく過程には、非常に面白いことが多いことだけをつけ加えておきたい。

この異質空間都市形成の初期の過程を物語る有力な証拠が、この「寛永図」にみられる。すなわち各区画ごとの身分別表示——武家地では居住者の明示、寺社地ではその呼称の記入、そして町人地には「町地」または「町名」の記入や会所地の図示——がみられはじめたことだった。こうして三つの身分別居住区分が法令・文献だけではなく、地図の上に具体的に表示された点に、〝もはや戦国ではない〟という新秩序・新時代の到来が示されたのである。

第五次天下普請

寛永十二年（一六三五）の江戸城二丸拡張工事に続く、翌十三年からの外郭工事は、これまでの江戸をはじめとする各地の天下普請の規模をはるかに超えたものであった。

この時の工事場所と工事内容の大体は、**図20**にみるとおりだが、動員された大名は石垣

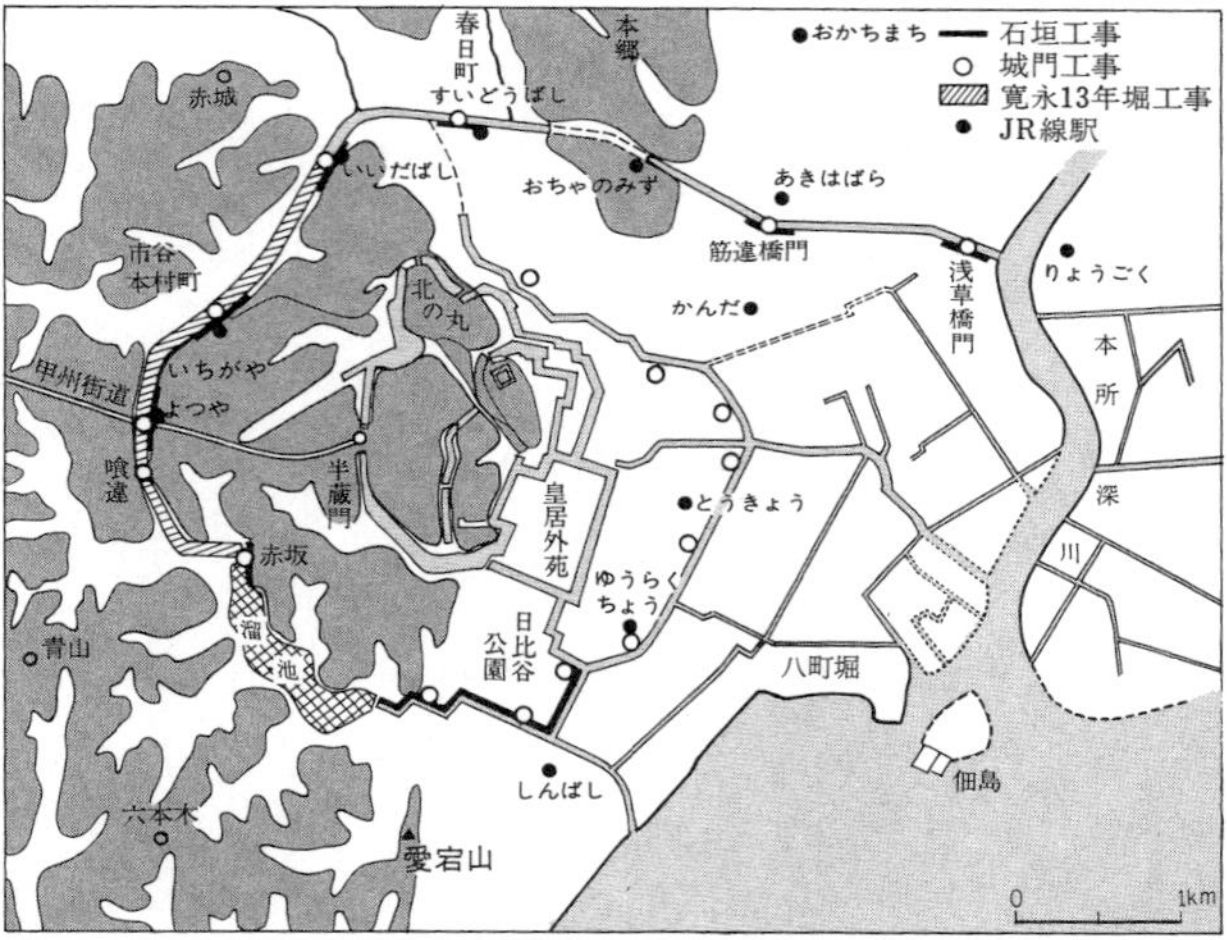

20

図 20　第五次天下普請——図に等高線を復活させた。江戸城の外濠が谷筋を最大限に利用して掘られたことを示すためである。この外濠はどこも当時の大砲の射程距離を超す幅で計画された。そして外郭線には石垣は城門の部分だけで、大部分は土居＝土手で済まされた。砲撃戦には石垣より土居の方が有効であることを計算したもので、時は“鎖国”時代に入る寛永13年（1636）のことであった。一方、海岸では埋め立てが進み八町堀舟入りも内陸水路化が始まっている。

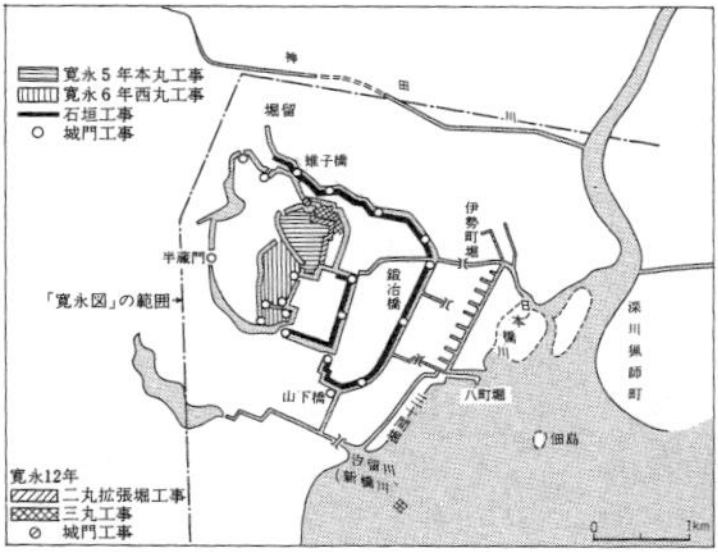

図15

築造組が六組で六二大名、外濠の掘り方工事組は七組で五八大名、合計一二〇家の大名が動員された。それぞれの組の構成員や課役の規準石高その他の詳細は、これも省略するほかはないが、天下普請の動員としては空前絶後の大規模なものだった。

石垣方六組の大名の領国は例によって中国・四国・九州の大名が中心で、とくに金沢の前田利常は一組を一人で引き受ける「役高一一九万五〇〇〇石一手持」という全石高に対する動員をされている。

この時の工事で筋違橋門、四谷門、常磐橋門、幸橋門、雉子橋門、牛込門、市ヶ谷門、呉服橋門、鍛冶橋門、虎ノ門、山下門、小石川門、赤坂門、外桜田門、喰違門など現在も地名として残る地点の枡形《ますがた》門と呼ばれる複郭陣地を兼ねた城門が建てられた（この中に浅草橋門・数寄屋橋門などが見当らないが、史料の脱落分と推察される。また現存する枡形門のうち、いつでも自由に見られる城門は、警視庁前の外桜田門、北の丸公園の田安門と清水門がある）。

掘り方組は七組のうちこれも一組は伊達政宗の「一手持」で動員されたが、他の五七大名の領国は東北・関東・北陸・信濃などで、それぞれ組を編制して工事に従事した。

この中の五組に属した森岡《ママ》の南部重直のように、指定期日までに江戸に着くのが遅れたため幕府から閉門の罰を受けた上、さきの前田利常の場合と同じく持ち高一〇万石全額の役高を課せられたという、不運というかドジとしかいいようのない事例もある（なお雄山閣版『藩史大事典』は、この南部家の天下普請については全くふれていないが、重直という殿様については余り好意的な記述をしていない)。

掘り方組の工事場所と内容を現在の地名で説明すると、四谷の旧真田濠(現在の上智大学のグラウンド)の水面を最高水面として、以下JR線の線路に平行して四ッ谷・市ヶ谷・飯田橋駅間に残る外濠の築造工事だった。総延長約二・四キロメートル、上智大学前の濠から市ヶ谷駅前までの掘削土量は約一四万六〇〇〇立方坪(一立方坪＝一・八一八メートル立方)と記録されている。

この濠は麴町台地西側の谷筋をそっくりそのまま利用して拡幅を行ない、途中新宿三光町辺からの川(現在はこの谷底を都営地下鉄新宿線が走る)を市ヶ谷で合流させて、その流末は飯田濠を経て神田川に落とすものだった。後に改めて述べる御茶ノ水掘割工事は、この外濠の完成を引き継ぐ性格の工事でもあった。

この濠端に行くといつも考えることなのだが、石垣工事と掘り方工事とでは、どちらが楽な工事だったかということである。石垣工事はいわば専門職集団が主役である。しかし、掘り方の方は、名にしおう劣悪土壌である関東ローム(俗に赤土)の泥濘の中で、何万もの土まみれの人々が土運びをしなければならず、その光景を想像すると、掘り方の方が残土処理も含めてはるかに苛酷な工事だったような気がする。

四谷―牛込間の外濠――この谷筋を利用した外濠は、全流路に三つのダムをつくり、四段の落差をもつ水面で構成された。各段の水位調節は灌漑技術の蓄積によるもので、各水面をオーバー・フロー方式で一定水位を保てるようにしてある（新見付の土橋は明治期に造られた）。

この電気洗濯機の〝すすぎ〟の際のオーバー・フローの仕掛と同じ工夫をよく見ようと思ったら、現在ではJR市ヶ谷駅の四ッ谷寄りのホームの端に立つと具合がよい。

〝鎖国〟と天下普請

なぜこの寛永十三年（一六三六）という時期に、このような大規模な外郭工事が実施されたのであろうか。この時期になると徳川の権力は全く確立していて、さきの名古屋城の福島正則と加藤清正のエピソードではないが、諸大名は心の中では非常な不平不満の念を持っていたとしても、それを表面化することはできない。従って大名たちの反幕連合結成などの可能性は、皆無といった状況だった。

そうした事情は自他ともに認められている中で、これまでに見られない規模の外郭工事が行なわれたのである。

その理由の一つは、もはや幕府の伝統的政策とでも呼べそうな大名イジメの天下普請の続行と、一つはいわゆる鎖国政策の強化にともなう、江戸城の防備強化策の結果だったと推定される。

ひと口に幕府の鎖国政策といっても、完全に国を閉ざしたことはなかったのが実際である。朝鮮との国交の継続をはじめ、中国貿易と中国船の来日、琉球—薩摩間の貿易行為、それに加えて江戸時代全期を通じての、日本海沿岸と東シナ海の間の北前船・西廻り廻船の活躍などを見ると、鎖国という表現がかなりあいまいなものだったことがわかる。

それはさておき、このいわゆる鎖国に関する法令は、寛永十年（一六三三）二月二十八日を第一回に、翌十一年五月二十八日、十二年五月二十八日、十三年五月十九日と、四年連続で公布された。

翌寛永十四年から十五年にかけて、「島原の乱」（寛永十四年十一月〜十五年二月末まで）が勃発し、幕府は原城《はらのじょう》に立てこもったキリシタン宗徒の反抗に手を焼きながら、一応鎮圧に成功している。

この一揆をはさんで寛永十六年（一六三九）七月五日に五回目の〝鎖国令〟を公布している。

この五回の法令の大要は、①日本人の海外との往来の禁止、②キリシタン伴天連取締令、③外国船との貿易取締規定の制定の三点につきて、それは回を追って規制が強化されていった。その結果が長崎におけるオランダ商館の貿易独占行為を生むのだが、そうした体制の中でも幕府にとっての密貿易——当事者にとっての自由貿易——が広範囲に根強く行なわれていたことは、北前船が運賃稼ぎではなく買積船つまり自主的な商売に終始したことからもよくわかる。

こうした状況の中で外郭工事が〝強行〟されていたのである。さらにいえば「島原の乱」と外郭の天下普請の時期は重なった期間さえあったのである。

そもそもこの時の外郭工事は〝鎖国〟政策に見合った江戸城防備強化策とみれば合点がいく工事であり、「島原の乱」で総大将の板倉重昌が戦死するという事態を経験した幕府としては、外郭工事はどうしても続行完成させなければならないものだった。

本丸・天守台工事

外郭線が確定すると、次は本城の建築に掛かることは、城郭建設の定石である。寛永十四年（一六三七）の本丸建築は前年の外郭工事に参加しなかった一一家の譜代大名たちが動員された。天守台の方は譜代・外様混成の九大名が動員され、ほかに外様大名五家が厖大な建築材料（銅板・木材・杉板・金箔など）を献納している。

そして寛永十六年（一六三九）八月に本丸御殿が完成し、明日将軍が入城しようとする晩、台所付近から出火してあえなく全焼すると、ただちに本丸再建の天下普請が、水戸家を筆頭とする譜代大名と徳川に非常に親しい大名たち一六大名に下命された。この時の火事なども諸記録をみる限り、ほとんど放火だったといってよい状況のものだった。

こうして、五次にわたる天下普請によって、江戸城はほぼ八分どおり完成したのである。その規模は、現在の千代田区から外神田分を差し引いた面積と、中央区から月島・晴海地区を差し引いた面積を合算させたもので約二〇平方キロほどの広さを持つ。これを「寛永図」に書き足す場合を想像すると、本来の「寛永図」のほぼ倍くらいの紙をつながなければ、おさまらない広さである。

3　江戸の寺町

円覚寺領の証拠

家康に〝横領〟された円覚寺領江戸前島には、どこかにそのことの証拠が残ってはいないかと考えても、あながち無理ではなかろう。とにかく「円覚寺文書」で確認できる限りでも、その荘園時代は二七六年間で、徳川氏の江戸時代よりも二年短いだけだったのである。

もちろん中世と近世の時代的特質や領主の性格の差を考えずに、単に領有期間の長短だけを比較しても無意味なのだが、それにしても何らかの〝物的証拠〟を求める態度は許されてもよいだろう。

しかし文書や史料の上では前記のとおり、ほとんどが抹消されてしまった以上、残るのは中世の考古学的資料の発見に頼るほかはない。

ところが江戸初期から現在まで、絶え間なく大がかりな土木工事の対象となってきた江戸前島とその付近からは、中世以後の系統的な考古学上の資料は、ほとんど見出すことができない。

私の知る限りでは中世の江戸前島付近の有様にふれた考古学ガラミの記録としては、つぎに引用する豆腐屋の穴蔵工事で発見された古碑に関するものが、唯一のものといえる。なおこの新和泉町は、現在の中央区日本橋人形町三丁目のうち、人形町通りの東側の部分に当り、残念ながら江戸前島そのものではなく、少し東にズレた場所にあった町である。

新和泉町。『江戸紀聞』に云、今の和泉町は寛永の頃の江戸図をみるに江戸町といひし所なり。此頃ははやことごとく町家なり。しかるに近き頃寛政五丑年（一七九三）五月の事なりし、この辺に住へる豆腐をあきなふ久兵衛といへるもの、穴蔵をほりしに古碑一ッを掘出せり。その碑に祐禅尼天文二十二年（一五五三）七月二十九日としるせり。されば此所には古くは寺などありしや。寛永のころははやことごとく町屋となりしかば、おもふに御入国より前のことにて、実に寺ありしならんにも、天正のころははや廃せしとみへたり。（『御府内備考』巻之八、御曲輪内之六）

霊岸島の円覚寺――また寛永元年（一六二四）から埋め立てが始められ、同六年に完成した道本山東海院霊巌寺のある霊岸島に、医王山円覚寺という寺があった。鎌倉の円覚寺は臨済宗だが、この円覚寺は真言宗で弘法大師八八カ所の第一三番の札所として知られていた。『江戸砂子』には「今は円覚寺と書くが、霊岸島に起立した当時は円覚院と書いた」という意味の記事があることと、場所・宗旨・由来その他を総合すると、明らかに江戸前島の領主だった円覚寺とは無関係な円覚寺が、江戸前島の沖合いの埋立地にあったことを付記しておく。

〃鍛冶橋人〃

これに続くものが第一章「江戸前島の歴史」（八七ページ）で取り上げた『日本人の骨』の発端となり、また江戸前島の存在を改めて広く再認識させる資料となった、重症梅毒患者の頭骨を含む二三個の〃鍛冶橋人〃の遺骨である。

この遺骨群は同書にも明らかなように、大正二年（一九一三）の鍛冶橋改架工事の際、その橋脚部から発見された。この時の改架工事とは江戸城三十六見附の一つである鍛冶橋門の木橋ではなく、明治維新後に木橋を石造アーチ橋に改架したものを、さらに鉄筋コンクリート橋に改架する際の発見だった。ちなみに石造アーチ橋の鍛冶橋の姿は、小林清親や井上安治が〃明治の浮世絵〃の中で取り上げているものであり、現在でもそれに近い現物の姿は、日本銀行前にかかる常磐橋にみられる。

再三述べるように、この鍛冶橋の架かる外濠は、第一次天下普請の時に江戸前島の〃尾根〃の部分をつらねる形に掘られた水路であった。そしてこの水路建設の時、〃鍛冶橋人〃

の眠る墓地の存在に気づかなかったのか、または無視されて工事が進められたため、江戸期を通じて発見されず、また明治の石造改架の時にも気づかれず、やっと大正二年になって発見されたのである。

『日本人の骨』にはこの〝鍛冶橋人〟の出土した地層の深さの具体的記述を欠くが、「橋脚工事中」という条件からすれば、恐らく江戸前島の〝原〟地表から、少なくも五、六メートルくらいの深さに埋められていたものと考えられる。

なおこの深さの埋葬のし方が当時の江戸における一般的埋葬形態だったのか、または重症梅毒患者になるほど身をもって海外交流を果していた人々に対する、いわば特別な形の埋葬のし方だったかは、後出の「東京の寺と墓地」（二四四ページ）の項に関連させて検討しなければならない事柄である。

骸骨の先生

高度成長期には都心の千代田・中央両区の江戸前島だった部分は、戦後復興に続くビル建設ブームや、オリンピック準備のための地下鉄や高速道路の建設などで、徹底的にほじくり返された。

そうした中で、昭和二十九年（一九五四）八月十日から昭和五十年（一九七五）五月十九日までの約二一年間に、工事現場から人骨が出た都度、警視庁嘱託（本業は中央区内の歯科医）として実地調査を続けた、「骸骨の先生」こと川越逸行《としゆき》氏が『掘り出された江戸時代』（雄山閣刊）という著書をまとめられた。

この書の「収集・視察日誌及び参考文献」の章には、前記の期間中に調査に出向いた年別回数と調査内容表があり、現場出動回数は七三三回、内容別では、建築工事現場三二七回、地下鉄工事現場一五〇回、土木工事現場五〇回をベスト3に、合計一六項目七三三件の内訳を挙げている。

そのうち特に注目したいのは、七三三カ所の調査地点を地図で示した「東京都内発掘地図」の説明に、次のように書かれている部分である。

> 都内の江戸時代の遺体発掘場所を地域的にみると、一番多いのが中央区内で、この地域から発見されるものは、はっきり寺院の跡と思われない状態のものもかなりある。次が台東区内でこれは当時、寺院が多くあったためでその改葬もれと思われるものが大部分である。
>
> 三番目に多いのが港区内であるが、このあたりは寺院の跡と思われるものが多い。世田谷と大田区内のものは、ほとんど古墳である。（傍点引用者）

この「収集・視察日誌」は調査一件ごとにその年月日、調査地点、人骨出土地層の深さ、人骨発見の原因などが書かれている。その一例を挙げると、「昭和三〇年一〇月一九日中央区日本橋本石町三―四　四・二メートル　建築」という形式のもので、最も多いとされた中央区の場合は一九二件あり、そのうち江戸前島の地域のものはちょうどその半数の九六件を数え、あとの半数は八丁堀・築地・茅場町をはじめとする埋立地のものであった。ちなみに江戸前島の範囲で人骨が出土した町名と件数を「日誌」から拾うと、つぎのような状況だった。

　銀座西二三、銀座一七、室町五、日本橋通一、本石町八、京橋三、江戸橋六、本町三、堀留七、宝町五、八重洲二、本銀《ママ》町一

　馬喰町四、橘町七、人形町二、久松町二（この四町は江戸前島隣接地）

　合計九六件

　これらの出土人骨の個々の状態は省略するほかはないが、さんざん寺院の改葬もれの人骨につき合わされてきた川越氏が、中央区内の特徴は「はっきり寺院の跡と思われない状態」のものが多いということを述べているのは、特徴的である。

　なおここで特につけ加えたいのは、高度成長期に中央区だけでもこのように多数の人骨が発見されているのにもかかわらず、それ以上の大規模な再開発が始まった昭和五十年代

からは、中央区に限らず都の全域においてもフッツリと人骨やら遺跡が発見されなくなるということである。その最大の原因は文化財保護法に基づく各区市町村での文化財保護条例の制定と普及にある。すなわち自己の敷地で何らかの工事を行なった際、文化財の対象となる遺物・遺構などを発見した場合は、その地の自治体の教育委員会に通報する義務が生じた。そして教育委員会がしかるべき機関を組織して学術調査を行ない、場合によってはその調査報告書を刊行する。そしてそれらの費用のすべては原因者つまりその場所の地主なり工事施行者が負担することになった。

このため建設工事中に「何か」を発見した場合、その通報—下調査—本調査だけの段階でも何カ月かを〝空費〟することになる。大規模な現場では一、二年かかることも珍しくない。最近の東京都心の土地事情からすれば、この文化財発見は、関係者の工程計画から資金計画までを根底からくつがえす結果になる。それゆえに最近の建設現場は極度に閉鎖的・秘密主義的になり、一切の発見は闇から闇に葬り去られることが当然のことになった。

東京の寺と墓地

こうした証拠としての人骨の出土状況に関連させて、江戸前島を含む東京都心部の寺と墓地のあり方について、一連の事実を紹介しよう。

その前に総論的にいえば、最大の近世都市江戸の成立と発達を検討する場では、これまで寺と墓地の問題はほとんど無視され続けてきたことを指摘したい。

寺と墓地というと宗教的意識の問題が先立つが、この場合には王侯貴族ではない一般の都市住民の死体処理場の問題である。この都市施設は、上下水道・道路と並んで最も基礎的な性格のものである。概念としての都市計画の本質は、都市の維持・管理の手法だとすると、大都市における住民の死体処理の手法は、最も「都市計画」的なものである。

またここでつけ加えたいのは、現在の都市、とくに東京では寺と墓地が〝職住分離〟を思わせる形で分離しているのが普通のようになったが、この項での「寺と墓地」は、例外は別として、寺は墓地と一体のものとして取り扱う。

農林漁村の場合の墓地＝人捨て場は、原則的にはそれぞれの共同体の縄張りの中で、最も利用価値の少ない場所が選ばれる。農村では耕地にならない土地、漁村でも耕地や漁撈作業に影響のない土地（海岸など）が対象となる。展望やいま流行の「景観」の良否とに無関係なことはいうまでもない。

この場合、多くは共同墓地の形をとる。その埋葬のし方は**図21**のとおりである。すなわちAから順にBま

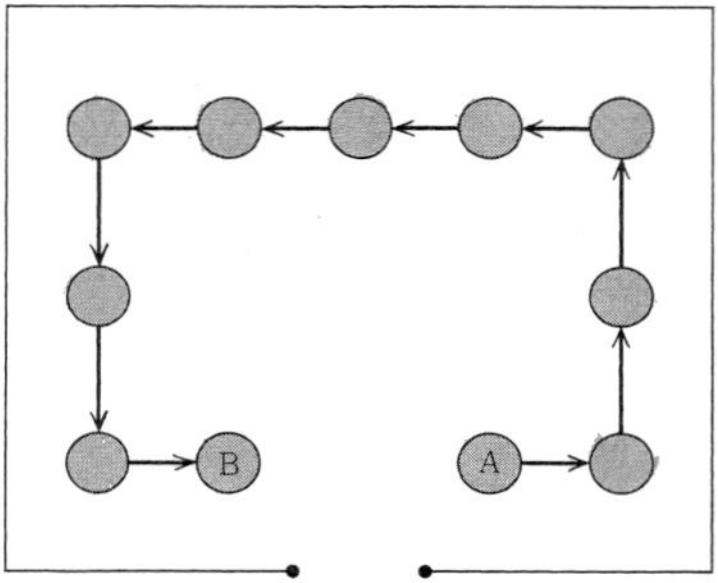

図21　共同墓地の埋葬順

埋葬する。Aに埋めた死体は〝骨まで融《と》けて〟つぎの死体を埋めてゆく。Bまでくるとつぎの死体はAの場所に、前の死体に重ねて埋葬する。普通は墓地をAからBまで一巡するころには、Aに埋めた死体は〝骨まで融《と》けて〟つぎの埋葬には大して支障はなかった。

このローテーション？ が崩れるのは戦乱や災害、疫病などで一度に大量死があった場合である。

したがって、一つの墓に必ずしも自分の先祖が埋まっているとは限らず、共同墓地全体が〝自分の先祖〟の眠る場所でもあった。

この形式の墓制は、墓地を限りなくふやすことを防ぐ、いわば生活の知恵であり、地域的には相当広範囲に見ることができた。これから述べる江戸の中世・近世の墓地にもかなりその名残が認められる。

なぜこのような墓制が生じたかといえば、明治以後の都市における火葬の法定化までは、死体の大部分は焼かずに埋めたためである。江戸時代には火葬は特定な宗旨や身分の場合に限られ、死体処理方法としては少数派だった。

より即物的に考えても人一人焼くのには大量の薪が必要であり、その薪代だけでも都市の一般的住民にとっては、大きな負担だった。くり返すが火葬は限られた人々だけのものだった。大多数は、吉原や四宿の遊女が死ぬと〝投げ込み寺〟に投げ込まれたのと同じく〝投げ込まれる〟形で処理されるのが普通だった。

このことは、現存する江戸時代からの墓の数を数えてみれば明らかなことで、個人墓・家墓を残せなかった圧倒的多数の人々の死体は、すべてその痕跡も残さず〝土に帰った〟のである。

なお明治以後の火葬普及後でも、寺院経営の墓地の無縁墓の整理方法は、納骨堂というわば共同墓地を近代化した形の施設で処理されて、墓地の空間の有効利用度を高めている。

江戸の火葬場――江戸時代の武士は原則的には火葬が禁止されていた。武士以外を対象とする火葬寺は寛文九年（一六六九）に設立を許された小塚原の火葬寺群をはじめ、江戸市街内外に合計七カ所あった。

○小塚原……安楽院（天台宗）、永安寺・西秀寺・教受坊・随円寺（以上、真宗）、称名寺・秀保院・恵日院（以上、浄土宗）、清光院（禅宗）、浄光院（真言宗）、宗源寺・高雲寺・乗蓮寺・宝林寺（以上、日蓮宗）

○深川……霊巌寺（浄土宗）、浄心寺（日蓮宗）

○砂村新田……阿弥陀堂（浄土宗）

○今里村……芝増上寺下屋敷（浄土宗）

○代々木狼谷……火葬場

○上落合村……法界寺（日蓮宗）

○桐ヶ谷村……霊源寺（浄土宗）

以上の七カ所は明治六年（一八七三）七月十八日に太政官の「火葬禁止令」の布告ですべて廃止された。しかし明治八年五月三十一日から火葬場が復活している。

この七カ所の具体的な位置や復活後の状況などは省略する。

江戸の寺

ごく一般的な墓制と、日本の文化史上、初めて臨海低地に都市を形成させ、しかもさらに埋立地を造成しながら海に進出していった現場である江戸の墓制とでは、どのような差異があるのだろうか。

これを明らかにするために、まず中世の江戸の寺＝墓地のあり方をみよう。

家康の江戸入りまでの江戸の範囲（大体現在の千代田・中央区の範囲）には、『続御府内備考』『文政寺社書上』等の史料で確認できるものだけで六五寺ある。

このうちの約半数が太田道灌時代に起立したもので、当時の「東武の一都会」の繁栄の一端を示している。あとの半数が北条氏時代のもので、戦国時代初中期の人間の移動ぶりを反映している。

そしてこの時代の寺が特に集中している場所として江戸では「局沢《つぼねざわ》十六寺」で代表される局沢がある。この場所は現在の皇居の坂下門辺を河口とする小河川の谷筋をいう。この谷筋の中流部が千鳥ヶ淵であり、支谷が英国大使館前の半蔵濠、皇居内の道灌濠などである。

この局沢に限らず天下普請で築かれた江戸城の大部分は、原地形を最大限に利用する形で築かれている。皇居＝江戸城を東端に持つ武蔵野台地は、全体的に複雑な形に谷が入りこんでいる。これを地形学者は〝樹枝状〟とか〝毛細血管状〟といった表現をしているくらいである。

皇居正門の二重橋一帯も、そうした地形をうまく利用したものにほかならない。ところが関東大震災で二重橋わきの伏見櫓の土手が崩れ、人骨がゾロゾロ出てきて大さわぎになった。大正十四年（一九二五）六月中にも全部で一六体の人骨が出て、当時の新聞をにぎわせている。

新聞記事の紹介はさておき結論をいえば、二重橋の人骨は「局沢十六寺」と同じ時代の同じ墓制のものだった。皇居一帯の濠になっている谷筋の多くは人捨て場として利用されていた。局沢の上流部の番町には樹木谷＝地獄谷があり、人捨て場として「骸骨みちみちたり」といった場所として江戸の地誌に記載されている。同様に牛込にも麻布にも樹木谷＝地獄谷があって、小河川の谷間は広く人捨て場だったことを物語っている。

これは江戸が江戸湊で代表される水運の中心地だったことと大いに関係がある。水運が盛んな土地では、墓は貴重な水辺にはつくられない。多くは谷地田《やちだ》・谷戸《やと》・谷《やつ》と呼ばれた狭い沢筋につくられる。

それでなければ〝鍛冶橋人〟埋葬の例のように、江戸前島では半島の最高所に墓地がつくられる。つまりその地域にとって最も利用価値の少ない場所を選んで墓地がつくられるのである。

寺の集中と拡散

江戸の寺の起立時期とその位置の分布、および移動のし方にはいくつかの特徴がある。第一は寺の数だが、家康の江戸入り当時、現千代田区内には六五寺あったものが、増加に次ぐ増加を続け、平川地区(現、皇居周辺)には三二寺、神田地区には七三寺、麹町地区には三八寺、合計一四三寺が起立している。

この約三分の一が、徳川の旧領国にあった寺が徳川家臣団と共に江戸に移転してきたもの。三分の一が、大名が徳川に対する忠誠の〝あかし〟として、江戸に寺と墓地をつくり死後も本国に帰らず、江戸に〝骨を埋《うず》める〟装置としての寺。残る三分の一が、江戸の町人たちの死体処理場としての寺であり、多くは京・近江・伊勢などの先進文化地域の寺の〝出店〟としての江戸寺だった。

これらの寺の江戸での起立年月日、場所、宗旨、開基、檀那、寺領、本寺・末寺関係、移転年月日、移転理由などを調べ、とくにその起立と移転関係を中心に、表にしたものを『千代田区史』上巻(千代田区刊)の巻末に「江戸城外郭内の寺院変遷表」として掲載してある。

このような寺の急増と移転は、千代田区の区域だけではなく、江戸前島のある中央区の場合もつぎの**表3**のとおりだった。

つまり千代田・中央両区あわせて約二〇平方キロの範囲に、中世以来の寺に加えて江戸初期に存在した寺は二〇八寺を数えたのである。いかに当時の都市にとって、寺院の存在が必要なものであったかが察せられるであろう。そしてこの二〇八寺の現況は、千代田区内に一寺、中央区内に三寺、計四寺が存続するにすぎない。

表3　一時中央区内に起立しまたは移転してきた寺院の一覧表

	区内に起立または転入した寺院数	他区に転出した寺院数	差引現在寺院数
天正末 1592年	19	1	18
文禄末 1596年	10	1	27
慶長末 1615年	59	8	78
元和末 1624年	13	3	88
寛永末 1644年	8	55	41
正保末 1648年	1	15	27
明暦末 1658年	1	24	4
幕　末 1868年	15	16	3
計	126	123	3

『中央区史』上巻より引用

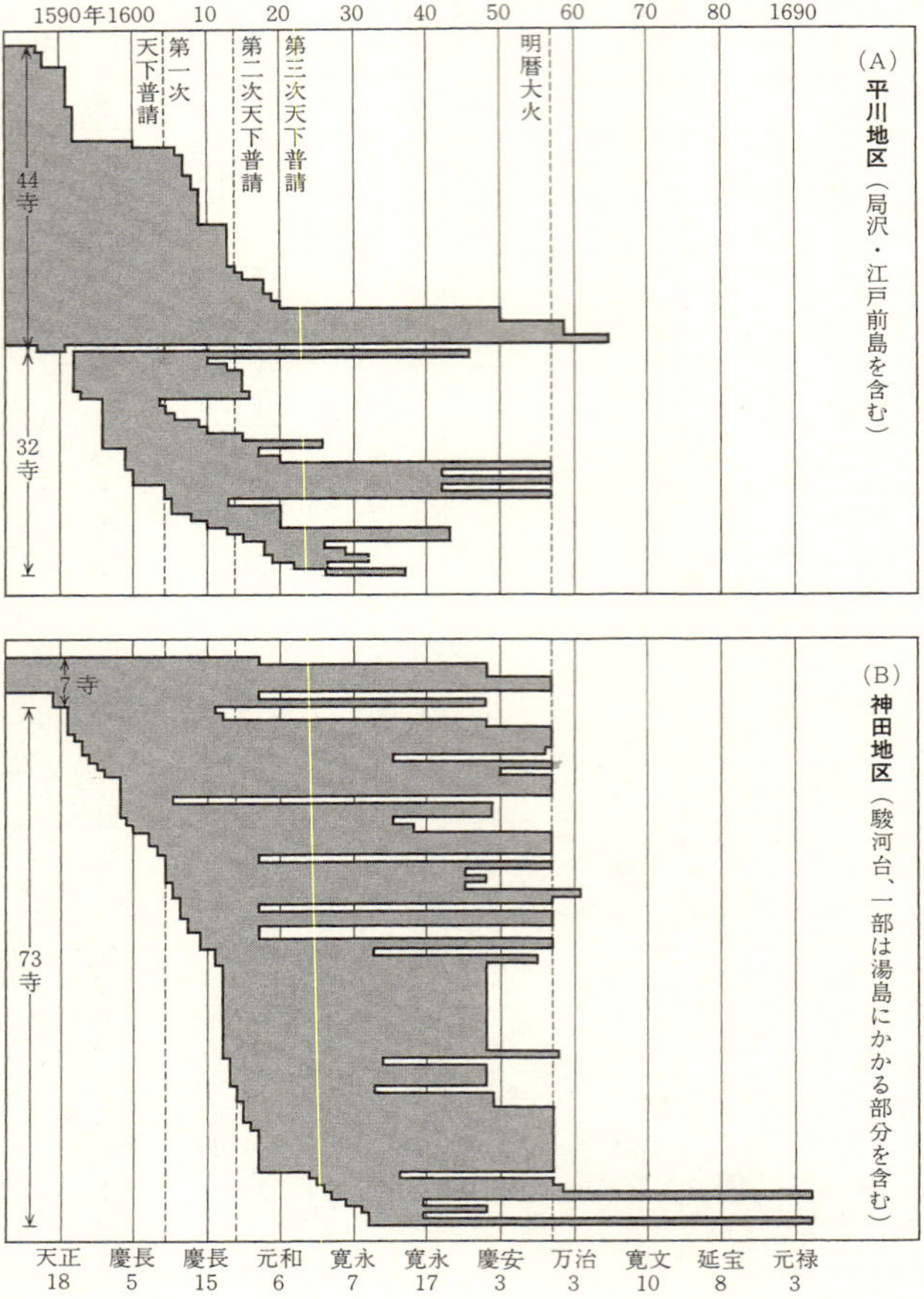

1590年
1600
10
20
30
40
50
60
70
80
1690
天下普請
第一次
第二次天下普請
第三次天下普請
明暦大火
(A)
平川地区（局沢・江戸前島を含む）
44寺
32寺
(B)
神田地区（駿河台、一部は湯島にかかる部分を含む）
7寺
73寺
天正18
慶長5
慶長15
元和6
寛永7
寛永17
慶安3
万治3
寛文10
延宝8
元禄3

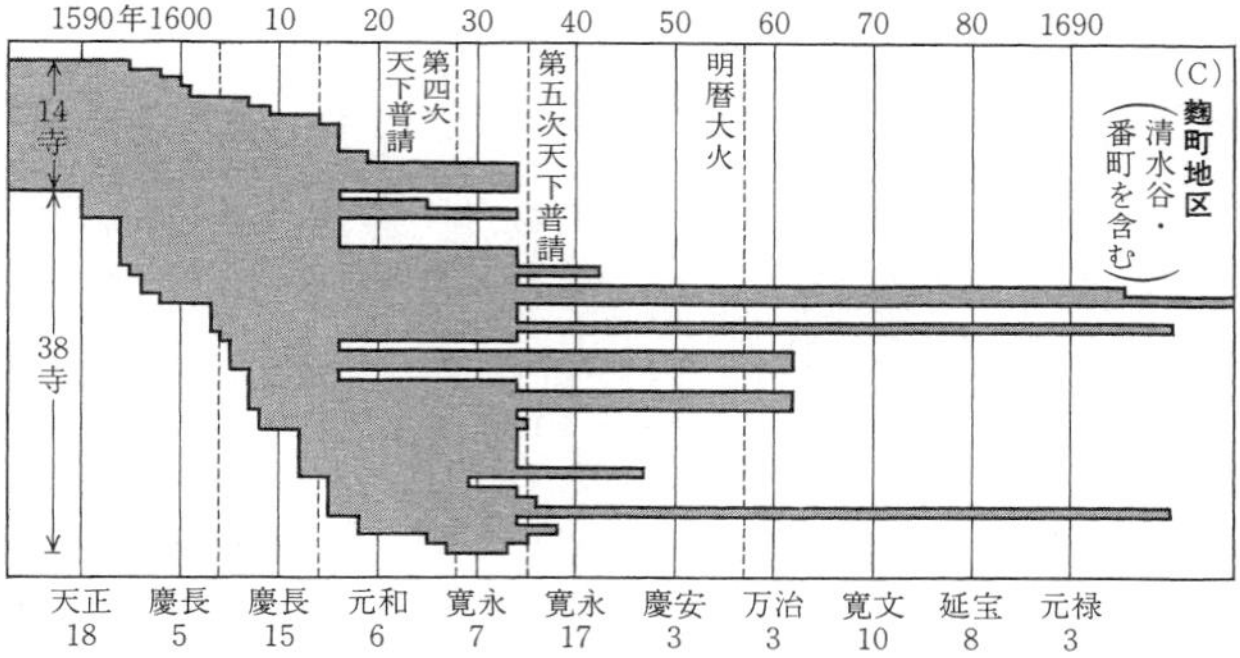

図 22　都心部の寺院の存立期間――この図は多くの寺院が都心部に起立する一方で、江戸と江戸城の拡張のたびに外郭に移されて行く過程図である。つまり図の標題のとおり江戸に最初に起立した寺院が、どれくらいの間、その最初の場所に存続できたかという一覧表でもある。

ちなみに(A)・(B)・(C)各図の寺院はすべて現存する。しかし都心部（千代田区）にそのまま現存するのはただ1寺しかない。この4世紀にいかに都心部の地域の性格が激変したかを、よく物語る事実といえよう。以下(A)～(C)図について簡単に説明する。

(A)　家康の江戸入り前に44寺も寺があった。これが2年後には11寺が転出し、以後天下普請の都度転出していった。その反面「江戸入り」後に新規に32寺が転入する。その増え方はこの地区の「人口」の動向に比例したものといえよう。しかし大半は第二次天下普請により姿を消した。

(B)「江戸入り」前からの寺院は7寺、他はすべて近世になってからの起立である。慶長3年、同9年、同17年、元和3年の各年次に比較的まとまって寺院が増えるが、いずれも説明がつけられる増え方である。しかし全体的にみると、この寺院の増加のカーブが当時の江戸人口の増加のカーブに近似的だったと考えても、そう無理なことではあるまい。そして明暦大火（1657）の9年前の慶安元年（1648）に約半分が転出し、明暦大火には2寺を残して大半が転出して都心部の宅地になった。

(C)　典型的な山の手地区で「江戸入り」前からの寺は14寺、「江戸入り」後が38寺であって、寺院数も少なく、起立期間もおおむね元和元年（1615）で止まってしまう。転出も大部分が寛永の第四次天下普請の時に外郭の外に出たものが多く、この地区でも「明暦大火による市街地の変化」という、これまでの常識に反して、明暦大火の影響はその市街構成に案外に影響を与えていなかったことがわかる。

この起立と移転の関係をみるため、寺の起立年次ごとに寺院名を並べていくと、図22にみるように自然に江戸の拡大と住民の増加に見あった曲線がグラフィックに現われる。そして天下普請ごとに、寺が都心から出ていくとその曲線が階段状になり、やがてゼロに近くなっていく。

江戸寺町の変遷

ここでは寺が集中した場所を寺町と呼ぶことにする。家康の江戸入り以前の寺町のほとんどは、武蔵野台地に入り込んだ零細河川の谷筋だったことはすでに述べた。ところがそういった場所が、たまたま城郭の中心地になると、当然移転措置がとられる。江戸城の場合その移転のあり方は、その時点における城郭のはずれや、市街地のはずれの低湿地を選んで寺町が形成された。

これは慶長の第一次、および第二次天下普請の場合と、元和の第三次、寛永五年の第四次と十三年の第五次天下普請の五回の天下普請に共通なことだった。

さらに寛永十三(一六三六)から十六年にかけて江戸城の外郭が完成したのちは、明暦三年(一六五七)の大火の復興計画による寺町の大移動の際も、一貫して大部分が低湿地を選んだ形で寺町が移動する。つまり、一度に遠くへは移転させなかったのが江戸の場合の特徴だった。

例外的には駒込の一部、谷中の一部、小石川の一部、牛込の一部のように、それぞれ台地の上に寺町が形成される場合もあったが、それらは主として明暦大火以後のことで、江戸初期にはなんといっても主な寺町は低湿地と埋立地に集中した。

さきの「局沢十六寺」各寺の場合、例えば本所の法恩寺は局沢―神田北寺町―本所(現、墨田区太平)という経路で現在地に移っているが、移転度数の多い寺は三、四回移転している例も、さして珍しくない。

現在の北の丸公園にあったとされる平河山法恩寺は、山号の示すように平川地区に太田道灌によって起立されたともいわれ、秀吉が江戸に来た時に一泊した寺でもあった。これが第二次天下普請の時、柳原の南の神田北寺町に移された。神田北寺町とは石神井川河口部の汐入りの沼沢地の俗称「お玉が池」の水面だったところで、この水面の陸地化のために寺町がつくられた。

そのため現在の靖国通りを中心に岩本町一帯は、いまでもかなり人骨や遺物が出てくるし、かつては全長一〇メートル近い舟さえ出土している。しかし例の文化財保護条例ができてからは、そうした〝事実〟はほとんど「なくなった」。

そして法恩寺の記録では元禄年間(一六八八~一七〇四)に現在地の江戸東郊の沖積低地に移されて、付近の完全なる陸地化の拠点になっている。

埋立地の場合

江戸前島の一〇本の船入堀がつくられた海岸の沖合いに、埋立地ができはじめたのは、やはり慶長の第二次天下普請以後のことだといってよい。この埋立地の範囲を現在の町名でいうと、北から証券取引所のある兜町一～三丁目、茅場町一～三丁目、八丁堀一～四丁目の範囲（以下この範囲をまとめて《八町堀》と呼ぶ）で、さらにその沖合いに当時の霊岸島（現、新川一～二丁目）の二つの埋立地があった。

この埋立地の寺町の範囲は、「武州豊嶋郡江戸庄図」、略称「寛永図」（寛永九年・一六三二現在図）に、神田北寺町と共に明瞭に記載されているが、これを『中央区史』の引用で紹介すると、第一次天下普請の慶長十一、二年前後に、《八町堀》に「寺地を給された寺院は六十寺におよぶ。この六十寺は寛永十二年（一六三五）五月、芝、浅草、牛込に移転」したと述べ、六〇寺の山号寺号、宗旨、移転経路などを記載する。

そしてこの六〇寺がどこから《八町堀》埋立地に来たかを調べると、江戸前島の範囲からのものが一二寺（内訳は数寄屋橋際四、常磐橋際一、日比谷門辺一、木挽町二、瀬戸物町二、京橋竹町二）あるが、このうち、家康の江戸入り前からあったとされる寺は天台宗の藤滝山西蔵院長谷寺一寺だけで享徳元年（一四五二）に数寄屋橋門内に起立したと称されるものであり、やがて寛永十二年に三田寺町に転出した（現在の港区三田四―一―三四の西蔵院）。これは円覚寺領時代に起立した寺ということにもなる。

他の地方から江戸に来て、始めから《八町堀》に寺地を与えられた寺は三八寺。それと現在の新川地区の発祥地である霊岸島に寛永元年（一六二四）に道本山霊巌寺が起立している。残りの九寺は移転事蹟は不明という具合である。

この埋立地の寺町は、中央区内では浜町にもあり、明暦大火以後は築地埋立地の陸化を促進するため、今も築地に残る本願寺を中心に、これも約六〇寺の子院群を含む寺町ができている。

寺町の効果

低湿地や埋立地を早く完全に陸地化するためには、その土地の排水の改善と埋め立て材料を絶え間なく供給することにある。現在だと、ゴミ処理や産業廃棄物、建設残土といった〝材料〟が多すぎて困るのだが、江戸初期にはそうした埋め立て材料の獲得に苦労した。しかし武家地・町地の別なく建築物の建つ宅地では、そうした陸化への追加材料の供給は限られてしまう。

ところが墓地の場合は死人は絶え間なくあるわけであり、葬式の都度の副葬品や供物は現在のゴミと同じ効果を持つし、石塔・墓標もまた陸地化の材料である。また現在とは比較にならないくらい、墓参りがひんぱんに行なわれているが、それも恒常的なゴミの供給と同じ効果を生じる。

こうしてある程度の陸地化が済むと、この寺町はまた新しい低湿地に移されて、そこに新しい寺町を形成する。古い寺町の跡は武家地や町地に転用されたことはいうまでもない。

この段階になると、先ほどの西蔵院長谷寺の例で代表されるように、《八町堀》から江戸市街地の南端の三田に移され、今度はそこで城下町における寺院の役割としてよく引き合いに出される効果——城の外廻りの要所に寺町を置いて外敵に対する防御陣地地帯とする効果——を期待されることになる。

たしかに江戸が大江戸に拡大したのちは、寺町は主要街道の都心部と最初の宿場の中間に多く設けられ、地図上では城の外郭陣地的な分布を示している。実際、主要街道の道筋の大部分が台地の尾根を通っていることは、市街地の道路の場合と同じであるが、それに対して主要街道ぞいの寺町の多くは、その尾根の両側の谷町に位置し、展望もきかなければ、戦闘＝市街戦をするにも不便な地形に分布している。このように江戸の寺と墓は一貫して、低湿地の陸地化の手段として計画されている。

もちろん寛永寺・増上寺などの徳川の菩提寺やそれに準ずる護国寺などの場合は例外であることはいうまでもない。

遺骨の処理

江戸時代の江戸人の、墓に埋めた遺物＝遺骨に対する感覚は、現在のわれわれの感覚からすると非常に異様である。

私の場合、昭和三十二年（一九五七）から初期の江戸における寺の全国からの集中と、城郭建設にともなう拡散現象を継続的に追跡してきた。高度成長期には前出の川越逸行氏と工事現場でお目にかかったことも再三にとどまらなかった。氏の「骸骨」に対して、私の関心の中心は各現場での地層と地質の確認にあったわけだが、どうしても人骨に直接手をふれる機会が、のがれようもなく日常的に襲ってきた。

それはさておき、東京都心部では記録の有無や古地図に記載のあるなしにかかわらず、非常に多くの人骨が出土した。それはさきに川越氏の著書の引用でわざわざ傍点を打ったように「はっきり寺院の跡と思われない状態」のものが多いのである。

同氏は寺院の跡だと、その移転に当っては慎重な改葬が行なわれるという、現代の常識を前提にされていた。しかし実際には徳川将軍に近い身分の人の墓でも、石のとりわけ高価な江戸で、なおかつ巨大な墓標をつくり、そこに彫り込んだ紋章や文字に金箔を入れたような立派な墓でも、いざ寺が移転するとなると、墓石はもちろん、その下の遺体や遺骨は全く放置したまま移転してしまう。

これは私一人の特別な見聞ではない。例えば昭和五十年（一九七五）一月二十三日に都立一橋高校（千代田区東神田一―一二）の新築工事現場から、おびただしい人骨が出土した。この近世都市考古学の幕開けとなった発掘調査では、江戸初期の寺の移転の実態があますところなく明らかにされている。それを要約すれば墓石・遺骨・遺物には全く宗教的関心もなく、また執着や未練の跡もなく、〝立つ鳥跡をにごす〟とでもいうよりほかはない乱雑さを残したまま、幾つもの寺が移転している状況だった。どうも当時の人々は無神論ならぬ無仏論者が多かったのか、または位牌にだけ霊性を感じていたように思われる。

それゆえにこそ「改葬もれ」の人骨が、大げさにいえば東京の低湿地や埋立地だった場所の至るところから出土する結果になったのである。そしてこの傾向はどうも円覚寺領時代の江戸前島や、その対岸の局沢十六寺にも見られる現象であったようである。

一般的にいえば寺という施設は滅多に移転するものではないのだが——江戸の場合はこれまで、その移動のほんの一部を紹介しただけだが——その激しい移動の一端は察していただけると思う。

こうした現象は、いわば江戸特有のものともいえるが、他の同様な例との比較の資料を欠く現在、ただそうした事実が非常に多かったことだけを報告して、後の人々の見解にゆだねたいと思う。

江戸には濛々とした霧のたちこめたような〝箇所〟が思いのほか多くひそんでいるのである。

寺院の変遷——なお江戸の寺と墓地については、私は昭和三十三年（一九五八）の地方史研究協議会の大会で「初期の江戸における町の変遷と寺院の移転」と題して報告を行ない、のち『封建都市の諸問題―日本の町II』(地方史研究協議会編、雄山閣刊)に収録されて刊行された。それに手を加えて『千代田区史』上の本文とし、付録として「江戸城外郭内の寺院変遷表」を作成した。

さらに調査の対象をひろげて、『江戸砂子』を底本として、明治までの江戸―東京のほぼ全数の寺院の移動を追い、関東大震災・戦災後の移動までを追跡した資料も作成してある。ここではその一部でも紹介したい気がするが、あえて省略する。

第五章　大江戸の成立

1　明暦大火と復旧

大火の意味

明暦三年（一六五七）正月十八、十九日の二回の火事で、江戸城は西丸だけを残して全焼した。また、全国の大名が幕府に帰服する形を現わすために、争って日光東照宮の陽明門なみの華麗な大名屋敷を建築した町並みの大部分が焼失した。同様に都心部にあった寺院のほとんども焼失し、また江戸の主要な町地の大半も焼け野原になった。

この火事はそれまで未遂に終った牢人の代表的放火計画のうち、初めて〝成功〟した火事だった。この手の反幕行動の第一回目は慶安四年（一六五一）の由井正雪事件であり、第二回目は翌承応元年（一六五二）の戸次《へつき》（別木とも）庄左衛門事件だったが、いずれも未然に防止されている。

ここで明暦大火の詳細にふれることは、この火事だけを扱った単行本もあるほどだから慎むことにするが、結論的にいえば幕府の天下普請をはじめとする大名イジメの結果とりつぶされた大名の家臣——つまり失業武士＝牢人——の反幕行動としての放火だった。

もっとも放火は牢人ばかりではなく、江戸城内の火事——地震時の失火を除いて——の大半は徳川の禄をはむ者の放火であったし、市中の火事もまた現在の「財政投融資」と同じ経済的効果を持つものとして、放火による火事がおおいに利用されている。

本題に戻ってこの大火の復興のあり方を見ると、あまりの被害の大きさに打撃を受けて、幕府は当面は復興ならぬ復旧に追われている。さし当って被災の大名・旗本たちに邸宅の再築費用を与え、それは町方にも及んで焼失全町に銀一万貫を与えている。

その一方で道路拡張と延焼防止策としての家屋の庇《ひさし》切りを打ち出し、白銀町（神田）、四日市（日本橋）、飯田町（麴町）などは、防火地帯をつくるための〝区画整理〟に着手した。

さらに焼け土整理のため築地奉行をおき、木挽町の海手（中央区の築地）、赤坂・小日向などに築地を築き立てさせている。

こうした区々の事柄の列挙ではなく、もう少しマクロにみると、後出の御茶ノ水掘割工事と並行する形で、①過密化した都心部の再開発と、②本所・深川の市街地づくり、および先の築地構築の例のような③埋立地の造成、という三つの柱によって江戸は再編成されていった。

都心部再開発

このもっとも中心的な措置は現在の日本橋川流域、とくに神田鎌倉河岸を中心に分布していた幕府の倉庫群の、隅田川沿岸への移転だった。

いまも皇居外苑の一郭に残る和田倉門という地名の和田＝ワタ・ワダは海の古語であり、日比谷入江の最奥部の倉庫を示したものだが、そのほかにも米蔵はじめ戦略上の物資の倉庫が、日本橋川沿岸に集中していたのである。

その大部分を浅草・本所・深川に移した。代表的なのが**図23**の「幕府の倉庫群」に見る本所米蔵のちの竹蔵（図の横網町の陸軍倉庫）と浅草米蔵だった。図のように浅草米蔵には八本の船入堀があり、明治から大正まで幕府—大蔵省の米蔵として使われた。もっとも、最初に日本橋川沿岸からこの地に米蔵が移されたのは元和六年（一六二〇）のことだが、図のような規模になったのは、明暦大火以後の万治年間のことである。ちなみに後にふれる関東一円の年貢米は、すべてこの浅草と本所の米蔵に運ばれた。

そのほかに図には見えないが深川に船蔵と木置場も設置された。日本橋川沿岸からこのように隅田川沿岸に倉庫群が移されたということは、それだけ倉庫収納量、つまり幕府の収入が増えたことを反映したものでもあった。

またこの時に新設された倉庫群にはいずれも船入堀があるが、これは隅田川両岸の自然堤防の場所——地盤の良好な場所——が選ばれたもので、江戸前島の船入堀と同条件の立地だった。

寺院の拡散

明暦大火の時点までに、都心部の寺院は現在の千代田区の範囲では神田地区、とくに旧お玉が池跡である神田北寺町にわずか二九寺が残っているだけで、他の大部分は城の拡張につれて外郭＝外濠の外に移されていた。

中央区内の場合は主として《八町堀》地区に二四寺あったうち、大火後に二〇寺が外郭の外に移転した。こうして都心の多数の寺町は明暦大火を契機として、万治年間からほとんどが武家地に変った。

とくに《八町堀》の場合は、寺町の跡の大部分が、南北の町奉行配下の与力・同心の組屋敷地帯――つまり江戸の市政官と警察官の住宅団地――になり、「八町堀」または「八町堀の旦那」といえば、その存在を知らない市民はいないほどのものであった。

やがてそこは江戸時代中期以後になると、独特の町並みを形成した。どのように独特かというと「八町堀の旦那」方は、与えられた土地の一隅に自分用の居宅を造って住むと同時に、学者・医者・絵師・書家などの専門の職能を持つが〝牢人身分〟の者に家作を貸して、広い江戸の中でも「文人墨客」といわれるような者が集住する街を出現させた。

これは「旦那」方のサイド・ビジネスという意味よりも、むしろ〝牢人身分〟の文化人

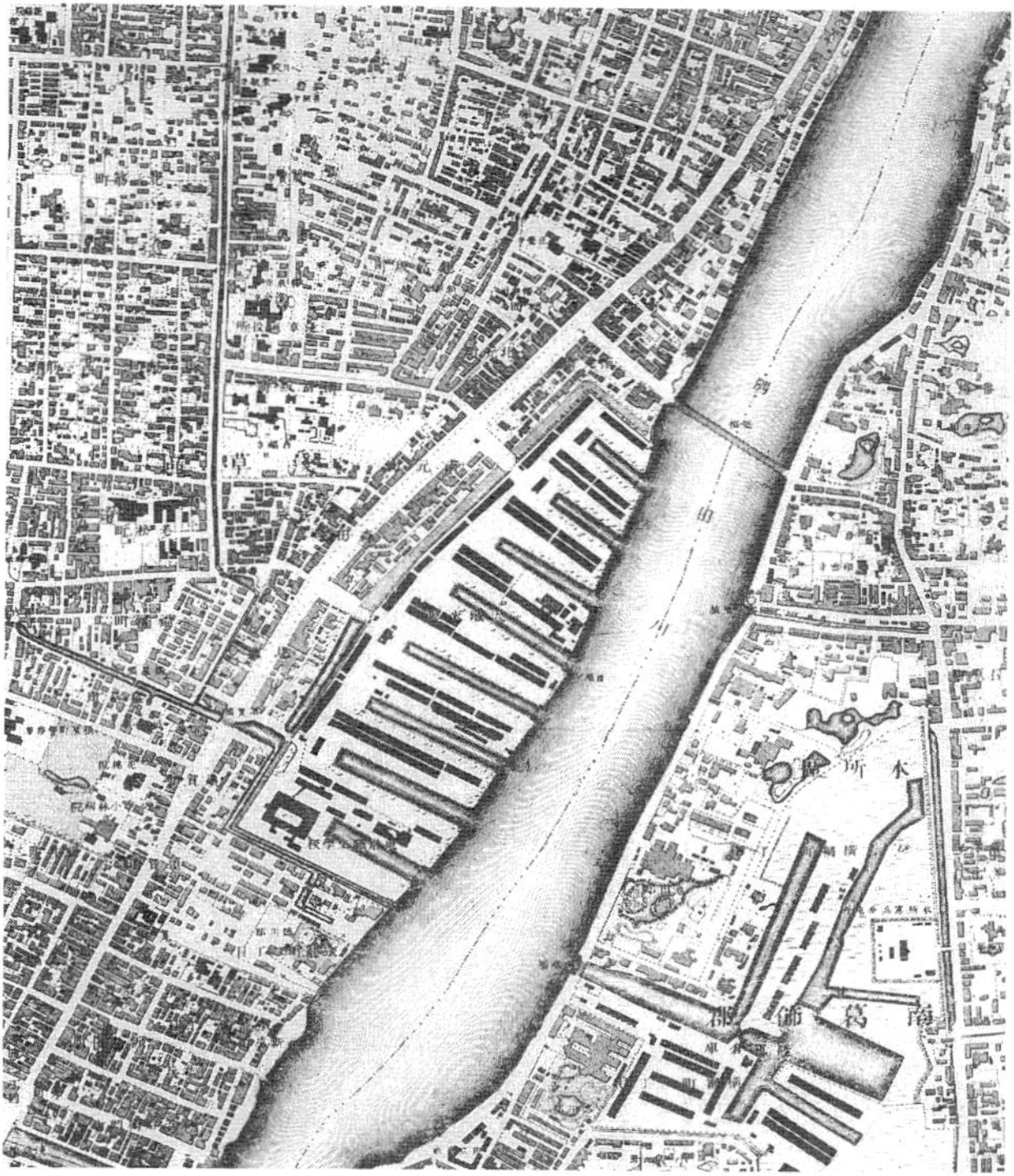

図 23　幕府の倉庫群———図は明治13年参謀本部陸軍部の測量による「東京五千分之一図」の浅草米蔵（大蔵米稟、以下カッコ内は明治の名称）と、本所米蔵のちの竹蔵（横網町の陸軍倉庫）である。浅草米蔵は８本の船入堀があり、さらにこの倉庫地帯全体を水路で区切っていて、米の倉庫がどのような舟運用の埠頭を持っていたかがよくわかる。本所の方は隅田川との出入口は一本の水路だが、中は複雑な水面で構成される。両方とも自然堤防の上という堅固な地盤により、初めて実現した施設だった。

を監視する方法だったと思われる事柄だった。なお、同じ寺町の跡である神田お玉が池一帯も、《八町堀》と並んで「文人墨客」や「武芸者」たちの集住地域を形成しているが、これも《八町堀》と同じ理由である。

寺院の移転経路

図24は都心部に起立した寺院の移転経路の模式図である。都心部に起立したといっても、家康の江戸入り以前の〝寺町〟である平川・局沢、そして江戸前島にあった寺町の数寄屋橋辺の寺院は第一次・第二次天下普請で、江戸城が拡張されると神田北寺町・神田山、そして番町・麹町、桜田などの低地に移転させられた。つまりその範囲が近世都市江戸市街の外縁部だったのである。

そして第三次〜第五次までの天下普請のたびに、築城計画の邪魔になる寺院をさらに外縁部に移転させた。しかも寺を点在させるような移転ではなく、多くは主要街道の要所をはさむ形で、その道筋の両側に寺町をつくった。この寺院計画は現在の地図で検討しても十分にその意図がわかるような配置を示している。**図24**における外郭外部の丸印の地名の範囲が、大江戸の山の手における範囲であり、それは昭和七年（一九三二）の大東京三十五区の発足まで、東京市街地の外縁をなしていた。

ここでこのような一般的な傾向とは少し異なる例を紹介すると、現在の築地本願寺は、

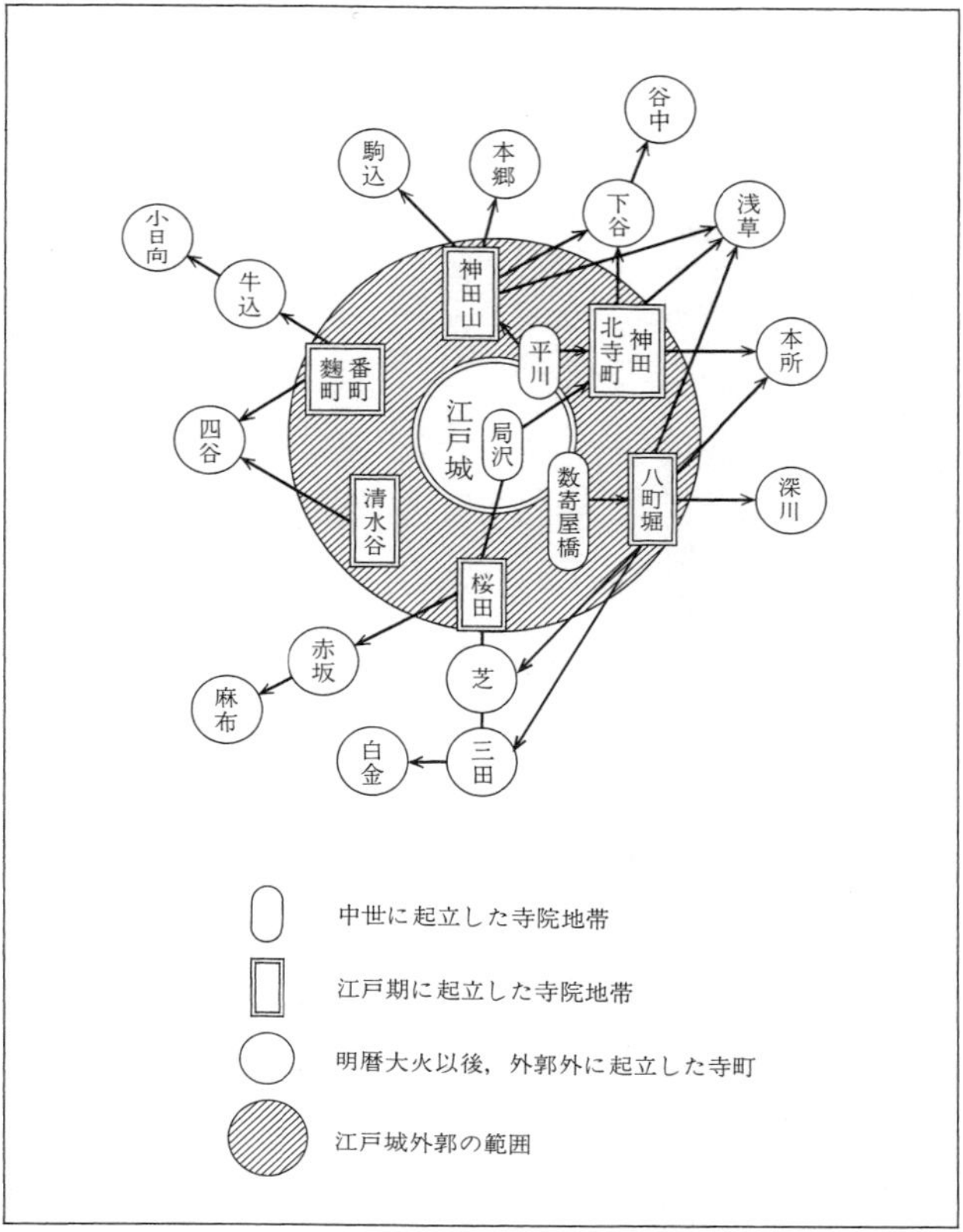

図 24　都心部起立の寺院の移転経路（模式図）――この図は家康の江戸入り以前に江戸城付近と江戸前島にあった寺と、家康の江戸入り以後江戸に起立した寺が、江戸城と江戸市街の拡張のたびに周辺に移されていった軌跡を示す。

元和七年（一六二一）に准如により浅草海辺に子院二八カ所をあわせた「江戸海辺御坊」を起立した。この「江戸海辺御坊」（または「浅草海辺御坊」）はのちに浜町御坊とも呼ばれた。例の「寛永図」では現在の薬研堀《やげんぼり》（中央区東日本橋二丁目）に相当する場所に寺地が描かれている。昭和八年刊の『日本橋区史』の巻頭折込みのコロタイプ版の三井文庫所蔵の「江戸屛風」には、その場所に堂舎の絵が描かれ、海辺御坊の存在を明示している。

これが明暦大火で焼けたのち、同年五月四日（寺社奉行の発令日は六月七日）に「八町堀築地海涯」に寺地一〇〇間四方を与えられた。

寺地といっても第二次天下普請までの大名の江戸屋敷用地造成の場合と同じく、一〇〇間四方を自力で埋め立てなければならなかったのだが、信徒の献身によって一万二七〇〇坪余を造成、つまり力あまって二七〇〇坪余計に埋め立てて、そのまま拝領する結果になった。そして翌年の明暦四年（一六五八）五月二十七日には堂宇の建築も竣工し、末寺も五八寺が軒を並べたという。今から約三四〇年前のこの建設能力は、素晴らしいものであったことがわかる。そしてこの「築地御坊」を中心に現在の中央区築地地区は、それまでの埋立地のさらに地先の埋立地として、大江戸形成の一つの拠点になったのである。

また明暦大火より五年前の慶安五年（一六五二）八月には、現在の中央区浜離宮庭園の場所の五万八〇〇〇余坪が、家光の三男の徳川綱重に下屋敷として与えられた。はじめの用途としては後に述べるように物揚場だったのだが、のちに浜御殿の臨海庭園として有名になった。この場所は「寛永図」でみると御鷹場とある地点に相当する。この場合も築地御坊と同じく甲府宰相綱重家の財力で埋め立てられたもので、「寛永図」の八町堀舟入り以南御鷹場の辺までは、多かれ少なかれこのような形式で埋め立てられて、大江戸の海岸線を確定していった。

そしてそれ以上の埋め立ては、ついに江戸時代には行なわれなかった。

その理由は埋立地への給水――承応三年（一六五四）完成の玉川上水の給水――能力が、これらの埋立地をうるおす限界であって、それ以上いくら沖合いに埋立地をふやし水道を敷設したとしても、飲料水の水量が確保できないため、人が生活する空間にはなり得なかったことによる。こうした資源の有限性を心得えた〝都市計画〟こそ、近世都市の形成の中心的な理念であり、論理だったのである。

2　江東地区の市街化

江東地区の運河網

明暦大火と江東地区との関係にふれる前に、この時期の江東地区の範囲を改めて確認しよう。江東地区とは広く解釈すれば隅田川から江戸川までの沖積地帯だが、ここで対象とする江東地区は図25にみるように、隅田川左岸の自然堤防の上に成立した集落と、そこを〝足がかり〟に沖積低地を埋め立てる形で陸地化した範囲、つまり図の隅田川と大横川で区切られた地域をさす。そしてこの地域の最南端の深川は、前章で再三述べたように江戸湊における海運と舟運が接続する場所として重要な役割を持っていた。

さらに菱垣・樽両廻船がもたらした多種多様な〝下《くだ》り物《もの》〟の倉庫地帯でもあり、また房総地方で生産された〝上《のぼ》り物《もの》〟としての肥料（干鰯・〆粕）の倉庫群も成立していた。

ところが大火を機会に対岸の江戸の商店に従属した形の倉庫地帯が、そのまま河岸（市場）や商店に転化するようになった。それに加えて前記のとおり、幕府の倉庫群の江東地区進出の影響もあったため、深川を核として次第に川上の本所の方に都市化の波が及ぶようになった。

明暦大火の二年後の万治二年（一六五九）の両国橋架橋はこうした江東地区の深川から本所にいたる地区の市街地化を象徴する事柄だったのである。

ふたたび**図25**にもどると、両国橋架橋の翌年の万治三年（一六六〇）に、幕府はかつての沿海運河小名木川と平行する竪川と、それにほぼ平行的な北十間川の二本の運河を掘った。さらにそれと直交する形に大横川と横十間川も掘り、この地区に幹線運河網をつくりあげた（なお深川寄りの運河網の建設については、あまりくわしいことはわからない）。

そしてこの運河工事は天下普請によらず、幕府直営だった点に特徴があった。また特に指摘したいのは、江戸建設の最後の天下普請である御茶ノ水掘割工事と全く並行して、建設が行なわれたということである。

タテとヨコ――竪川・北十間川と、大横川・横十間川の二組のタテとヨコの運河は、城からみて放射状のものがタテであり、環状のものをヨコと呼んだもので、この伝統は現在も幹線道路の放射何号・環状何号という呼称に引き継がれている。

また江戸時代の道路の呼称も、城から放射状のものが例えば本町通りであり、環状のものが例えば通り町筋と呼ばれたように、「通り」と「筋」という表現で区別している。

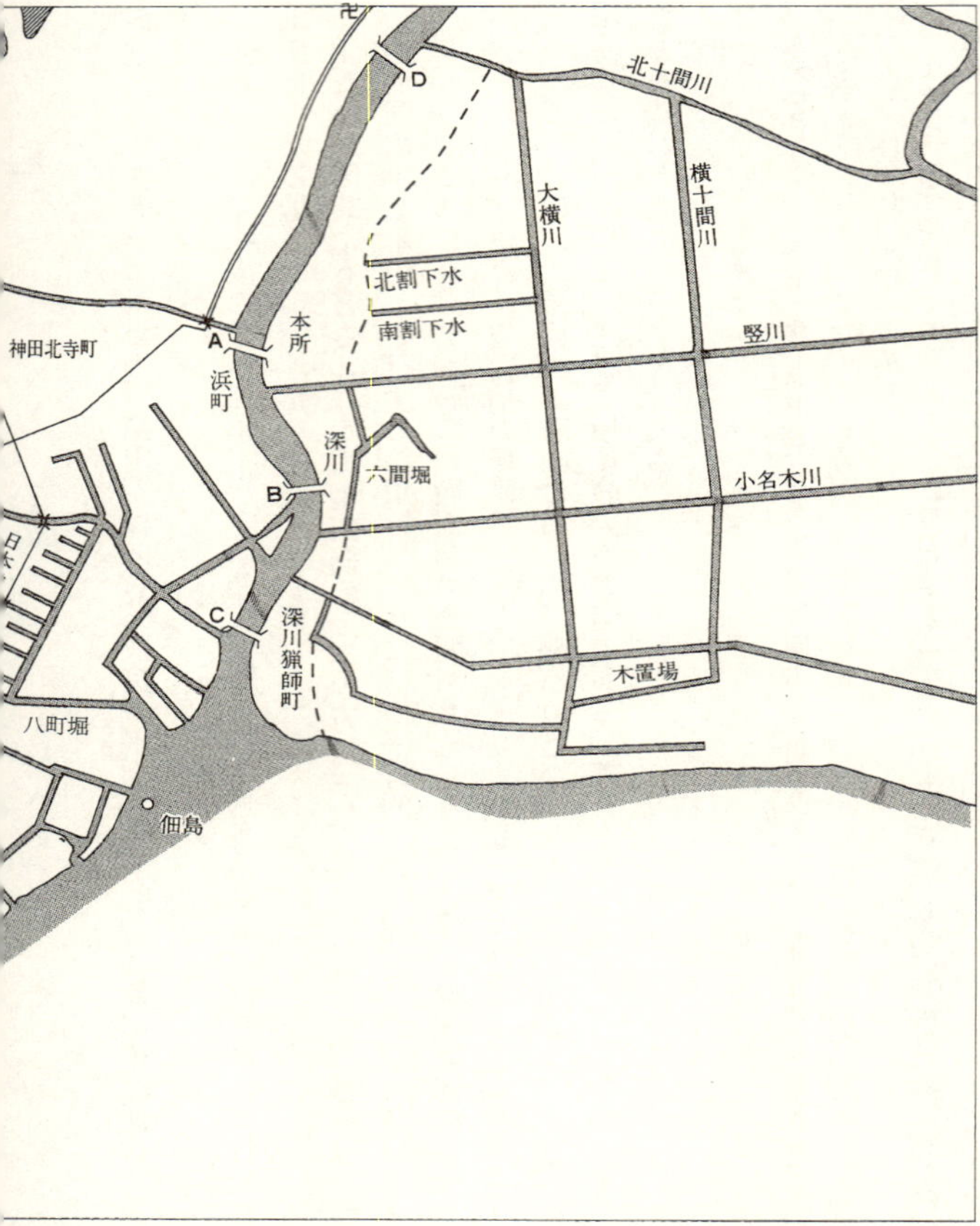
北十間川
D
横十間川
大横川
北割下水
南割下水
本所
竪川
A
神田北寺町
浜町
深川
六間堀
小名木川
B
C
深川猟師町
木置場
八町堀
佃島

図 25　隅田川河口の陸地
――第五次天下普請によって、のちの大江戸の範囲の都市の骨格はきまった。これを隅田川を中心にみると、明暦大火（1657）までは川の両岸の自然堤防の上から都市化がはじまった。**図 23** で見た幕府の倉庫群をはじめ右岸では浅草―浜町間、左岸では石原―本所―深川六間堀―深川猟師町の範囲が初期の江戸の隅田川河口における陸地だった。

明暦大火より 3 年後の万治 3 年（1660）の江戸建設最後の天下普請により、神田川に舟運が通じるようになると同時に、江東地区には図に示すような 2 本のヨコ川と、同じく 2 本のタテ川と、低湿地の排水路を兼ねた補助運河が掘られて、積極的な陸地化が始まった。

これを陸上交通を代表する隅田川四橋の創架年でみると、万治 2 年（1659）に A 両国橋、元禄 6 年（1693）に B 新大橋、同11年（1698）に C 永代橋がかかり、ずっと遅れて安永 3 年（1774）に図の北十間川の西端近くに D 大川橋（吾妻橋）が架けられた。この順がそのまま江東地区開発の順でもある。

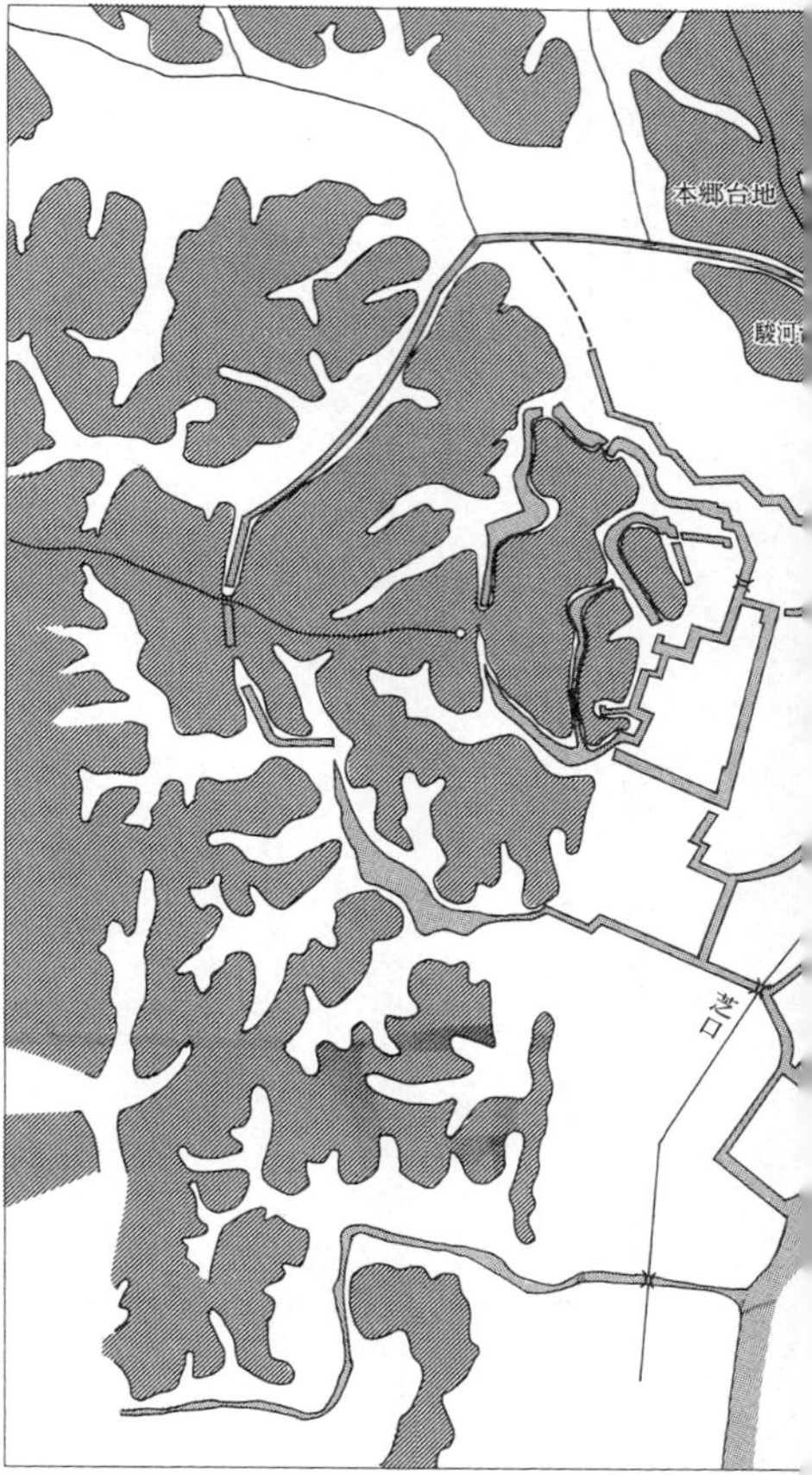

これは江戸だけではなく京都も大坂も同じだった。

沖積地の町割

江戸期から現在の国土地理院の一万分の一図までの地図の上で江東地区を見ると、大部分の道路が幹線水路に平行してつけられていることがわかる。

近代都市東京がいかに前近代的かという例証に、「曲りくねった不規則で狭い道路」を強調する〝識者〟が多いが、東京のメイン・ストリートである現在の中央通りが三つに屈折しているのに対して、江東地区は京都と大坂の中心部と同じく〝碁盤の目〟状の街郭プランを持っている。江東地区で「不規則」な道路の地域は埋立地の部分にはなく、すべて隅田川沿岸に面した自然堤防上に成立した市街地に限られる。

この地形に即した町割の対照は見事なもので「東京といっても広うござんす」と開きなおりたくなるようなものである。

それはさておき隅田川辺の道路の不規則な部分、いいかえると再三述べるように自然堤防上の地盤良好の部分は、幕府の倉庫群や後に取り上げる大名の物揚場としての下屋敷に利用された。

碁盤目の道路の部分の方は、運河に沿った水辺には内川廻し舟運の湊町が図26のように、ほとんど隙間なく河岸を形成した。ところが深川地区を除いて、小名木川・竪川・大横

図 26　江東地区の河岸——この地区の河岸は主に斜線の範囲の早くから町になった部分に36カ所成立した（名称は省略）。幹線水路に沿った町名の部分は、実質的に河岸だが、その成立当時は代官支配地のため河岸とは呼ばれなかった。

川・横十間川沿岸は町奉行支配地ではなく、代官支配地だった。つまり農村部としての行政地が多かった時代には、河岸という呼称を用いることができず、例えば深川海辺大工町、本所緑町、同じく茅場町という風に農村部における町名で呼ばれていた場所もあった。これも後出の「河岸と物揚場」(三〇一ページ)の項で取り上げるように、同じ機能の空間でも身分別支配のちがいで、その呼称が全く異なるという好例である。

入植グループ

江東地区における本所と深川の境は竪川で、その地域区分は現在の江東区・墨田区の行政区画に引き継がれているといってよい。

竪川以北の本所は、隅田川辺の幕府の倉庫地帯と河岸地を除いた大部分が、旗本・家人の邸宅地帯と下級家人の組屋敷で構成された武家地だった。そして北割下水の北側と北十間川沿岸に寺町があった。

ここでこの地区の市街地化の順序をみると、竪川の南から海岸にかけての深川は、徳川が幕府を開くと同時(慶長八年・一六〇三)に摂津(大阪府)から深川八郎右衛門を頭領とする集団を招いて、隅田川左岸の自然堤防の地(深川元町、現、江東区常盤町)を与えて、この地域の陸地化をまかせた。地名の深川はこの八郎右衛門の姓をとったものであることはいうまでもない。

その九年後の慶長十七年（一六一二）、すなわち大坂冬の陣の前には、またもや摂津国佃村から森孫右衛門を頭領とする集団を江戸に呼び、最初は「寛永図」に見える日本橋川河口の小網町の「洲」に居住を命じた（その後、正保元年（一六四四）に築地沖に佃島を造成させて移住させた。この森グループは幕府に鮮魚納入の漁業者として招かれたもので、のちに魚河岸を形成する際に中心的役割を果したことで知られる）。

ついで寛永六年（一六二九）、第四次天下普請と並行して、幕府は江東地区開拓団の第二陣を当時の公文書の表現に従えば「汐除堤之外、干潟之場所」である深川に八組を投入した。のちにこの八集団の引率者の姓名がこの地区の町名となり、引率者もそれぞれ名主に任命されている。引率者は大館弥兵衛（清住町）、福地次郎兵衛（佐賀町）、松本藤左衛門（佐賀町）、相川新兵衛（相川町）、熊井利左衛門（熊井町）、諸《もろ》彦左衛門（諸町）、福島助十郎（富吉町）、斎藤助右衛門（黒江町）、以上カッコ内の町名は元禄八年（一六九五）に改称され、昭和まで続いた町名を列記した。

この八カ町を総称して〝入植〟後しばらくは「深川猟師町」といったが、この猟師とは漁師のことで天下普請に動員された何万人もの労務者に対する鮮魚供給が命じられたのである。

この漁業者集団と同時期に長盛という僧侶が「自力」で砂洲を陸地化し、その代償として永代寺と富岡八幡宮建立の許可を得ている。長盛が自力で六万五〇八坪を埋め立てられるはずがなく、彼を代表とする船持集団が江戸城の大建設の残土を運んで〝永代島〟を造成したものだった。

その後も慶安年間（一六四八〜五二）に〝入植〟した野口新兵衛の集団の海辺大工町における奥川船の湊町の形成や、明暦大火の年（明暦三年・一六五七）から干拓が始まった大嶋町（現在の大島一〜九丁目）、万治二年（一六五九）に三浦半島から移住してきた砂川氏による砂村（現在の北砂・東砂・南砂一帯）などの開発が行なわれた。

大嶋町・砂村開発の時点には、くり返し述べたようにもと深川猟師町と呼ばれた八カ町それ自体の商業地帯化に加えて、永代寺の門前町としての繁昌も加わって、江戸の都心部の町地の賑わいと同じような活況を出現させた。

市街化の停滞性

ここで明暦以後、江戸期を通り越して明治中期までの、多くの地図を見ると、隅田川から大横川間はほぼ全域が市街地化しているが、**図26**に見るように大横川から横十間川間の約一キロメートル間隔の矩形の地域は、その半分が「田畑」であって〝地図上の景観〟は現代の用語でいえば、近郊住宅地帯または近郊別荘地帯としての性格が強い地帯だった。

さらに横十間川以東になると、近郊別荘地帯ではなく近郊農村地帯となる。小名木川以南の広大な埋立地は「六万坪」「八万坪」「十万坪」といった呼び方をされた〝新田〟地帯で占められた。

小名木川以北では亀戸天満宮とその付近の寺社地が近郊行楽地の中心になり、その南には一時期、幕府の鋳銭工場である銭座なども置かれた。

このようにみると江戸湊の大動脈である小名木川、そして隅田川をめぐる運河網で結ばれた〝交通至便〟の江東地区の市街地化は、山の手の場末の市街地化に比べると、案外にその〝フトコロ〟が狭かったことがわかる。

この市街地化の停滞の最大の理由は、江戸側の埋立地の限界が玉川上水の供給能力で決定されたのと同様に、江東地区が水質・水量ともに十分な飲料水に恵まれないことにあったのである。関東大震災以後の江東地区の急速な工場地帯化の一側面として、水道料金節約のため各工場が自家用井戸で、地下水を汲み放題に汲み上げたツケが、深刻な地盤沈下をもたらして、現在みるような〝万里の長城〟に匹敵するような防潮堤を必要とする地域に変貌させたのだが、市街地拡大の停滞といい、地盤沈下の原因といい、それぞれの時代ごとに都市の自然的基盤の性格が、鋭く反映する点が興味深い。

3　大建設の終幕

最後の天下普請

四代七〇年におよんだ江戸と江戸城の建設は、万治三年（一六六〇）四月に仙台の伊達綱宗に対して発令された運河神田川整備工事と、その完成で一応の終止符を打たれた。

これまで一般的にはその三年前の明暦大火（明暦三年・一六五七・正月十八、十九日の大火）が、初期の江戸と江戸城の大半を焼きつくしたことと、その復興工事が目立ったために、多分に江戸の大建設の流れと復興事業とが混同されてきた面があった。

しかしこれから述べるように、神田川整備工事の完成によって、江戸城の城郭、とくにその外郭線ははじめて完全な姿をととのえたわけで、そのことに限っても、万治三年の神田川整備のための天下普請は、天正以来の大建設の総仕上げの性格を持つものだった。

そして神田川整備工事以後の江戸における天下普請は、もっぱら大地震・大火事のたびに被害を受けた江戸城や、幕府の施設の修復や、橋梁の新・改架などの営繕的な工事に限られた。

神田川の原型

ここで伊達家に命じられた運河神田川整備工事の内容に入る前に、神田川の原型について説明をしておこう。

神田川の原型は**図27**の模式図の(A)のとおり、中世には平川と呼ばれた川である。平川は道灌をめぐる詩僧の題材にも登場する、いわば〝江戸の川〟であって、大手町一丁目の丸紅ビル付近で日比谷入江に注いでいた。

それが家康の江戸入り直後からの、道三堀開削工事と並行して行なわれた付け替え工事によって、現在の一橋（千代田区）辺からこれも現在の日本橋川の河流の線を流れて、江戸橋付近で旧石神井川と合流して海に注ぐようになった（図**27**(B)参照）。

そして元和六年（一六二〇）の第三次天下普請の時、平川・小石川・石神井川などの洪水が直接江戸城を直撃するのを防ぐため、神田川という放水路をつくった。神田川は現在の三崎橋付近から平川の河流を強引に隅田川に流すために、ネジ曲げる形に変流させたものであって、つぎの三つの部分から構成された。

その経路を現在の地名で結ぶと、

(1)三崎橋―水道橋……この区間は平川の付け替えによる新河流と、谷端川・小石川の二つの河流を横断する水路である。

(2)水道橋―御茶ノ水―昌平橋……この区間は最高地点は海抜約一八メートルの本郷台地を約一・一キロメートルもの長さにわたって掘削してつくった水路である。

(3)昌平橋―万世橋（筋違橋《すじかい》）―和泉橋―柳橋―隅田川間の水路で、昌平橋と筋違橋間で旧石神井川の河流を横断（筋を替えて）しながら、隅田川右岸までの沖積地を掘り割ってつくった水路である。

つまり神田川放水路は平川と谷端川（豊島区池袋辺を水源とする川）・小石川（本郷台地と駒込台地間の中小零細河川を集めた川の総称）と、旧石神井川の河流を横断する水路をつくり、合計四本の川の水をすべて隅田川に放流させる目的のものだった。

これまで江戸城の工事は、自然の地形を最大限に利用する形で建設が行なわれてきたとくり返し述べてきたが、この神田川放水路の建設にはおよそ、それまでとは一八〇度の発想の転換がみられる。どう転換したかといえば、現代の各種の「自然改造」計画にみられるように、自然河川の河流を直角にネジ曲げる形の、いわば極端な変流が三カ所みられ、さらに現在のJR御茶ノ水駅周辺に立てば、十二分にわかるように、あの台地を江戸城外郭線の確定のために、すべてを人力で掘り割るという、改造というより自然改変の大工事

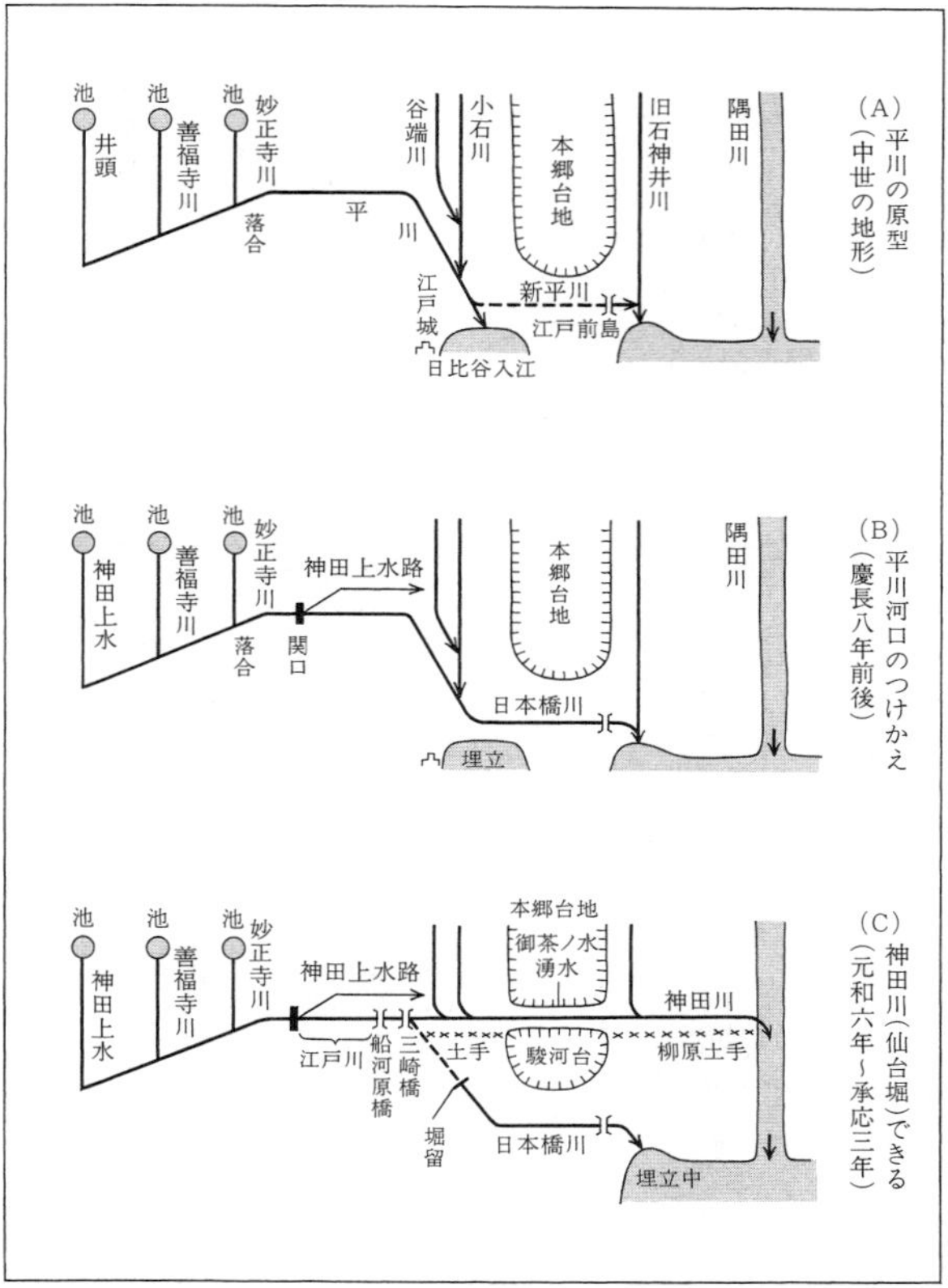

図 27　神田川と日本橋川——“江戸の川”は日比谷入江に注ぐ平川だった。この都心部の川の名称や流路の変遷は複雑なため、図のような模式図で表わした。結論的にいえば平川の下流が日本橋川。平川の放水路が運河神田川である。

だったことが大きな特徴だった。

その結果、図27(C)にみるように神田川以南では、武蔵野台地を流れてきた四本の河川の洪水被害を受けることはほとんどなくなった。そして頭をたち切られた平川の下流の日本橋川の部分は、三崎橋＝九段下堀留までが埋め立てられ、堀留から下流は、江戸城の外濠と舟運を兼ねる水路に利用された。

現状のように三崎橋と南堀留橋間に水路が復活したのは、飯田町駅開設と市区改正事業の一環として、明治三十六年（一九〇三）に〝新川〟が掘られた結果である。つまり平川の〝原流路〟は二八三年ぶりに、本来の河流の線にもどったのである。

また(C)図中の神田川南岸の××印は、放水路づくりで出た土を利用して堤防に築き上げた部分を示すもので、柳原土手は江戸全期を通じて種々の意味で有名な場所だった。三崎町の土手は現在でもその一部がＪＲ総武線の線路敷として利用されている。

なぜ神田川放水路の南岸だけに堤防が築かれたのかといえば、洪水時には北岸部の犠牲により、南岸部つまり江戸城の安泰をはかったためである。江戸期の洪水記録の中で、この神田川南・北岸の被害のあり様は、まことに対照的である。このことは神田川に限らず江戸時代の天下普請による河川工事には、全国的に広く見られた事柄だった。

川と現代交通――話は現代に飛ぶが東京都心部にオリンピック東京大会用として、高速自動車道路がつ

くられた時の路線は、主にこの日本橋川をはじめとする江戸城外濠の水面上の空間を利用したり、埋め立てて建設された。

それに対して高度成長期以後の都心の地下鉄の場合は、図**27**(C)で変流を強いられた河流と、神田川以南のそれぞれの消えた河流の跡――つまりかつての「谷底」に建設された。

千代田線西日暮里―湯島間は大体が旧石神井川の谷筋であり、その延長線上に日比谷入江東岸の海岸線をなぞる形に大手町―日比谷間の路線がある。

旧小石川の〝上〟はいま白山通りと呼ばれる幹線道路であり、その地下の谷筋の大部分に都営三田線が走る。この線の大手町―内幸町間は一部千代田線と平行する形で、江戸前島の海岸線のとおりに走っている。このように都心部の地下鉄の路線の大部分は、江戸の原地形を〝再現〟する形になっている。

元和の工事

この〝自然改変〟による神田川放水路工事は、すでに元和二年（一六一六）と、元和六年（一六二〇）の第三次天下普請の一環として着工されていて、前掲の(A)・(B)・(C)の三つの部分からなる神田川放水路の原型は、ある程度できていたのである。

最初の「神田台掘削・平川流路変更」工事は、幕府の閣僚だった阿部四郎五郎正之を奉行として、家康が死んだ翌月の元和二年五月から十月まで行なわれたものだった。当時の記録によると「関東の人夫を発し」とあるから、天下普請によらずに幕府直営工事だったことがわかる。

この工事の内容は天下普請を発令するための基礎調査的なものだった。調査の内容を諸記録から判読して整理すると、平川の洪水対策の方法、神田台（本郷台地）掘削のコース選定、初期の水道である神田上水路の付け替えなどが検討されている。とくに神田台を掘り割らず放水路を現在の神保町・駿河台下経由と、本郷台地の麓を迂回させることが検討された形跡もあるが、結局は掘り割ることが決定されている。しかし、そのコースが現在の掘割部分と一致したのかどうかは不明である。

こうした基礎調査を経て、本格的工事が天下普請として発令されたのが、元和六年のことだった。

そしてこの工事は万治の工事（万治三年・一六六〇）を命じられた伊達綱宗の祖父である伊達政宗に命じられている。それに関連して〝いかにもありそうな〟話として、大略つぎのようなエピソードがある。

——ある日、家康と政宗が碁を打った時、政宗が一手打つごとに「北が危ない、北を固めなければ」といいながら石を置いたという。家康はそれを聞いて政宗に江戸城の北部の外郭線を確定させるために、外濠としての神田川開削とそれに付随する本郷台地掘り割り（御茶ノ水工事）を命じたという。

家康が死んだのが元和二年、第一回目の幕府直営の神田川工事も元和二年だから、この話はあまり信用はできないが、案外家康の遺言がその死後四年たった時点で実現したのかもしれない。

それはさておき政宗の工事で本郷台地に御茶ノ水の切り通しができ、切り通し以南の台地の先端部は駿河台と呼ばれるようになった。駿河台という名称のいわれは富士がよく見えるからとも、家康の死後、駿府から江戸に帰ってきた旗本＝駿河衆の宅地に割り当てられた場所だからとも言われているが、そうした〝せんさく〟は別にしても、この大がかりな〝自然改変〟工事が江戸名所の筆頭に挙げられたとしても当然なことであった。

しかしこの時の工事の実態は、あまり徹底したものではなかったことが推察される。極端にいえば(1)の三崎橋からの水路も、(2)の御茶ノ水の掘割も、洪水時だけしか水が流れない程度の幅の、いうなれば放水路としては最小限の役割しか果せないくらいのものを掘ったと考えられる。

もっともこれは御茶ノ水工事に限らず、江戸城工事全体にいえることで、一回の工事で現在見るような形に仕上げられた場所はむしろ少なく、何回にも時期を分けて「段階的」に工事が行なわれている例の方が多い。

その意味では元和六年（一六二〇）の政宗の工事と、万治三年の綱宗の工事との間には、ちょうど四〇年の間隔があるが、一カ所の工事の着工から完成までのすべてを、「段階的」に一藩の責任において実施させるという天下普請の典型が、この伊達家による神田川工事に見られる。

万治の工事

幕府が綱宗に対して交付した「工事仕様書」のタイトルは〝牛込和泉橋間舟入堀拡削〟というものだった。その内容は外濠を兼ねた神田川放水路の性格を、さらに舟運路として整備することにあった。

つまり洪水時の〝安全弁〟的放水路を幅八間(約一四・四メートル)に拡げることが主目的だった。拡幅の範囲はすでに活発な舟運基地を形成していた神田の和泉橋の上流から、牛込船河原町にいたる約三キロメートルの間だった(このほかに細かい仕様があるが省略する)。なおこの場合の牛込船河原町は現在の新宿区揚場《あげば》町、神楽坂一丁目、船河原町一帯を指したものである。そしてこの天下普請の課役の規準は「高一万石に百人の役、六千二百人扶持」とあるから、伊達家六二万石の支配範囲の中から「千石夫」ならぬ「百石夫」六二〇〇人の徴発という苛酷な課役だった。伊達家の記録では「この堀普請入用の金、有増一分金十六万三千八百十六切、小判にて四万九千五百四十四両」とある。

こうして江戸湊の最も内陸部に船河原町という新しい湊町が成立した。それまでの江戸が臨海低地と埋立地を「正面」に据えて発達し続けてきたのだが、これは一転して内陸部を充実させる拠点をつくり出したことを意味した。

つまり海が一度に三キロも内陸部に入り込んだわけで、この舟運基地の進出は船河原町を扇の〝かなめ〟に、市谷・四谷、赤城・牛込、早稲田・高田、目白・戸塚、小日向・関口と、これも半径約三キロの範囲に一挙に宅地化の可能性が生じ〝江戸の西北〟の近郊農村地帯は急速に市街地化していった。

飯田濠――船河原町に面した水面は、かつては飯田濠とも呼ばれた。舟運基地でもあり外濠と神田川の遊水池としての役割も果していたが、いまは中途半端な規模のビルをたった二棟建てるために、埋め立てられて見るかげもない都市景観をさらしている。

山の手市街地化と寺社門前

この場合の市街地化の特徴は、第一に都心部から移した寺の多くを、例によって低湿地――山の手の場合は台地内の零細河川の谷筋――に配置して、土地の〝有効利用〟と陸地化を図ったことだった。

台地の頂部には主に旗本の邸宅と家人たちの組屋敷（現在の所属別公務員宿舎に相当）を割り付けた。そしてこの地域には大名屋敷が非常に少ないことも、また大きな特徴だった。

しかもこれらの寺社・武家地の消費を支える町地の面積の割合は非常に僅かで、ある程度の規模を持つものは、船河原町一帯とそれに続く市谷田町があるだけで、他の町地は寺社門前町の形で点在していたといってよい。

こうした町地のあり方は、新開地の〝都の西北〟にはあまり大きな消費の中心を置かず、あくまで幕府の直参の旗本・家人の住宅地の需要に応じる範囲に経済活動の規模をおさえたものと考えられる。

ここでこの地域に比較的多かった寺社門前町についてふれてみよう。この地区の場合、明暦大火による都心寺社の郭外移転と、船入堀開削による新開地の発達という条件が重なったわけだが、万治三年（一六六〇）から一五八年後の文化十五年（一八一八）版『増補改正万世江戸町鑑』で、この地域の通寺町・横寺町といった複数の寺の共通的な門前町とは別に、個々の寺社固有の門前町——例えば「市谷八幡町」、「市谷松雲寺門前」といった個別な寺社門前町だけを数えても、市谷に一〇寺社門前、牛込に三六寺社門前、小日向に七寺社門前、関口と小石川水道端がともに二寺社門前ずつ。護国寺門前としての音羽一〜九丁目、護持院門前の東・西の青柳町などの門前町——が、湊町の牛込船河原町の直接的な〝商圏〟の範囲内に成立している。

門前町を持つ寺よりも持たない寺の方が多いのだが、一般的にいって門前町のある寺の方が境内面積も檀家数も多い有力寺院と考えてよい。さらに護国寺や護持院などの門前町のあり方はむしろ特殊であって、〝普通〟の寺社門前町の規模は、平均すれば一〇〇坪内外、家数にして一〇〜二〇軒あれば多い方だという状況があった——もちろんこの状況が万治三年（一六六〇）の工事直後からあったという意味ではないが、とにかく広大なこの新開地に、門前町という名の零細な町地が孤立し、散在していたのである。

こうした〝都市計画〟の理由は、都市行政を担当した町奉行の管轄の無制限な拡大を防ぐことが、大きな課題だったことにある。市中の情報伝達や行動をすべて徒歩に頼った時代には、市街地の範囲は半日行程＝帰路を入れて一日行程の距離が限度だった。市街地の無計画な拡大はその行政に大きな負担を与えるからである。それはたんに町奉行所の与力・同心の増員などでは処理できない事柄が多いわけで、実質的な町地をあえて寺社奉行管轄の寺社門前町にしておいたのは、すぐれた都市行政担当側の「知恵」だったのである。

4　異質空間都市江戸

身分別と機能別

江戸に限らず近世都市と呼ばれた都市は、大別すると三つの異質空間で構成されていた。この異質空間の具体的な姿は、三つの身分別居住空間である武家地・寺社地・町地という区分によって区切られていた。この三つの空間はそれぞれ独立した行政機関によって支配され、全く別個の法律が運用された（ただし江戸のような大都市では、上下水道などの基本的な都市施設については、相互に協議する途があった）。このような都市制度は、身分の違いによって、価値観も道徳のあり方も全く違っていたこと、さらに同じ身分であっても、その〝身分制度〟の中における階層によって、非常に大きな意識の差があったことを前提としている。

一例を挙げれば、本来は職能別を示す「士農工商」が、そのまま階級の序列を示す意味に使われているが、実際には「士」・「農」・「工・商」のそれぞれに、厳しい階層差ならぬ身分差があった。つまり近世都市は現在からは想像もできないような、多元的な社会で構成されていた。以上は近世都市に共通的にみられる特性といってよいが、とくに江戸の場合には大名屋敷で代表されるような「江戸だけにしかない」ような異質空間も加わって、より多彩な都市景観を形成していた。

さらにこれを経済的な観点でいうと、武家地・寺社地は消費だけの空間であり、町地はそれ自体と武家地・寺社地を対象とする生産・流通・消費の場としての意味を持っていた。

江戸の大名屋敷

家康が江戸入りをしたということは、当然その家臣団も江戸に移転してきたということである。それらの徳川の家来は直参《じきさん》(徳川の直接的な家来)と呼ばれ、さらに譜代大名・旗本・家人という身分別があった(ここで注意しなければならないのは、譜代大名の家来は直参ではなく陪臣《ばいしん》扱いをされた)。

江戸の武家地に直参だけが住んでいれば、近世都市の大部分を占めた一般的な大名の城下町と変りがないのだが、徳川家臣団の屋敷以外の大名屋敷が出来たことが、江戸の大きな特徴だった。

そのごく初期の有様を簡単に列記してみよう。

慶長元年(一五九六)、大洲の藤堂高虎は弟正高を証人として江戸に差し出した。この場合の証人とは、人質提出を意味したことはいうまでもない。この年が秀吉の第二次朝鮮侵略の前年ということを考えると、藤堂高虎が非凡な先見性を持った大名だったことがわかる。なおこの年、浄土宗の田島山快楽院誓願寺が現在の千代田区神田須田町の一郭に門前町屋を含む南北一三一間、東西九二間の寺地を与えられて起立している。

慶長四年（一五九九）には越後春日山城主の堀秀治が子の利重を、甲斐府中の浅野長政も末子の長重をそれぞれ証人として差し出している。慶長五年（一六〇〇）正月には小倉の細川忠興が三男忠利を、関が原戦争直前の六月六日には前田利長が母親の芳春院（利家の妻）を江戸証人として差し出し、家康は竜ノ口（現、千代田区大手町）に屋敷を与えている。慶長六年（一六〇一）には岩出山の伊達政宗と信州飯田の小笠原秀政が、江戸居住を願い出て徳川から邸宅をもらっている。ついで慶長七年には愛宕下薮小路に細川忠興も邸宅をもらい、八年二月の家康の将軍就任直後からは米沢の上杉景勝の賜邸を皮切りに、全国の大名はすべて江戸に屋敷を構えるようになった。

こうしてはじめは自発的に徳川に忠誠を誓う意味で人質を差し出すケースだったのだが、関が原戦争以後は大名自身が江戸住いをするために、江戸屋敷の交付を願い出るという形となり、幕府成立以後は、大名が江戸屋敷を持つことが義務化したのである。

大名の江戸屋敷は、忠誠のあかしとしての大名の近親者の証人居住用施設から、大名の江戸宿泊施設に変り、天下普請が始まるとその工事本部にもなり、やがて制度的な整備がすすむと、現在の国会議事堂周辺に集中した道府県や政令指定都市などの〝自治体〟の東京事務所の役割とほとんど同じ性格のものを兼ねるまでになった。つまり徳川中央政権の膝元に、各藩が情報収集機関を設置して幕府と自藩との情報流通をはかると同時に、各藩との横の連絡をとる外交機関の施設にもなった。

また慶長十年（一六〇五）八月には日向高鍋の秋月種長が「江戸参勤」の始めといわれる行動をとり、以後それを見習う大名が増加した。同じ年の冬には藤堂高虎がその妻子を江戸に住まわせはじめもしている。参勤交代が制度化したのは、この年より三〇年後の寛永十二年（一六三五）の武家諸法度の改正からのことだった。それは原則として大名は一年ごとに在府（江戸住い）と在国（国元＝自領住い）をくり返さなければならない制度で、同時にその妻子はつねに在府を強制された。主要な関所での「入り鉄炮に出女」の厳重な検査は、人質である大名の妻子が江戸を出ることを監視するためのものであったことはいうまでもない。

しかしこうした正式な参勤交代の制度化の前に、実質的にははじめに述べたように三〇年も前から大名の自発的行為としての江戸住いや、その妻子の江戸住いは広く一般的な事柄として定着していた。

寛永十二年の参勤交代の制度化の原因は、以上の理由のほかに、慶長の第一次天下普請に始まる相次ぐ天下普請と大坂の戦争のため、少なくとも慶長十年から約三〇年間、ほとんどの大名は国元に居住して自領の民生に専念するような時間を持たなかったことによるといってよい。

これは第一章で家康と江戸との関係、とくにその後半生における「江戸との縁の少なさ」に言及したとおり、家康と江戸との関係だけでなく、全大名もその国元における居住期間は案外に少なかったのである。そして江戸建設が一段落した寛永十二年（一六三五）前後になると、在府＝江戸住いの連続といった天下普請も少なくなり、大名を国元に帰す余裕ができたために参勤交代が制度化されることになったのである。

徳川の城下町江戸に大名が居住しようとすれば、当然徳川の許可と管理が前提になる。それが自発的なものにしろ、嫌々ながらのものにしろ、事務的な手続きは同じだったといってよい。徳川としてはそうした申し入れを、申請者である大名との政治的関係、交通上の利便などを考慮して決めていった。しかし第一次天下普請が一段落した当時の江戸図と推定される「慶長江戸絵図全」（都立中央図書館蔵）で見る限りでは、大名屋敷の割当には特別な原則ないし規準は認められない。

強いて原則的な事柄を挙げれば、これもすでに「日比谷入江」（一三七ページ）の項でふれたように、埋立

表4　大名屋敷の地割標準

禄　　高	屋敷坪数
1万～2万石	2,500坪
2万～3万石	2,700坪
3万～4万石	3,500坪
4万～5万石	4,500坪
5万～6万石	5,000坪
6万～7万石	5,500坪
8万～9万石	6,500坪
10万～15万石	7,000坪

元文3年（1783）の規定

予定地を指定して、それを大名に造成させた上で〝与えている〟ケースが多いのが目につくだけである。そして大名の禄高や格式と〝与えられた〟屋敷地の面積との関係も、必ずしも法則的ではないのも一つの特徴だった。参考のために、時代は一世紀以上へだたるが、元文三年（一七八三）の大名屋敷の地割標準を掲げる（**表4**）。

河岸と物揚場

図28は、江戸市中の主な水路に面した場所に成立した河岸の状況を示すものだが、図でも明らかなように、水路や海岸に面したかなりの部分が空白になっている。しかしこの部分に〝なにもなかったか〟というと、実は大名の専用の河岸があったのである。町地における物流・流通基地の名称が河岸、武家地のそれを物揚場と称した。つまり身分別都市空間では同じ施設でも、全く名称が違ったのである。

同様な例は江戸の防火施設にも見られる。たとえば延焼防止用の防火帯が市中の要所要所に設けられたり、消滅したりしたが、その場所が町地の場合は広小路、武家地の場合は火除明地と呼ばれた。

物揚場の分布を見ると、大部分が旧海岸線や埋立地の海岸線に沿って見られる。そしてこの物揚場の経営がどの大名によって行なわれていたかは、「寛永図」から明治四年（一八七一）の旧大名東京居住令の布告までの江戸・東京図で、連続的に確認することができる。

この武家地、とくに大名の物揚場の発生は、江戸の天下普請の必要から生れたもので、少なくとも第二次天下普請、つまり一〇本の船入堀が掘られた前後までは、極端にいえば江戸の全海岸・全河川の沿岸は物揚場だったといってよかろう。

初期の物揚場は築城用の巨大な資材の揚陸施設であり、同時にその置場であり、場合によっては倉庫も必要とする施設だった。また天下普請に動員された労務者の宿舎、飯場なども付随していたものであり、したがって相当の面積を必要とし、一万坪単位の面積のものが大部分だった。

天下普請当時の物揚場は、「寛永図」の時期から、下屋敷・蔵屋敷といった名称に移行する。以後そのスペースはそのままに、使用者つまりそこに入居する大名の名義だけが少しずつ変りながら、江戸の流通の相当な部分を占めながら幕末まで続いた。

江戸の物揚場——さらに詳細なデータは『東京市史稿』市街篇・第四九（東京都刊）に、各大名家からの書上記録があって、上屋敷・中屋敷・下屋敷・蔵屋敷などの拝領、交換、取得年月日、地坪、沿革などがわかる（一例ずつでも具体的にそうした実例を紹介したいが、多くの解説や注釈をつけないと理解されないので、そうした資料があることだけを述べておく。なお江戸期を扱った『東京市史稿』市街篇は、三つの異質空間の沿革や変遷を知るには決定的に重要な資料集である）。

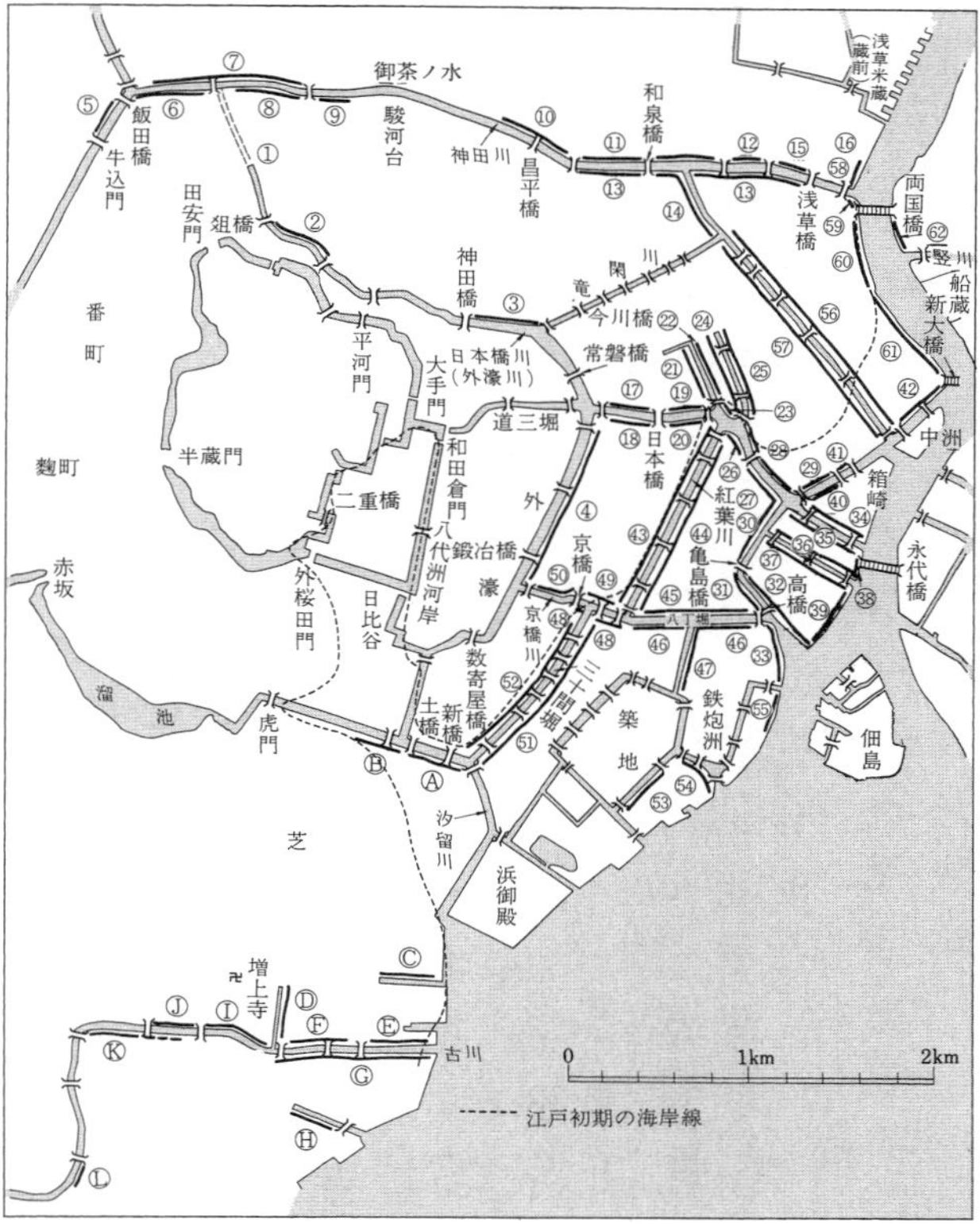

図 28　江戸湊の河岸———江戸の中心的な町地の中にある水路に面した物揚場・市場としての河岸は60カ所をかぞえる。ほかに古川水系に 9 カ所、汐留川水系に 2 カ所の計71カ所あった（名称略）。水路に面して空白な箇所は大名の物揚場だった。

大名屋敷の種類——大名屋敷には普通は上屋敷・中屋敷・下屋敷の三種類がある。上屋敷とは図29の模式図に見るように、その大名家の当主が居住する屋敷をいい、それに藩の江戸事務所としての庁舎の部分と、参勤交代時に国元から従ってきた家臣の居住する部分——いわば兵舎の部分——と、江戸に常駐している家臣の住宅部分の四つの部分からなる。

構造としては、建て前として一個の城郭の体裁をとるのが普通で、図29のような形が一般的である。

中屋敷は藩主の世子（幕府に公認された次代の後継者）や父親で隠居した者、または先代の未亡人や側室の住居をいう。普通一、二カ所、大藩では三〜五カ所も中屋敷を持つものもある。構造は上屋敷と大差はない。

下屋敷は大別すると物揚場を持ち、その藩の経済活動の江戸における中心をなすものと、主として郊外にあって別荘または保養所として使用され、大火の際には緊急避難所にも利用されたものの二つがある。これも普通は一〜三カ所、大藩では五、六カ所も持つものも珍しくはない。

蔵屋敷は下屋敷の特化したもので、藩の専売品の売捌き所としての役割をするものであ

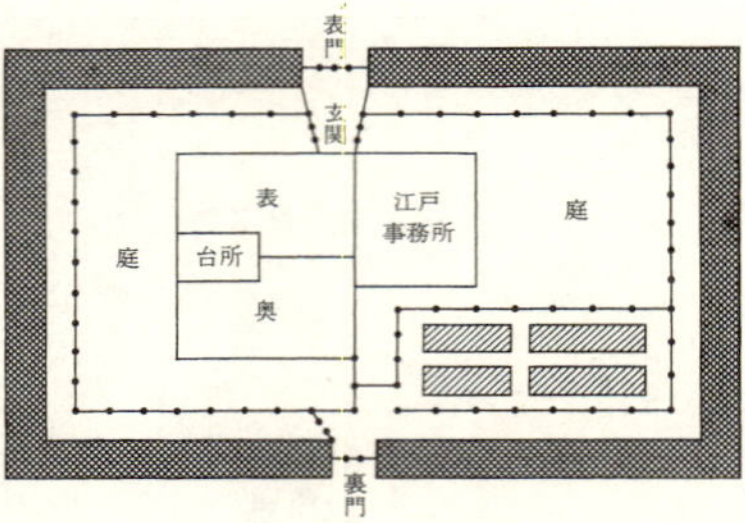

外長屋（二階建もある）……ここに主として国元から従ってきた家臣が住む

江戸定府＝江戸定住の家臣の住宅

仕切塀……これによって主君と家臣の居住区は厳重に区別された。また江戸定府の家臣と参勤によって江戸に来た家臣の居住区の間にも厳重な仕切があった。

○ 女性の居住区は「奥」の部分に限られた。

図 29　大名屋敷の構成（模式図）

る。

そしてこれらの大名屋敷の敷地はすべて幕府から交付された。また移転や大名相互間の屋敷地交換なども、すべて幕府に申請しその許可のもとに実施された。大名のほしいままの屋敷地の異動は許されなかったのである。これらのもろもろの関係を完全に説明するとなると、徳川の土地制度史を展開しなくてはならなくなるので、とにもかくにもこうしたものだということだけで、理解していただきたい。

大名商売

江戸湊の海辺の広大な部分を占めた大名の物揚場つき下屋敷を、なぜこのように取り上げるかというと、これまでに述べてきた菱垣・樽、そして東廻り廻船による、いわば民営の物流手段に加えて、各藩直営の公的な物流手段の舞台が物揚場にくり広げられていたからである。

まず各藩の物揚場の物流の状況を模式的に述べると、(1)江戸藩邸用の米の輸送(飯米用と換金して江戸生活の資金に宛てる分を含む)、(2)藩特産品の江戸輸送(多くは藩の専売品)があり、その戻り荷は江戸からの多種多様な二次的な〝下り物〟を国元まで運んだ。

この場合の運搬手段は、①藩の直営船、②藩内の船持ちに委託、③既存の廻船組織に委託、④大坂蔵屋敷に輸送し、そこで大坂の荷積み問屋に物資を売却し、大坂からは菱垣・樽廻船で下り物として江戸に運ぶという四つの形態があった。

なかでも最も多かったのは順序が逆になったが④のケースだった。各藩専売品は大坂商人のメガネによって値付けが行なわれ、その市場からは民間物資として、民間輸送手段によって、下り物の箔をつけながら江戸に運ばれた。この場合は当然のことながら物揚場とは無関係な流れである。

③の既存の廻船組織に輸送を委託した場合は、江戸湊の沖合いに停泊した廻船から、艀《はしけ》が瀬取りして物揚場に運ぶ。そこで揚陸した物資を、藩があらかじめ指定した特定問屋に委託して販売させる場合と、その特定問屋を多数設定しておいて、下屋敷内で入札させて落札商人に委託する場合がある。

①と②の場合は船はその藩の物揚場に直行する。ただし大型船の場合は艀の介在があるが、その場合艀の確保に難点があったのが、各藩の直営貿易の最大のネックだった（艀についでは後に「水運基地の分化」三一五ページの項で改めて述べる）。そして揚陸された物資は例えば売り手市場の最強の立場にあった紀州蜜柑の場合は、市中の水菓子問屋の中から俗に「千両株」といわれた保証金を預託できた者に限って、販売を委託している。なお蜜柑の輸送状態について簡単なメモを紹介すると、寛永十一年（一六三四）、ためしに蜜柑四〇〇籠を江戸に輸送し京橋の水菓子屋に売り捌かせたところ、一籠半で一両という巨利を得た。翌年には二〇〇〇籠、明暦二年（一六五六）には五万籠、元禄十一年（一六九八）には二五万籠、その後は三五万〜五〇万籠の量が輸送されてきた（『中央区史』上巻）。

つまり藩士が直接小売りこそしないが、複数の出入り商人（問屋）を相手に、相場立てができるほどの〝強い商品〟の場合は、大名商売の利点が最高に発揮されるわけで、つぎは入札させて決めた有力問屋に全商品を売却する場合と、販売を委託させる場合の二つの段階があった。

こうした物揚場貿易には、統一的な法規などはなく、あくまで市場原理に即応して推移したため、個々のケースを際限もなく並べてその実態を紹介するほかはない。幕末のことになるが、天保改革で一切の問屋・株仲間が解散させられた。しかし、その弊害があまりにも多かったために、嘉永四年（一八五一）に問屋を再興させた時、従来からの諸問屋の取引関係を調査した『問屋再興調』第七巻「諸家国産売買調」（『大日本近世史料』東京大学出版会刊）で各藩が関与した貿易の状況を割合くわしく知ることができる。

本題にもどって、これまで江戸湊における水運の中で、相当な割合を占めていた物揚場貿易——いいかえると大名商売の実態——に、初めて不十分ながら迫った理由は、異質空間の一要素である武家地の中で、さらに異質な機能を果していた部分が、例外的な存在ではなく江戸湊の海岸線の約半分を占めていた事実を確認したかったためである。

下り物と地廻り物——下り物とは京・大坂の「上方」の先進文化地帯から、廻船で江戸に運ばれてきた物資をいう。米・油・塩といった基本的な生活必需品はもちろん、嗜好品の酒・煙草をはじめ、呉服・太物・化粧品で代表されるファッション関係のほとんどの品目、書物・絵画・地図や出版物の大半も下り物だった。つまり高品質の商品はすべて下り物だった。

それに対して地廻り物とは江戸および関東地方産の品物の総称で、「下らない物」とも呼ばれた。地廻り物が尊重される場合は、魚・青物・果物・卵などの生鮮食料品に限られた。現在でもスーパーの店頭などで「朝取り」野菜だとか「地卵」が、特別の価格で売られているのは、この地廻り物の〝出番〟を物語っている。

明治以後、現在まで日本人の〝舶来品〟信仰は根強い。近世以後の舶来品とは外国製品が船で輸入された品物であり、それがそのまま高級・高品質を意味する〝ことば〟として久しく通用してきた。この現象なども江戸期の下り物尊重の意識が、そのまま延長された結果だったとみてよい。いまは飛行機に乗った観光客の大群が、世界中で、「インポート」の土産物を買いあさる風景がよく知られているが、これも下り物信仰が脈々と生きている証拠ともいえる。また本来の下り物のほかに、江戸製品が関東一円に流通する場合が、いわば二次的な下り物で、こうした例も結構多かった。

寺社地の場合

この時代の寺社、とくに寺院の役割は人々の社会生活上、決定的ともいえるほどの大きな存在であって、前述（「東京の寺と墓地」二四四ページ）のような遺体処理上の「都市施設」の役割は、ほんの一部であった。つまり熊野や伊勢の御師・先達らによる伝道キャラバン形態にかわり、人々の移住の前提として、まず寺院が先行して拠点を確保した上で、人々が移住する形が一般化し制度化したのが、近世都市江戸の大きな特徴だった。

このことは、先にも中村孝也氏の「グレート・ミグレーション」という造語を紹介したように、駿・遠・参・甲・信五カ国の徳川家臣団は新領地関東に移住する際に、墓石までもってきた大移動だったことを始めとして、幕府が先進商業地域から商人を江戸に招く時、その準備的な行政として各宗各派の寺院の江戸起立を積極的に認めている。この場合の寺院の起立とは、幕府が寺または僧に堂舎と墓地に必要な土地を公式に与え、場合によっては寺領までも交付したことを意味する。

商人招致策として土地の無償交付、地子（土地税または営業税）の免除といった好条件に加えて、町人が定着した後も、種々の名誉的な特権を与え続けるのだが、**図22**（二五三ページ）を検討すると、寺が確保されない限り、どのような好条件の人口招致策も信用されなかったことが窺われる。

また武家の場合、とくに徳川家臣団に属する人々は当然のこととして、さきの外様大名たちは争って江戸屋敷を構え、徳川に二心のないことを表明するために、財力の許す限り江戸屋敷の建築に金をかけた。これが明暦大火で全焼してしまうのだが、それまでの大名藩邸地帯は日光の東照宮のような壮麗な建築物が軒を並べていたといわれ、また多くの江戸図屏風などにも、そのような風景が描かれている。

そうした現世的な忠誠心の表明とともに、たとえば徳川家臣団の墓石まで江戸に運ぶというグレート・ミグレーションとは正反対の、非常に〝現世的〟な行為として、全国の大名たちは江戸に自家の菩提寺を起立させ、死後に至るまでの忠誠心のあかしとした。その多くは国元の本来の自家の菩提寺＝檀那寺の江戸出張所ともいうべきものや、また幕府に近い僧侶を開山とする寺院の創設という形など、いろいろの型があるが、いずれにしろ大名たちの江戸寺は、大名家存続のための装置として、俗に三百諸侯と呼ばれた大名の数だけ集中したのである。

もう一つの集中現象はこうして急増した江戸寺の統制組織だった。それまでの寺院各宗各派の本山は京都を中心に集中していたといってよい。本山は各宗各派の宗教活動と宗務行政の中心であり、本山を頂点とする本寺・末寺という法縁または法統を結束の芯とする関係が、地域的な分布に重なる形に強固な連繋を持っていた。

そうした中で江戸に寺が急増したわけで、当然、各本山は江戸寺統制のための組織づくりをしなければならなくなった。いうならば表現は適当ではないが、現在の企業における本社と支社の関係にたとえれば、京都本社に対する江戸支社の進出が宗務行政の中で重要な事柄になった。また宗務行政の実態の大半が、徳川氏、または幕府の宗教行政における法令伝達機能にあったため、町人・百姓の場合の五人組制度に似た形で、それぞれの宗派ごとの〝江戸支社〟の下に触頭《ふれがしら》と呼ばれる寺院——町地の場合の名主に相当する事務を担当する寺院——を指定し、江戸内の自宗自派の統制機関とした。そして触下《ふれした》と呼ばれた寺院群との連絡に当らせた。〝江戸支社〟の名称は次の一覧に見るように宗派によって多少その呼称は異なるが、触頭制度は各宗共通で、これも江戸特有の制度として発足した。

触頭制度――各宗各派の〝江戸支社〟＝江戸出寺のあり方を、大量出版され始めた江戸の地誌の最初期の作品である『江戸砂子』（菊岡沾涼著、享保十七年・一七三二刊）の順序と表現に従って紹介すると、つぎのとおりである。

【浄土宗】

○江戸浄土四ヶ寺（触頭四ヶ寺）……田嶋山快楽院誓願寺（小田原→浅草）、光明山和合院天徳寺（知恩院末・西久保）、当智山重願院本誓寺（智恩院末・小田原→深川）、東光山西福寺（智恩院末・駿府→蔵前）

○三縁山増上寺派……この派は江戸の浄土宗寺院のほぼ四〇％をしめ、江戸市内の方角別に触頭を置く。

○信州善光寺宿寺

以上を横断する形に関東十八檀林という寺院のネットワークが重なる。この一八寺のうち、江戸市中の寺には前記の増上寺、伝通院（小石川）、霊巌寺（深川）、幡随院（下谷）、霊山寺（本所）の五寺があった。

【曹洞宗】

○関東僧録三ヶ寺……安国山総寧寺（国府台）の江戸宿寺（小日向）、大平山大中寺（下毛富田）の江戸宿寺（窪三田）、長昌山竜穏寺（越生）の江戸宿寺（麻布）（この場合の江戸宿寺とは江戸出張所の意味）

○同宗江戸三ヶ寺……妙亀山総泉寺（橋場）、万松山泉岳寺（高輪）、万年山青松寺（芝）

○曹洞宗江戸檀林……諏訪山吉祥寺（上州永源寺末・駒込）、竜谷山功運寺（三州竜門寺末・三田）、普陀山長谷寺（下毛大中寺末・笄橋）

【臨済宗】

○五山僧録……勝林山金地院（芝切通）・京南禅寺江戸宿寺

○妙心寺派四ヶ寺……天沢院麟祥院（湯島）、仏日山東禅寺（高輪）、蒼竜山松源寺（牛込）、大雄山海禅寺（浅草）

○大徳寺派触頭……万松山東海寺（品川）、瑞泉山祥雲寺（渋谷）

【真言宗】

○真言律関東総本寺……宝林山大悲心院霊雲寺（湯島）

○真言四ヶ寺（触頭）……金剛宝山根生院（湯島）、万徳山弥勒寺（醍醐寺三宝院末・本所）・新義真言触頭、摩尼珠山真福寺（愛宕下）、愛宕山円福寺（愛宕）

他に智山派、豊山派、御室派、高野山江戸在番など各派の江戸寺が触頭を持つが省略。

【一向宗】

○裏京都輪番……東本願寺・大谷派（浅草）

○表門跡輪番……西本願寺（築地）

○飯沼報恩寺宿寺……高竜山報恩寺（浅草田原町）

○一身田派（高田派）・高田山無量寿院専修寺末江戸三寺……光沢山称念寺（浅草）、至心山唯念寺（浅草）、静竜山澄泉寺（溜池）

○仏光寺派……光照山西徳寺（下谷）

【法華宗】

○京本国寺末触頭三寺……平河山報恩寺（本所）、妙祐山宗林寺（谷中）、妙祐山幸竜寺（浅草）
○京妙満寺末触頭三寺……長遠山慶印寺（浅草）、鳳凰山妙国寺（品川）、経王山本光寺（南品川）
○池上末触頭……長祐山承教寺（二本榎）
○身延末触頭……大光山善立寺（浅草寺町）、慈雲山瑞輪寺（下谷）
○中山末触頭……竜江山妙法寺（谷中三崎）
○伊豆玉沢末触頭二寺……長昌山大雄寺（谷中）、連紹山恵光寺（市谷）
○小湊（誕生寺）末……この派は三三寺あるが触頭は不明、輪番制か？
○京各寺末……妙顕寺派、妙覚寺派、本正寺派、本能寺派、本立寺派、本法寺派、妙頂寺派、本造寺派、陣門派、本門派、などの江戸寺（出張所）がある。このほか諸国からの江戸寺の軒数が非常に多いのがこの宗派の特徴で、概観すると江戸の法華宗寺院の大部分は京・上方に起源を有するものが多く、江戸の発達につれて、江戸まわりや関東各地の大寺（池上・小湊・中山・身延など）の子寺が江戸に起立したものといえる。

【天台宗】

この宗派は神仏習合したものが多いので、触頭などはあまり明確ではない。ただし寛永二年（一六二五）起立の東叡山寛永寺が、それまでに起立していた天台寺院を総括して、触頭の役割を果した。寛永寺傘下ではない派としては、金竜山浅草寺（浅草）、日吉山王権現別当観理院（永田馬場）、聖護院派の触頭としては氷川別当大乗院（赤坂今井）などがある。

【熊野本願中目代所】

天台、大禅院、那智阿弥、御前庵主、金剛院四ヶ寺輪番の江戸役所神田とあるが、詳細は不明である。

【虚無僧番所】

○江戸番所四ヶ所……金竜山梅林院一月寺（浅草東中町）、神明山青山寺（橘町）、廓嶺山鈴法寺・普化禅宗触頭（武州青梅→市谷田町）、安楽寺（甲州）・普化禅宗触頭（武州布田→鈴法寺兼帯）

複合的異質空間

このような江戸寺統制機関のあり方を見ると、少なくとも初期の江戸は実に多様な意識空間によって構成されていたことがわかる。

代表的な例を挙げれば、徳川家の場合、家康は天台宗を経由して東照神君として神に祀られ、二代秀忠は浄土宗の増上寺に葬られ、三代家光は天台宗の寛永寺を安息の地とし、やがて日光廟に移る——といった具合に幕末まで続く。

寺院は本来は現世と来世という二つの異質空間の媒介または接合装置としての役割を持つ。その方法論については各宗各派に分れて、それぞれの様式に従って宗教活動をするのだが、これまでの各宗各派の〝江戸出張所〟をみれば、各宗各派というあり方自体が、それぞれ異質だったということを物語る。したがってそうした各宗各派ごとの寺院に帰属した俗世の人々も、多様な意識空間を共存させながら、江戸という大都市の生活を営んでいたのである。

5　大江戸の条件

水運基地の分化

神田川船入堀の完成は、江戸の水運を再編成させるきっかけになった。この万治三年（一六六〇）前後の江戸の水運基地のあり方を、改めて整理してみるとつぎのような状況があった。

〔**海運コース**〕菱垣・樽・東廻り各廻船航路の船と、廻船組織に入らない各藩直営船や船持商人の船で江戸湊に到着したもので、それらの船はこの時期までは現在の中央区新川地区——当時の霊岸島と八丁堀船入堀間、同じく霊岸島と浜町間——の日本橋川河口付近に停泊して、その積荷は艀によって市中の水路に面した河岸に揚陸された。

菱垣・樽両廻船の場合のように、運賃稼ぎの廻船航路の船舶は、ある程度以上の湊では直接、接岸することを許されなかった。

その理由は廻船荷受問屋（のちの十組問屋仲間や多くの〝下り物問屋〟を含む）またはそれ

に未加入の問屋などの、いわゆる「出買い」「迎え荷」そして「瀬取り」行為を防ぐためである。

つまりヤミ流通、表現を変えれば船頭の積み荷横流しを防ぐために、直接、廻船の岡付《おかつ》けは禁止されていた。かつての大建設たけなわの時に、船入堀という埠頭の発明によって、非常に能率的に物資の積載・揚陸が行なわれていたのだが、江戸湊の場合、いったん江戸の物価安定という政治的目標が設定されると、〝下り物〟の無制限な揚陸はかえって価格維持上、不都合な面がでてくるために、埠頭を徐々に廃止していき、その代りに艀《はしけ》で廻船と陸地内の河岸を結んだ。

その結果、厳密に江戸湊での海運コースの実態を述べると、廻船（航洋船）と艀という組み合わせで海運コースは完結するようになった。艀はこの場合、移動する埠頭、または桟橋の役割を果すと同時に、廻船の積み荷の仕分け機構でもあり、また積み荷横流し監視機関でもあった。そしてこの監視機能にともなう種々の特権的慣行は強く継続し、昭和の高度成長期まで、東京港の荷役作業を大きく左右する存在だった。

またこのような政策的な理由による艀の登場と表裏一体の関係で、江戸湊の土砂の堆積により、大型船は直接岡付けできないという条件があった。さきの神田川放水路のもう一つの役割は、平川・谷端川・小石川・石神井川による土砂が、江戸湊に堆積することを防ぐためでもあった。

少なくとも慶長期の第一次・第二次の天下普請までは、江戸湊は一〇本の船入堀のある江戸前島東岸が中心だったが、その後の八町堀・霊岸島などの急速な陸地化でも察せられるように、武蔵野台地から多くの河川が運んでくる土砂の堆積は、「寛永図」の時代になると八町堀舟入り沖、霊岸島沖、初期の三ツ叉辺に大型船の泊地をつくらなければならなくなった。第一章で石神井川の変流を最初に取り上げて説明したのは、実はこのことの伏線だったのである。

そして神田川放水路の〝受け入れ〟河川としての隅田川自体も、寛永六年(一六二九)の瀬替えで荒川の水を受けるようになると、その土砂の量もまた飛躍的に増加した。のちに日本橋浜町と霊岸島の間に中洲(現在の日本橋箱崎町)ができたり、浚渫されたり、再び築立てられたりしたのも、隅田川の土砂堆積の有様をよく物語るものである。

その後、霊岸島沖の泊地は佃島沖に移り、さらに芝浜から芝浦の〝江戸前〟の海一面が泊地となり、しまいには品川沖が廻船の泊地になってしまった。

このような物理的な事情もまた、江戸湊―東京港における艀稼ぎの発達をうながしたのである。

〔**内川廻しコース**〕那珂湊・銚子湊から江戸川経由、小名木川沿岸―深川コースの舟運の場合は、二つの経路に分れた。

一つは、この舟運によって深川に集積された干鰯・〆粕などの上方向けの肥料は菱垣・

樽廻船によって大坂から江戸に運ばれてきた多種多様にして厖大な量の〝下り物〟の戻り荷であった。それゆえに深川から廻船泊地に艀で〝上り物〟の肥料を積み込むコースまでが内川廻しコースだった。

明暦大火で江戸が壊滅した時、意外な早さで江戸が復旧したのは、江戸の対岸の深川地区で、内川廻しと海運コースが艀で連結していたことと、同時にそれらの廻船の積み荷の倉庫群が発達していたことによる。

また当時の輸送体系からすると隅田川をはさんだ江戸と深川の倉庫地帯との間の距離は、諸物資の相場を左右するためには十分すぎる距離でもあって、その意味でも深川の倉庫地帯は江戸経済に大きな役割を果した。

もう一つは、こうした列島規模の流通・物通に対して、内川廻しコースを中心とする関東地方一帯の、いわゆる〝地廻り物〟の流通・物流が、ようやく無視できない質と量に達した時期だった。

この〝地廻り物〟の湊は深川地区の倉庫群の湊と混在していたし、また江戸側の水路にも〝地廻り物〟の河岸が成立していた。

〔**神田川舟運**〕このような状況の中に放水路神田川が舟運路神田川に改善されたわけで、神田川沿岸は万治の工事（万治三年・一六六〇）を契機に、江戸期―明治・大正期を通じて〝地廻り物〟だけの河岸を形成するにいたった。つまりこの時点で江戸湊は〝下り物〟

の湊と、〝地廻り物〟の湊に分化し始めて、本格的な大江戸の形成期に入ったのである。

これを代表的な「水運物資」である米と材木の場合でみると、下り米は深川佐賀町の米市場で扱われ、地廻り米――もっとも有名だったのが埼玉平野産の、当時の表現での「二合半領」の米――などが神田川沿岸の佐久間河岸で扱われた。

こうした分化の伝統は、明治以後昭和に至るまで続いた。すなわち内地米は深川正米市場、外米――台湾の蓬萊米や韓国の朝鮮米――などは神田川正米市場で取り扱い、それは昭和十二年（一九三七）の日中戦争開始後に始まった米の統制まで存続した。神田川の米は東京市内の低額所得者向けの米市場だったことはいうまでもない。

材木の場合

江戸で最初に成立した材木町は、家康の江戸入り直後に、徳川の自営工事で掘られた道三堀の沿岸に置かれた。

慶長の第二次天下普請で江戸前島に船入堀が掘られた時点では、道三堀の材木町が一〇本の船入堀の並んだ海岸線全域にわたって移転を命じられて、北から材木町一～九丁目までが成立している。

余談だが材木町九丁目の南、北から数えて一〇本目の船入堀である京橋川以南の海岸線（のちの三十間堀）の沿岸には、木挽町が並び、原木とその加工業者の〝コンビナート〟が江戸前島東岸に成立していたのである。

海浜に面し、船入堀入口にあった材木町の周囲の水面が水路化したり埋め立てられて、本来の材木の取引きが不便になると、新しい埋立地に移って木挽町と並ぶ形に三十間堀材木町と茅場町材木町とにふえていった。それと同時に隅田川対岸の深川地区に材木町の倉庫と木置場《きおきば》ができる。木置場がのちに木場と呼ばれるようになったことは有名なことである。

道三堀沿岸の材木町とほぼ同時期、あるいは北条時代からあったとも考えられる材木町が現在の日本橋川の神田橋の北東側の鎌倉河岸（千代田区内神田）にあった。鎌倉河岸は初期の江戸の物資集散の一つの中心地であって、北条時代からの魚市場、青物市場と薪市場が成立していた場所であり、また小田原石の揚げ場でもあった。

講談やテレビの時代物で活躍する一心太助の〝職場〟はこの鎌倉河岸の魚市場だった。もちろん日本橋に魚河岸が移る前のことである。鎌倉河岸だからこそ何かあると、すぐに親分の駿河台の大久保彦左衛門邸に逃げ込めたのだが、いまは鎌倉河岸の魚市場がほとんど日本橋のこととして取り扱われている。典型的な「虎の威を借る狐野郎」で、いわゆる江戸っ子の風上にもおけない一心太助なる人物に、日本橋から駿河台まで駆け足させるのも一興だが、それはそれであり、鎌倉河岸の機能はあまりにも忘れ去られている。

さて、材木というと今では建築用材を指すことばになっていて、前述の材木町はもちろん建築用材の業者の集住地区を意味するが、もう一つの材木には燃料の薪と榾《ほた》があった（薪は〝材木〟を適当な大きさに切って割って燃料にしたもの。榾は火立《ほた》ての——薪をたきつける——時に使う木の小枝で適当に折って束にして運ぶ）。木炭が一般に広く利用されるようになるのは、江戸時代も中期以後のことで、それでも薪（と榾）と木炭とは使い方や場所がかなり異なる。

東京の場合、昭和二十年（一九四五）の大空襲で壊滅するまで、都心部でもかなりの家庭が薪で飯《めし》を炊き、炭で煮焼きしていた。戦後でも薪炭の配給通帳が一世帯ごとに交付されていたのだから、江戸時代における唯一のエネルギー源としての薪炭の重要性は察せられるであろう。

この薪用の〝材木〟町もまた鎌倉河岸の機能のひとつだった。これが神田川舟運が開発されると、その沿岸に移された。時代は幕末になるが広重の『名所江戸百景』の中の「御茶の水　昌平河岸」にもその片鱗が描かれているし、昌平河岸の別名が薪河岸だったり、三遊亭円朝作の『塩原多助一代記』における多助の一時期の活躍の舞台もまたこの薪河岸の薪炭問屋に設定されている。このように、神田川沿岸の佐久間河岸を中心とした地区は、江戸のエネルギー・センターだった。

日本最初の貨客分離駅として、明治二十三年（一八九〇）十一月に上野駅から神田川舟運の中心の佐久間河岸に接続する形に鉄道が延長されて秋葉原駅ができたのは、増大する都心部のエネルギー需要を賄うためだった。秋葉原駅に集積された薪炭は、改めて従来からの舟運を利用して市中に配給されたことはいうまでもない。

船入堀埋め立て

江戸前島東岸の、江戸の大建設の文字通り橋頭堡の役割を果した一〇本の船入堀は「八丁堀」地区の埋め立ての進行とともに、内陸水路化してその本来の機能を失っていった。そのため幕府は貴重な都心の水面を、そのまま放置しておくはずはなく、徐々に船入堀は埋め立てられ、その跡にできた地所は新しく町地に編入されていった。

その経過を「寛永図」（一六三二年当時の図）を規準に「承応図」（一六五三年当時の図）、「明暦図」（一六五七年当時の図）、「延宝図」（一六七三〜八〇年当時の図、この図は『御府内沿革図書』を参照）、「元禄図」（一六九〇年当時の図）の五枚の地図を参考にして作成した模式図・**図30**で見ると、元禄三年（一六九〇）までに、この船入堀地帯の北端の日本橋川と南端の京橋川、およびほぼ中央の紅葉川の東半分を残して、すべて埋め立てられた。船入堀の寿命は慶長十七年（一六一二）から元禄三年までの七八年間にわたった。

このあたりの町名の変遷を物語るとなると、江戸最古の都心部にふさわしく、厖大な分量になるので、元禄三年に埋め立てられた場所につけられた新しい町名だけを北から順に列記してみよう。

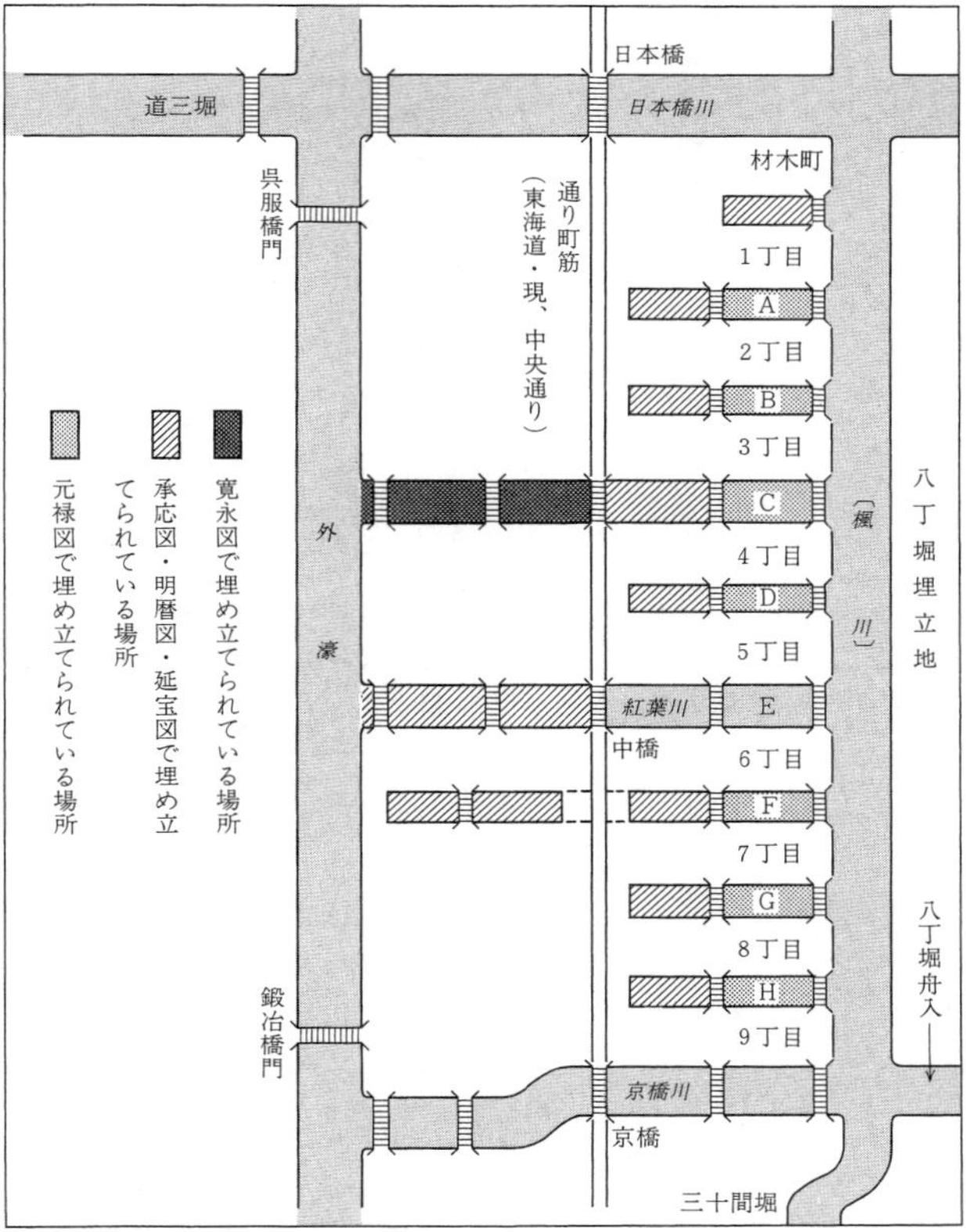

図 30　船入堀の埋め立て――前出の図 18 と同じく、寛永 9 年（1632）の「寛永図」と承応 2～延宝 4 年（1653～76）の「承応・明暦・延宝各江戸図」および元禄 3 年（1690）当時の江戸図による船入堀の変遷を、模式図的に示した。

A＝音羽町、Aの北側の小さい入堀は万町《よろず》だが、この入堀がいつ埋められたかは不明である。B＝小松町。C＝承応年中（一六五二〜五四）の間に段々と埋め立てられ、その跡は通り町筋より西は町地の防火地帯の呼称である広小路になり、通り町筋以東は水面が残されたが、これも元禄十一年（一六九八）に埋められて新右衛門町ができている。D＝福島町。E＝紅葉川とも中橋入堀とも呼ばれ、中橋以西は「承応図」ではすでに埋め立てられて屋敷地と町屋になっている。しかし中橋以東は弘化二年（一八四五）まで一五五年間も水面のまま残されていた。F＝正木町、G＝松川町、H＝常盤町の各町で、現在でもこれらの入堀の跡の地割は、ほとんど船入堀時代の跡を残したまま、ビル街化している。

なぜこのような元禄三年当時の埋め立てにこだわるかといえば、こうした江戸内陸水路の転換の一方で、広く江戸を取り巻く関東地方一帯で、新しく河岸が再編されていたからである。

大江戸の範囲

「江戸百年」に当る元禄三年（一六九〇）のこれも前年の春に作成された大版の江戸図——その後の江戸大絵図のハシリにもなった豪華絢爛な「江戸図鑑綱目坤」（図量作者・画工、石川氏俊之。板元、相模屋太兵衛）という地図——がある。その地図に記載された大江戸の範囲は、

東ハ三十余町　下町八町堀　木挽町　同継地（築地）　鉄炮洲　霊巌嶋　深川　永代島　本庄（本所）　亀井戸（亀戸）

西ハ二里余町　鼠穴《ねずみあな》　糀町《こうじまち》　山之手　番町　市谷　四谷　筑戸　赤木（赤城）　川田ヵ窪　大窪　二本榎　内藤宿

南ハ五里余丁　霞ヵ関　長田（永田）馬場　赤坂　鮫ヵ橋　権太原　青山宿　青山長者ヵ丸　渋谷　千駄谷　麻布　三田　伊佐柄子（伊皿子）　白銀　笄橋　百性町流道六本木　一本松　日下窪　市兵衛町　魔魅穴（狸穴《まみあな》）　土器町　桜田　愛宕ノ下　芝高輪　目黒池上

北ハ四里余町　大宮町（代官町）　鷹匠町　猿楽町　駿河台　小石川　御茶之水　神田　湯嶋　本郷　森川宿　駒込　大塚　白山　染井　丸山　小日向　高田　雑司谷　上野　下谷　谷中　桟崎（三崎＝谷中）　新堀　隅田川　浅茅原　鳥越　浅草　柳原

であって、図中の表現に従えば東は城から三十余町（約三・二キロ）の範囲で、その東限は現在の墨田区の亀戸である。西は約八キロで現在の新宿区の旧四谷・牛込区の範囲、西限は現在の明治通りとほぼ一致する。

南はもっとも広く、大体は現在の港区全域と渋谷区・目黒区のごく一部にかかる範囲である。

北は文京区と台東区の全域と豊島区の明治通り以東の範囲が、「江戸百年」目における江戸市街地だった。

一〇〇年目の地図

図31「元禄三年『関八州伊豆駿河国廻米津出湊浦々河岸之道法并運賃書付』」は、元禄二年（一六八九）十二月の幕府の命令で、図の表題の範囲の十カ国の主な河岸から、幕府の蔵米——つまり農民側からいえば年貢米——を、江戸に輸送する際の距離（里程）と運賃の調査結果をもとに、関東地方の河岸の位置だけを図示したものである。

この図の見所はいくつかある。一つは、家康の江戸入りから数えて一〇〇年目の「交通地図」だということで、この〝江戸百年〟の間に中世の舟運・河関関係が、河川の改変によってどのように近世化したかということの概観図としての意味を持つ。

もう一つは、図の長い表題の「湊浦々河岸」という網羅的な表現でもわかるように、海・河川にまたがる河岸＝湊＝都市の分布を示すものであって、〝江戸百年〟の時点に成立していた関東一帯の都市の状況、さらにその後成立した都市が、流通路としての河川に沿って連鎖して江戸に結びついている有様がわかる。そして図示されてはいないが、図中の各水系を陸路で結ぶ「運河群」もたくさんあったことはもちろんのことである。

くり返すようだが、都市とは情報を含めた人と物の交流の場だとするならば、〃江戸百年〃目に近世都市江戸はタコの足のように、その都市的機能を関東地方全域に展開し終えていたのである。それは現在の「首都圏」の範囲とほとんど一致しているのも興味深い。

一つはこの時点で図の範囲の地域に分布する幕領と江戸間の輸送関係が確定した結果、それぞれの河岸（都市）と江戸間の舟運は定期航路化し、たんなる年貢米輸送路としてだけではなく、商業航路としての意味を持ち出したことを示す。

列島規模の海運における上方からの〃下り物〃と関東特産の干鰯・〆粕などの肥料との壮大なリンク輸送と同じ形で、関東一帯の地廻り米の江戸への輸送の戻り荷――江戸からの〃下り物〃――が、図上の河岸に出廻るようになった。

こうして上方から江戸への〃下り物〃、江戸から関東地廻り地方への二次的な〃下り物〃と、〃下り物〃は二段階に分けた形に流通をはじめた。〃上り物〃の主力である肥料の大部分は図の河岸づたいに、江戸深川に集積された上、廻船組織によって上方に運ばれた。

年貢米輸送

図31の成因となった里程と運賃調査の目的は、幕府が年貢米輸送運賃を公定するための措置だった。それまでは散在した幕領の条件ごとに、運賃の相場が立ち輸送費に高低があったことはいうまでもない。

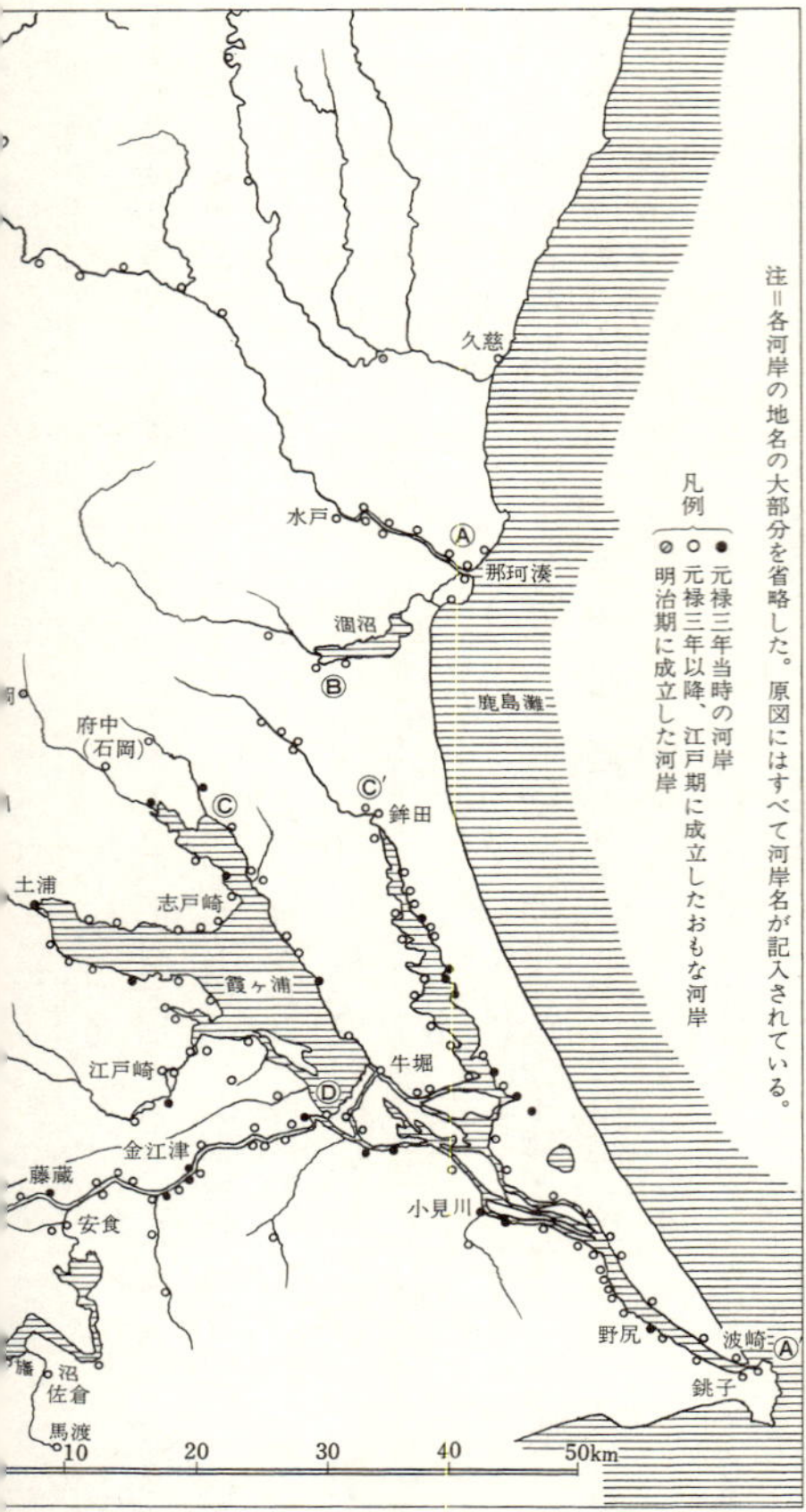

図31　元禄3年「湊浦々河岸」——この図は“江戸100年目”の元禄3年（1690）の「関八州伊豆駿河国津出湊浦々河岸之道法幷運賃書付」に記載された河岸を、村松安一氏が図化したものを原図とする。

この図を掲げた理由は、本文中の「内川廻し」コースを図上で明示することにある。「内川廻し」コースは“運河群”だと表現したようにⒶ→Ⓑ→Ⓒ（またはⒸ′）→Ⓓ→Ⓔ→Ⓕ、またはⒶ′→Ⓓ→Ⓔ→Ⓕ以下、運河江戸川・小名木川を経て江戸にいたる航路である。この運河群コースには陸上輸送が含まれていることは、もちろんのことである。これが東廻り廻船航路における内陸航路の実体だった。

各水系ごとに成立した河岸は、物流基地から流通の場としての機能を持つようになった。つまりこの図は江戸を中心とした市場の連鎖図として“読む”ことができる。都市を単なる諸施設が占める空間の呼称として認識するか、または役割・機能の集合の場と見るかによって“読み方”に違いが出るが、この図は近世に成立した壮大な都市図として見ることができよう。

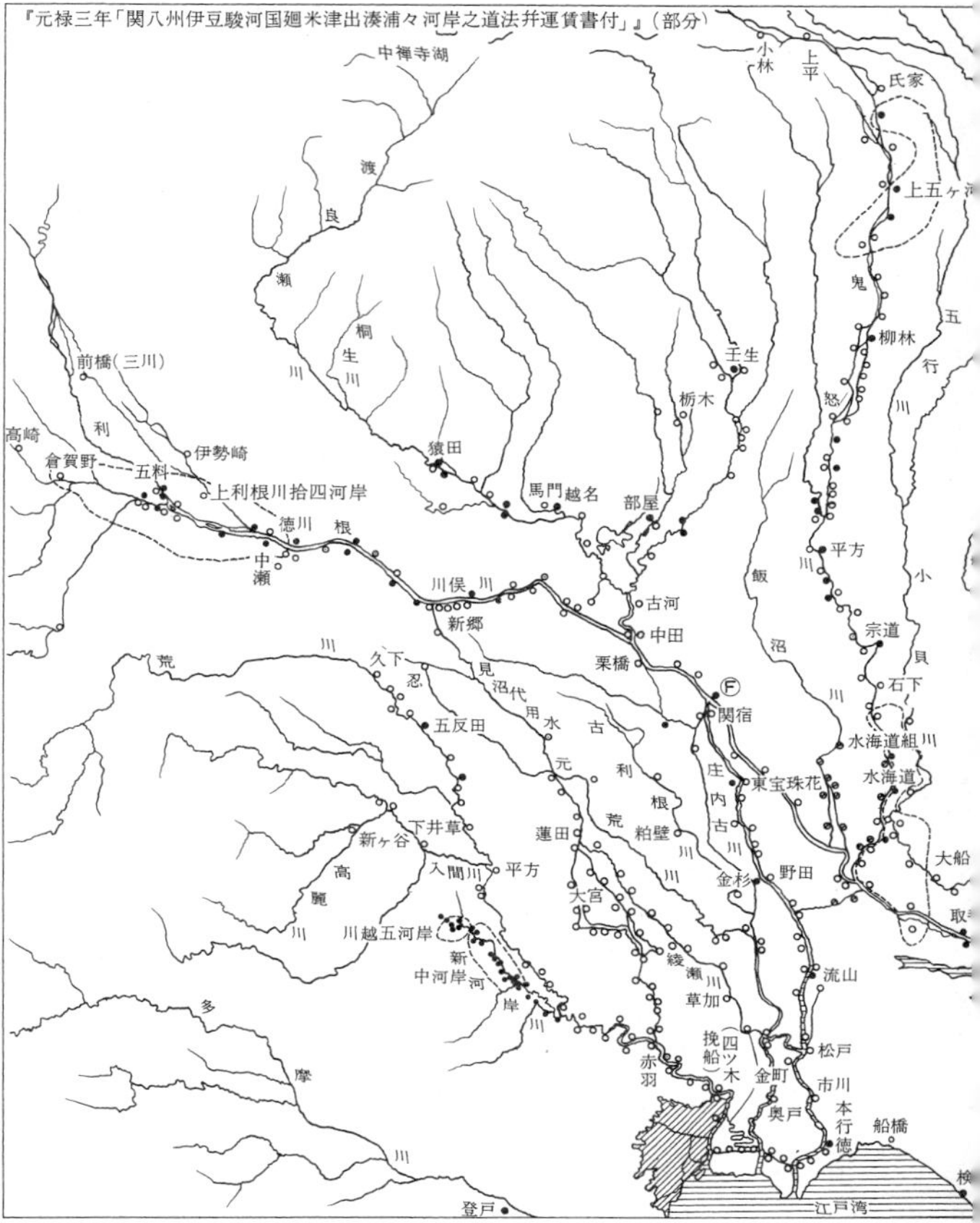

『元禄三年「関八州伊豆駿河国廻米津出湊浦々河岸之道法幷運賃書付」』（部分）

このことは、天下普請のためという公的な場でも、資材とその輸送面で相場が立ち、市場原理が働いていたように、年貢米輸送という恒定的な公的の場でも、運賃の相場が立っていたことを物語る。

徳川氏の年貢米輸送方式には大きな特徴があった。それは年貢米輸送費用は「五里以内は村方負担、五里以上は領主負担」という原則で、これは東海大名時代から続けられ、幕府を開いた後も変らなかった。念のためにつけ加えると、この原則は徳川家臣団のいわゆる〝旗本八万騎〟のそれぞれの年貢米輸送費の場合も同じだったのである。この措置の当初の目的は村方＝農民保護にあったといわれているが、つまりはより迅速に年貢米が収納できる利点があったためと解釈できよう。

したがって徳川領とその家臣団の領土が著しく拡大した天正十八年（一五九〇）以後は、年貢米輸送費の領主負担の割合は飛躍的に増加した。それでも初期には徳川氏とその旗本たちは、村方に運賃の全額を払って江戸まで輸送させる方法をとった。

しかし第五次天下普請のはじまる直前の寛永十一年（一六三四）ころから、各地の河岸の有力船持や河岸問屋が輸送業者としての営業を始めた。今様にいうならば、彼らは流通業務に加えて物流業務にも進出したといえるだろう。

天下普請といういわば非常時に対応して組織された輸送手段は、天下普請が終ったからといってただちに解体されることはなく、平時の輸送手段として利用されることは当然のことだった。寛永十一年当時の河岸問屋たちの輸送業兼業化は、来るべき天下普請に備えた民間側の、幕府と諸大名に対するデモンストレーションの意味もあったことだろう。

またこれはこの時期から、専門の輸送業者を必要とするほどの民生用物資が、関東の川筋一帯に出廻りはじめたことを反映した現象だった。そうなると年貢米輸送の場合でも、個々の村方が慣れない自前の舟運によるより、専門業者に委託した方が、運賃負担が軽くなりはじめた時期でもあった。

こうした状況は第五次天下普請の終了する寛永末期まで続いた。そして年貢米輸送についても、制度的整備が進んだ。つまり左の模式図のような手順を、すべて輸送専門業者が行なうようになった。

村方→河岸（米質と目方検査）→問屋（船に積込み）→幕府米蔵（米質と目方検査）→収納

このような手順で収納事務が行なわれ、もし欠米《かけまい》（米質・目方の事故）があった場合は、河岸問屋が村方に代って弁償した。そして無事収納した時は、運賃と欠米を予想して準備した米は、河岸問屋の収入になった。

この方式が定着すると、河岸問屋は村方という固定客を得たことになり、前述のように江戸からの戻り荷、つまり二次的な下り物輸送と流通にウマ味を得るようになった。こうした状態をさらに安定化するために、取引対象の村方の範囲＝「荷場」を拡げることが、問屋の営業成績を左右する結果にもなった。そのため河岸問屋間に「荷場」(年貢米集荷圏であり、下り物販売圏でもある)の獲得競争が始まった。やがてこの「荷場」の株＝権利は、熊野や伊勢の伝道キャラバンにおける檀那職の権利化と同様に、河岸問屋相互間で売買されるようにさえなる。

この既成事実の既得権益化を前提に、同業者間の結束の装置としての株仲間の結成、およびその株の売買・譲渡・相続といった一連の〝同業組合〟の論理が、中世以来連綿として関東平野にくりひろげられたのである。これが本書の冒頭で述べた「都市の記憶」の実態にほかならない。都市はたんなる空間占拠物ではなく、機能による空間構成の主体なのである。

話をもどして**図31**作成の原因となった指令の四カ月前の元禄二年(一六八九)八月、幕府勘定奉行は全国の幕領代官宛に、「今後は幕府米蔵納米の必要経費は、蔵奉行から年貢米納入者に支出する」旨の通達を出した。これは先の徳川の年貢収納原則を否定した上に、さらに村方側に寄った善政のようだったが、翌九月には「その代りに各村から御蔵米入用として、村高百石について金一分(関西では銀一五匁)を徴収する」という指令を出している。これが明治五年(一八七二)まで続いた「高掛三役」の一つの「御蔵米入用」の始まりだった。

この二段階の指令は幕府の年貢米収納費用の負担軽減を図ったものだったが、〝江戸百年〟の時点で、自給自足経済を建て前とする村方一般に、早くも現金納による税制を施行したということは、幕府の米本位経済の足元を崩す措置だった。しかし、それが直接的には江戸を中心とした関東の舟運網の運賃をめぐって始まったことは、まさに〝江戸百年〟の世情を象徴するものであった。

あとがき

この本の執筆依頼を受けたのは、昨年（一九九〇年）の五月十六日のことでした。編集の熊沢敏之氏のネライは、本書の題名の通り「幻の江戸百年」！

なぜ「幻」なのかは本文と重複するのではぶきますが、とにもかくにも近世初頭の江戸には、もろもろの「幻」が多いので、できるだけその「幻」のベールを取り払うようなものにしてほしい、という注文でした。

実をいうと私は一九八八年に『江戸の都市計画』（三省堂刊）を書いて、熊沢氏のいう「幻」の原型、とくに江戸と鎌倉円覚寺との関係を取り上げたばかりだったので、この注文は私にとってかなり荷の重い仕事でありました。同じ内容のものを臆面もなく何度も使うようなことは、私の〝いちば〟感覚からすればひどく恥ずかしいことですし、さりとて、そうそう新事実の発見や発掘もできかねる……。

そんなわけで、いちおうの筋書と目次案ができたのは昨年の暮もおし迫ったころになってしまいました。そして、それは今までに発表し続けてきた「近世初期の江戸」という舞台こそ変らないものの、とくに重点を置いたことは、都市の機能としての「市場原理」のあり方を追うことでした。

一九八九年の秋から始まった東欧諸国の「市場原理」の再発見を機会に、日本でも「市場原理」のあり方に興味と関心が起り出しました。そんな状況を横目に見ながら、四世紀前の天下普請というシステムが列島規模の海運網の発達をうながし、単一市場圏を形成していった一断面を描くことは、私にとっての「幻」を解消することでもありました。ただ心残りなことに、日本海海運についてはいとも簡単に済ませてしまいましたので、機会と体力が続けば改めてとり組んでみたい気もします。しかしこれも「幻」のようなものです。

体力といえば、私は一九八九年八月に胃の全摘出手術を受けました。曲りなりにもこうした作業ができるまでになったのは、東京医科大学病院外科講師、鈴木和信先生を始めとする諸先生のおかげだと存じます。これこそ正に幻ならぬ夢のような思いをこめて、この場を借りて厚くお礼を申し上げます。

おわりに終始適切な助言とともに私の作業を気長に待って下さった熊沢氏に感謝の意を表します。

一九九一年四月

鈴木理生

文庫版あとがき

この『江戸はこうして造られた――幻の百年を復原する』は一九九一年に筑摩書房から刊行された『幻の江戸百年』を文庫版にしたものです。

「桃栗三年　柿八年」という、苗木を植えてから収穫が得られるまでの歳月の〝たとえ〟のように、この文庫版の原著『幻の江戸百年』が刊行されてから、早くも八年が経過しました。

そしてこの八年間にきわめて〝少数〟だった「市場《いちば》」や「市場原理」についての関心が、経済のグローバル化と共に著しく増えてきていることに驚かされ続けています。さらに『幻の江戸百年』の全巻を通して強調し続けた「都市」とは構造物や容器ではなく、人間活動を支える「いちば機能」そのものだということについても、共感してくださる方々が増え続けています。これらは〝少数派〟にとって大変嬉しいことであります。

また一九九五年三月、あの「汽笛一声　新橋」の駅の跡地の汐留遺跡発掘現場で、江戸前島の先端部が確認されたことと、同時にそこから縄文土器が発見されたというニュースで、その現場の見学会（都の埋蔵文化財センター汐留分室主催）に参加して、目の当たりにそれを確認することができました。

この本の主題の一つである江戸前島の所在は文書だけで、その日まで「江戸前島とその付近からは、中世以後の系統的な考古学上の資料は、ほとんど見出すことができない」（本書二三八ページ）と嘆いていたことが、一挙に地形学と考古学の両面からの成果で、その所在が立証されたわけです。

また『幻の江戸百年』つまり本書の江戸前島の図版に私が描いた先端部の位置と、発見され確認された実際の先端部の位置は、ほとんど一致していたことも感慨ひとしおのものがありました。

考えてみると私が東京を駆け巡った半世紀は、歴史資料を基に立てた仮説をこうした機会に現地で実物や事実を観察して確認し続けた歳月でした。それは実に多くの方々のご厚意に支えられてきた作業でもありました。

こうした方法は「柿八年」に比べても、ずいぶん能率の悪いことですが、これも生まれついての性《さが》でやむを得ません。動ける限りはそうした営みを続けたく思っています。

おわりに『幻の江戸百年』のときも、この文庫版にするときも編集の熊沢敏之氏に一方ならぬお世話になりました。氏の〝いちば〟についての関心がこのような形になったことを明記して、感謝の言葉と致します。
願わくばこの「柿」が小粒ながら沢山なったら、いいなぁとおもっています。

一九九九年十一月

鈴木理生

解説

野口武彦

「これまでの建築史学者を中心とした江戸都市計画論は、平面図だけでの論議であって、立面図や等高線による土地の凹凸の確認は全くなされていなかった」。

本書の第二章第二節「徳川の江戸建設」にさりげなく記されているこの一文は、初版が刊行された一九九一年、東欧革命に始まる社会主義国家の崩壊が「市場原理」の再発見を促していた激動期にあって、著者鈴木理生氏がいかなる問題意識をもって江戸の都市史に立ち向かっていたかのスタンスをみごとに圧縮している。

徳川国家二百六十年の首都として繁栄した江戸は、もちろん一夜にして出現したのではない。この大都市にはたっぷりと豊富な前史があり、多くの記憶を蔵している。著者はまず都市というものを「情報を含めた人と物との交流の場」と規定する。都市とは、つまり「いちば」なのである。『幻の江戸百年』（文庫化にあたって『江戸はこうして造られた』と改題）と題されたこの名著は、政治史、経済史、社会史、文化史などいくつにも輻輳する記憶の糸筋の中から「いちば」の一脈を掘り起こし、保持し、たどり続け、再現する構想のうちに江戸は鮮明によみがえるのである。

「幻の百年」とは、徳川家康が「江戸入り」をした天正十八年（一五九〇）から、幕府が諸大名に課した都市開発・整備事業である「天下普請」が完了する元禄三年（一六九〇）までをいう。この期間にいわゆる大江戸八百八町の「版図」が作り上げられた。それはたんなる面積の広がりや都市人口の増大ではなくて、がっちりした基礎構造に支えられた巨大都市の完成であった。戦国時代の江戸湊がこの百年の間に「大江戸」と呼ばれる百万都市に変貌したのである。

巨大な造成都市・江戸は歴史が積み加えた幾重もの層構造をなしている。著者が提供するのはそれらを貫通する視覚である。江戸前島から大江戸へ。歴史は空間の言葉で語られ、地理は時間の層理として読み解かれる。以下しばらく、この解説がたんに目次に肉付けをした程度のものにならないようにするためにも、自分がかつて『幻の江戸百年』からいかなる学恩を蒙ったかという話から書き進めてゆこうと思う。

一冊の本が先方から瞬きかけてくるという経験は、実際にあることなのである。

一九九六年に解説者が『安政江戸地震』（ちくま新書）を書いていたときのことである。探していて見付けたのではない。書店の棚に『幻の江戸百年』という本があるのを見て、手に取って開いた瞬間、求めていたのは間違いなくこれだったという気がした。そのときぼんやりと思い描いていた物事の構図がぴたりと文字通りに図に当たったのである。
安政二年（一八五五）に起きた江戸地震による災害のうち大名屋敷の被害状況を見ていて、一つの事実に気が付いた。日本橋・京橋地区の町屋の被害はそれほどでもないのに、外濠一筋をへだてただけの大名小路では倒壊が激しい。大名屋敷の中には出火した箇所がいくつもあり、屋敷の焼失と死者数とには相関性がある。それがばらばらに散在しているのではなく、一定の地域、すなわち大名小路（今の東京駅あたり）の西側と西丸下（皇居外苑）の東側に集中している。しかも地図にして見るときれいに斉列していて、江戸城内濠を中軸にして左右対称を示しているではないか。それはなぜか。
この疑問を解決してくれたのが、本書の第一章第一節にある**図1**「江戸の原型」であった。鈴木理生氏は、「江戸」という地名の起源を第一に昔の利根川水系の河口にできた「東京下町低地」、第二に「隅田川の河口」と述べてきた後でこういっている。

第三は、**図1**の「江戸の原型」のとおり、図中央の本郷台地（その南端が駿河台）の南方に続く低地「江戸前島」の場合である。

この江戸前島は地形学上は日本橋台地と呼ばれる波蝕台地である。つまり本郷台地の延長部が海や川の浸蝕で平らに削り残された微高地であり、その範囲を現在の地名で結ぶと千代田区大手町・丸の内・有楽町・内幸町・中央区の日本橋・宝町・銀座を含む地域である。

図1にもどって江戸前島の西側、現在の千代田区側には日比谷入江（現在の皇居外苑・日比谷公園・内幸町・港区西新橋・新橋・芝大門・浜松町の範囲）があり、その最北部に〝江戸の川〟である平川（現在の日本橋川と神田川の原形の川）が流入していた。

ここで語られ、また「江戸の原型」図で復原されているのは、今から約四百年前の地形であるばかりではない。現代でも地底に埋められている地下地形である。

『幻の江戸百年』は、一九七〇年代以来の乱開発的な都市計画やバブル景気と表裏一体だった江戸学ブームへの批判を視野に入れて書かれた本であり、地震に直接の関係はない。だが直観的に、解説者はこれで安政江戸地震の被害分布のあらましを理解できると予感した。そしてかなり乱暴な話ではあるが、江戸の町人地の地図とむりやり縮尺を合わせて重ねてみたのである。

予想通りの「図柄」になるかどうかは、実際に刷り上がってくるまでわからなかった。見本が届いた時、待ちかねるように開いてみたページの「地図」では、思った通り、大名小路・西丸下の甚大被害地が日比谷入江の上にちゃんと乗っていた。内濠は日比谷入江の埋め残しであった。江戸の権力中枢というべき官庁街は、埋立て地のきわめて軟弱な地盤の上に作られていたのである。権力基盤と土地の地盤との間に連続性があることを深く感じさせずにはいない。

問題の百年が「幻」とされるのは、著者によれば、今でも東京の地下に埋もれているこの江戸前島が、早くも江戸時代のうちに記録から抹消され、現代でもなお関心を払われていないという事情があったからである。

江戸の前史は、現在の埼玉平野が「約一万年前から八〇〇〇年前までは、入り海だった」時代から説き起こされ、ダイナミックな地形の叙事詩を語りかける。やがて海が退き、歴史時代に入ると、波に削られた洪積台地と海の入江とが格好の「江の戸」を形作り、古代・中世と時代を追って東国の水運の拠点になっていった。天正十八年（一五九〇）の家康の江戸入りは旧北条家領地への占領軍の入城であったが、その時代にも江戸前島は鎌倉の円覚寺の荘園であった。寺社領は政治的には「中立地帯」であったから、市場は早くから社寺の「市《いち》・庭《ば》」として始まった。徳川幕府はその円覚寺領を横領し、かつその事実を隠匿したと著者は述べる。一方では、後世になっても江戸が「いちば」の記憶を深層に秘めるゆえんであり、また他方、江戸前島が幻と化した事情だったとされるのである。

江戸百年は、だから江戸前島を起点とする都市造成・開発の歴史として始まる。土地への加工は自然地理を人文地理に変える。地形の叙事詩は、土木工学の抒情詩に姿を転じたのである。汐入りの湿地帯と武蔵野台地の間に都市社会が――最近はやりの言葉でいうなら――起ち上げられる。徳川二百五十万石の城と城下町の建設は、まずインフラ基盤の整備から着手された。こうして「江戸は日本人の社会がはじめて臨海低地に意識的・継続的に都市を造った場所であり、更に海を埋め立てて海上に進出した場所であった」と位置付けられる。

江戸に独特のこの立地条件は、埋立て、運河、舟入堀という港湾施設・舟運水路の造成と共に、城下町の人口に飲料を自給自足する上水道の確保をも要請する。土地の高低や凹凸が視野に入ってくるのも当然である。鈴木理生氏の都市論のユニークさは、常に、当時における物流システムとしての水運の問題が念頭から離れていないところにある。

第一章「都市の記憶」と第二章「奪われた江戸前島」の前半で右の江戸前史を述べてきた著者は、第二章の後半から「天下普請」事業の諸段階の記述に至る。それら一連の大土木工事がたんなる都市インフラ造設の範囲にとどまらず、膨大な物資や労働力の需要を創出してさらに市場を開発・拡張し、江戸の巨大都市化を加速してゆく過程が生き生きと浮かび上がる。すなわち慶長九年（一六〇四）の第一回天下普請から、万治三年（一六六〇）の最後の江戸普請までである。読者の便宜のために整理しておこう。年号はすべて発令の年次である。工事内容は、主要なものを目安として掲げる。

○第一次天下普請。慶長九年（一六〇四）。日比谷入江埋立て。（第二章「奪われた江戸前島」）

○第二次天下普請。慶長十八年（一六一三）。外濠と大名小路の増設。（同右）
○第三次天下普請。元和六年（一六二〇）。平川改修工事。（第四章「『寛永図』の世界」）
○第四次天下普請。寛永五年（一六二八）。西丸下及び江戸城東郭の外濠石垣工事。（同右）
○第五次天下普請。寛永十三年（一六三六）。江戸城外郭工事。（同右）
○最後の天下普請。万治三年（一六六〇）。神田川整備工事。（第五章「大江戸の成立）

江戸の原点ともいえる江戸前島の埋没に始まる前後六回の大規模工事は、多くの歳月と全国の大名の莫大な財力と労働力の支出を営々と積み重ねて、ゆっくりと巨大都市の輪郭と構造を形成していった。新たな町々の起立《きりゅう》は、舟運・上水・下水などの便を工夫した水路の設計と不可分であった。いくつもの段階を経ながら江戸の都市空間はしだいに厚みを増し、それまでの「天下普請の規模をはるかに越えたもの」とされる第五次工事によって、四谷門、牛込門、市ヶ谷門、虎ノ門、赤坂門、外桜田門など現代東京にも地名として残る城門を連ねた堅固な外郭線が出現した。そして最後に、早くから運河として役立っていた神田川の整備工事によって、江戸の建設は「一応の終止符」が打たれたと著者は見るのである。

江戸の百年目とされる元禄三年（一六九〇）は、どのような理由で大きな区切りにされているのだろうか。

一つには最後の天下普請がこの時点で竣工したことであろう。たとえばその前年の元禄二年（一六五九）に刊行された大阪の江戸図には、東は亀戸、西は四谷・牛込、南は芝・高輪、北は上野・浅草・雑司ヶ谷、といった広範囲な地域が江戸市街地として記載されている。「大江戸」の完成である。だがそれと同時に、あるいはむしろそれ以上に、著者が強調するのは、元禄三年に出た「関八州伊豆駿河国廻米出湊浦々河岸之道法并運賃書付」という史料に基づく関東一円の河岸分布図である。これは「この〝江戸百年〟の間に中世の舟運・河関関係が、河川の変容によってどのように近世化したか」の概観図である。

このような視野の維持こそが、『幻の江戸百年』を従来の景観江戸論、盛り場江戸論に見られる限定された視界を思い切り広げて、都市史を自己完結性のうちに閉じ込めることなく、江戸をその総合性、立体性、生動性のうちに再現することを担保しているといえる。東は奥羽からの東回り航路をバイパスし、内陸の水路で江戸につなげる那珂湊・銚子起点の内川廻しの水運、北は両毛地方と江戸を結ぶ鬼怒川・利根川両水系の舟運。ここに提示されているのは、多年にわたる河川工事、港湾工事、運河開削工事が完成させた全関東圏的な物流のネットワークである。著者がこれを現在の「首都圏」に比定している通り、この図に見えているのはいわば「グレーター江戸」とでも呼ぶべき巨大都市の行動半径なのである。

当初は年貢米輸送路であったこの舟運網は、やがて商業航路に変わると著者は指摘する。この水路を往復する船は、下りでは米を運び、上りでは商品を運ぶだろう。「第五次天下普請のはじまる直前の寛永十一年（一六三四）ころから、各地の河岸の有力船持や河岸問屋が輸送業者としての営業を始めた」と著者はいう。運輸から商業へ。このプロセスはやがて元禄二年（一六八九）、つまり「江戸百年」の前年に、幕府から年貢の金納を認める指令が出されるまでに進行する。幕府の米本位経済の足元を崩す措置が、ちょうど「江戸百年」の時点で、しかも「江戸を中心とした関東の舟運網の運賃をめぐって始まった」事実を指摘するのが本書の結びである。

地形の叙事詩、土木工学の抒情詩は、かくして市場経済史のドラマへと転移する。江戸八百八町をここまで養育した「いちば」の経済力が反対要因を蓄積させ始めるのである。本書のこの結末は、元禄からスタートする江戸の栄枯盛衰の後史をはらんでいる。「都市はたんなる空間占拠物ではなく、機能による空間構成の主体なのである」という最後の言葉は、本解説の初めに引いた江戸は決して平面図ではないという言説と首尾呼応する。鈴木理生氏の『幻の江戸百年』を読んだ後では、江戸の町並みは今までとは違った様子で見え、東京の地下には二重三重に江戸が埋まっていることが実感できるようになるだろう。

本書は、一九九一年六月二十日、筑摩書房より刊行された『幻の江戸百年』を改題したものである。

ちくま学芸文庫

江戸《えど》はこうして造《つく》られた

二〇〇〇年一月六日　第一刷発行
二〇二四年一月十日　第十四刷発行

著者　鈴木理生（すずき・まさお）
発行者　喜入冬子
発行所　株式会社　筑摩書房
東京都台東区蔵前二―五―三　〒一一一―八七五五
電話番号　〇三―五六八七―二六〇一（代表）
装幀者　安野光雅
印刷所　株式会社厚徳社
製本所　株式会社積信堂

ISBN978-4-480-08539-9 C0121